Rudolf Großkopff
Unsere 60er Jahre

PIPER

Zu diesem Buch

Mauerbau und Zementierung der deutschen Teilung, Spiegelaffäre und Contergan-Skandal, Bildungsnotstand und Studentenbewegung, Beat-Musik und deutscher Schlager, Prager Frühling und Vietnamkrieg: Die 60er Jahre waren eine Zeit großer gesellschaftlicher und politischer Ereignisse und Veränderungen. Dieses Buch erzählt nicht nur die für die 60er Jahre typischen Lebensgeschichten der Zeitzeugen aus Ost und West, sondern zeigt darüber hinaus, wie die große Geschichte die Alltags- und Familiengeschichte von Menschen bestimmt hat. Dabei verknüpft Rudolf Großkopff persönliche Erlebnisse von Zeitzeugen mit Hintergrundwissen zur politischen, gesellschaftlichen, wirtschaftlichen und kulturellen Geschichte der 60er Jahre. Dieses Buch basiert auf der erfolgreichen gleichnamigen ARD-Fernsehdokumentation.

Rudolf Großkopff, geboren 1935 in Münster, ist promovierter Historiker und Journalist. Nach seiner jahrelangen Tätigkeit als Korrespondent unter anderem für die Welt, die Frankfurter Rundschau und den Tagesspiegel arbeitete er ab 1986 beim Deutschen Allgemeinen Sonntagsblatt. Er veröffentlichte zahlreiche Bücher und lebt in Berlin.

Rudolf Großkopff

Unsere 60er Jahre

Wie wir wurden, was wir sind

Mit einem Beitrag von
Bernd-Lutz Lange

Mit 40 Abbildungen

Piper München Zürich

Mohr über unsere Autoren und Bücher:
www.piper.de

Mitwirkende der Fernsehreihe »Unsere 60er Jahre«
Eine Doku-Serie von Michael Wulfes
Montage: Wolfgang Grimmeisen / Kamera: Volker Tittel, Axel Schneppat /
Text: Volker Heise, Michael Wulfes / Sprecher: Axel Milberg / Historische
Recherche: Mareike Leuchte / Archivrecherche: Monika Preischl / Casting:
Uschi Eitner, Kai Nicola Werner, Kathrin Ähnlich / Musik: Jan Tilman
Schade, Hans Rohe, Vladimir Miller / Ton: Silvio Reichenbach, Oliver
Lumpe / Grafikdesign: Sylvia Steinhäuser / Produktionsleitung: Tassilo
Aschauer (zero one film), Gerhard Hehrlein (hr) / Produzent: Thomas
Kufus / Redaktionsassistenz: Christine Rütten (hr) / Redaktion: Meggy
Steffens (br), Georg M. Hafner (hr), Katja Wildermuth (mdr), Barbara Denz
(ndr), Margit Schedler (phoenix), Rolf Bergmann (rbb), Marie-Elisabeth
Denzer (sr), Gerolf Karwath (swr), Beate Schlanstein (wdr) / Redaktionelle
Federführung: Esther Schapira (hr). Hergestellt von zero one film GmbH im
Auftrag der ARD (br, hr, mdr, ndr, phoenix, rbb, sr, swr, wdr)
© ARD

Ungekürzte Taschenbuchausgabe
Piper Verlag GmbH, München
Oktober 2009
© 2007 Eichborn AG, Frankfurt am Main
Umschlaggestaltung: semper smile, München
Umschlagfoto: pa – picture alliance
Autorenfoto: Mauricio Bustamante
Satz: Fuldaer Verlagsanstalt, Fulda
Papier: Munken Print von Arctic Paper Munkedals AB, Schweden
Druck und Bindung: CPI – Clausen & Bosse, Leck
Printed in Germany   ISBN 978-3-492-25248-5

Für Dagmar

Inhalt

Vorwort	11
Nichts blieb, wie es war *Ein Jahrzehnt der Umbrüche und Dramen*	13
»Durch die Erde ein Riss« *Eine Schandmauer als Schutzwall, mitten in Berlin*	18
»Wer unsere Grenze nicht respektiert, bekommt die Kugel zu spüren« *Flucht oder Anpassung?*	25
Signale aus der Tiefe I *Schwabinger Krawalle und* Spiegel-*Affäre*	39
Signale aus der Tiefe II *Beatmusik und Pillenknick*	47
Von Adenauer zu Brandt *Die Geschichte eines politischen Wandels in vier Schritten*	58
Wunder mit Delle *Die Wirtschaft gerät ins Trudeln und erholt sich wieder*	71
Das permanente Provisorium *Die Westdeutschen und die Gastarbeiter*	87

Der flexible Ulbricht und sein »kleines Wirtschaftswunder«	96
Aufschwung in der DDR	
Im Zwielicht der Verlogenheit	104
Jugend in der DDR	
Alte und neue Nazis	114
Über den Umgang mit dem Erbe der Barbarei	
Die Politik der weißen Weste	126
Das Bild vom antifaschistischen Musterland DDR	
Als die Tabus reihenweise fielen	133
Die »sexuelle Revolution«	
Zwischen Kinderkriegen und Selbstverwirklichung	142
Auf dem Weg in die Frauenbewegung	
Mann ohne Penis	149
Wie die DDR-Frauen um ihre Gleichstellung kämpften	
Der ausgebremste Fortschritt	159
Die Situation der Kirchen	
Raus aus dem Elfenbeinturm	167
Die Schriftsteller, der Alltag und die Politik	
Aus der Katastrophe in die Reform	175
Der Sputnik-Schock und Georg Picht	
erschüttern Schulen und Universitäten	
Ein Faszinosum auf vier Rädern	181
Oder: Des Deutschen liebstes Kind	
Der neue Mitbewohner	190
Das Fernsehen krempelt das Familienleben um	

Inhalt

Sichtbeton und Platte *Der Fortschritt als Bausünde*	198
Eine Welt ohne Mikrowelle und Pampers *Wie sich der Alltag veränderte*	206
Lebensgefühle in der DDR *Interview mit dem Leipziger Kabarettisten und* *Autor Bernd-Lutz Lange*	222
Tragödie im Kinderzimmer *Die Contergan-Katastrophe*	251
Sonderfall Berlin *Die Stadt, die ein Leben der anomalen Normalität führte*	259
Kinder von Karl Marx und Coca Cola *Die Achtundsechziger*	269
Gegeneinander und nebeneinander, aber nicht miteinander *Ost und West am Ende des Jahrzehnts*	290
Chronik	294
Literatur	298
Bildnachweise	301
Dank	302

Vorwort

Mauerbau und Mondlandung, Studentenproteste und Prager Frühling, der Besuch des amerikanischen Präsidenten John F. Kennedy in Berlin und dessen Ermordung – Bilder, die sich im kollektiven Gedächtnis für die Sechzigerjahre eingebrannt haben. Die Erinnerung an dieses Jahrzehnt wird dabei vor allem von seinem Ende her bestimmt: Die Sechzigerjahre, das sind, zumal im Westen, die Jahre der wilden Rebellion, der Beat-Musik und der freien Liebe. Doch wie sah der Anfang des Jahrzehnts aus? Und was trennte und was verband Deutschland Ost und Deutschland West? Antworten auf diese Fragen finden wir in den Erinnerungen der Menschen, die diese Zeit erlebt haben. Es lohnt sich, ihnen aufmerksam zuzuhören. Die ARD-Reihe »Unsere 60er Jahre« hat genau dies getan, und wie beim Vorgänger »Unsere 50er Jahre« zeigt sich, dass auch dieses Jahrzehnt viel facettenreicher war als das Klischee seiner Überlieferung.

Die größte Überraschung aus den Lebensgeschichten unserer Protagonisten ist vielleicht die Erkenntnis, dass es sehr viel mehr Gemeinsamkeiten im Lebensgefühl der Jugendlichen in der Bundesrepublik und in der DDR gab, als uns heute bewusst ist. Wenn etwa Rena Sander-Lahr berichtet, wie sie als »Gammlerin« an der Gedächtniskirche in Westberlin von Passanten beschimpft wurde, dann deckt sich dies fast wörtlich mit der Erzählung des damals gleichaltrigen Gerhard Pötzsch in Leipzig, vor dem Leute ausspuckten, wenn er mit seinen langen Haaren Straßenbahn fuhr. Und auch die Frage nach der deutschen Vergangenheit und der Verstrickung der Elterngeneration in die Verbrechen der Nazis trieb junge Menschen auf beiden Seiten der Grenze um. Im Westen wurde das Schweigen erstmals mit den Frankfurter Auschwitzprozessen unüberhörbar durchbrochen. Im Osten dagegen wurde viel geredet – über den kommunistischen Widerstand im Dritten Reich, über den Zusammenhang zwischen Kapitalismus und Faschismus. Aber Themen wie Antisemitismus und

Judenverfolgung wurden weitgehend ausgeblendet – reden, um schweigen zu können. Und so ähneln sich auch bei diesem Thema die Erinnerungen von Peter Kalb in Frankfurt am Main und Vincent von Wroblewsky in Ostberlin. Verdrängung als deutsche Normalität.

Auch die Träume von Wohlstand und Behaglichkeit unterschieden sich kaum. Nur die Rahmenbedingungen waren anders. Während Ruth Kage, die privilegierte Wissenschaftlerin aus Leipzig, ihren Camping-Urlaub an der Mecklenburgischen Seenplatte genoss, wurde der Stahlarbeiter Friedhelm Meier bei seiner Rückkehr aus Spanien zu Hause in Dortmund wie ein Held gefeiert und schwärmte von Sangria, Hähnchen am Spieß und den vielen neuen Eindrücken aus der Fremde. Massenweise brachen die Westdeutschen auf, um vor allem den Süden jenseits der Alpen zu erkunden. Für die Ostdeutschen dagegen war Fernweh – zumindest das nach dem Westen – eine gefährliche Sehnsucht. Wer ihr nachgab und versuchte, die DDR-Grenze zu überwinden, riskierte lange Haftstrafen und sogar sein Leben. Dass sich der Freiheitsdrang, vor allem von jungen Menschen, zwar sanktionieren, nicht aber abtöten lässt – auch diese Erfahrung verbindet Ost und West. Gerhard Pötzsch aus Leipzig musste seine Fluchtpläne als 17-Jähriger mit dem Gefängnis bezahlen. Rena Sander-Lahr, die junge »Gammlerin« in Westberlin, landete in einem geschlossenen Erziehungsheim.

Anrührende Geschichten von Menschen, die dabei waren, sind oft aussagekräftiger als viele kluge Analysen von Historikern, weil wir so erlebte Geschichte erfahren mit all ihrem Zauber, ihrer persönlichen Dramatik und ihrer radikal subjektiven Wahrnehmung. Die Einordnung in den großen Zusammenhang der Zeitgeschichte bleibt dabei weitgehend den Zuschauern selbst überlassen. Dieses Buch hilft dabei. Es ist eine wertvolle Ergänzung der großen Fernsehdokumentation, weil es neben den berührenden Geschichten der Zeitzeugen die historischen Ereignisse und Fakten liefert, die in der Erzählung der Protagonisten zwangsläufig eine untergeordnete Rolle spielen.

Esther Schapira
Hessischer Rundfunk
Redaktionelle Federführung der ARD-Reihe

Nichts blieb, wie es war
Ein Jahrzehnt der Umbrüche und Dramen

So vieles lag in der Luft. »The times they are a-changing«, sang Bob Dylan 1964 und fasste das Lebensgefühl der jungen Generation in Worte: die Sehnsucht nach frischem Wind, die Lust auf den Wandel, das Warten auf den Wechsel. Und Hilde Domin dichtete:

Wer es könnte
die Welt
hochwerfen
dass der Wind
hindurchfährt.

Die Menschen fühlten oder ahnten, dass etwas Neues kommen würde oder kommen musste. Auch wenn das vergangene Jahrzehnt gar nicht so langweilig-steril gewesen war, wie es die noch heute gern verbreiteten Klischees sehen wollen. Beide deutsche Staaten erlebten zwischen 1949 und 1959 aufregende Modernisierungsschübe, darüber sind sich die Historiker und Soziologen einig. Allerdings waren das vor allem ökonomische Umbrüche, während sich die gesellschaftlichen Strukturen verfestigten. Die in vielem verknöcherte Gesellschaft der Fünfziger wartete auf den Aufbruch, und ein Teil dieser Gesellschaft fürchtete ihn zugleich.

Es gärte und brodelte. Etwas lag in der Luft, und das nicht erst seit 1960. Der Wandel bahnte sich langsam an. Zwischen 1956 und 1965, so der Politologe Klaus Schönhoven, habe sich »eine Fülle von Veränderungsimpulsen wechselseitig verstärkt«. Der eigentliche Schnitt liegt also in der Mitte des Jahrzehnts. Bundeskanzler Ludwig Erhard hatte durchaus den richtigen Riecher, als er in seiner Regierungserklärung 1965 verkündete: »Die Nachkriegszeit ist zu Ende.« Von da an nahmen die Prozesse ein atemberaubendes Tempo an, zumindest im Westen. Sozialwissenschaftler sprechen von einem Jahrzehnt der »Transformationen«. Erhard, der Vater des Wirtschaftswunders, ahnte allerdings nicht, dass die neuen Zeiten auch ihn bald hinwegfegen sollten.

Vieles spielte sich ungleichzeitig ab, was die Übersichtlichkeit und Deutungssicherheit erschwert. So herrschten in der ersten Hälfte des Jahrzehnts, als sich linke Studenten schon mit systemkritischen Theorien und den weltweiten Befreiungskriegen beschäftigten, in manchen Regionen der Bundesrepublik noch Zustände wie im Kaiserreich. Im Sauerland, wo der SPD-Politiker Franz Müntefering seine Jugendjahre verbrachte, weigerte sich der örtliche Buchhändler standhaft, Rowohlt-Taschenbücher zu verkaufen, weil die aus einem »linken Verlag stammten«. Und das Theater der Nachbarstadt verbannte Jean-Paul Sartre von der Bühne, weil er als Kommunist verschrien war. Müntefering sagte dazu später: »Das ist alles Original-Bundesrepublik 1959 bis 1965. Da war viel Mief.« Mief und Aufbruch – beides zusammen ergibt erst ein Bild.

Ähnlich war es im Osten. Als sich die DDR nach dem Bau der Mauer zu einem modernen Industriestaat zu mausern versuchte, sahen viele Landschaften, Dörfer, Kleinstädte und Großstadtviertel immer noch aus wie in den Zwanzigerjahren. Zur gleichen Zeit, als Partei- und Staatsführung das »Weltniveau« als Zauberformel für die Zukunft im Sozialismus ausriefen, konnte man an der Basis tagtäglich den muffigsten Provinzialismus erleben. Und ausgerechnet nach dem Bau der Mauer war die Hoffnung am weitesten verbreitet, dass sich die Verhältnisse bessern könnten. Wie trügerisch dies war, zeigte die SED-Führung spätestens 1965 auf ihrem 11. Plenum, als sie mit massiven Einschnitten in den Alltag und das kulturelle Leben reagierte.

Die Sechzigerjahre staken voller Brüche und Widersprüche. Das macht es schwer, die Geschichte des Jahrzehnts auf Formeln und Nenner zu bringen. Vor allem drei Ereignisse laden zur Vereinfachung geradezu ein. Der Bau der Mauer 1961 und 1968 die Rebellion der Studenten im Westen sowie der Prager Frühling im Osten genießen eine hochsymbolische und teilweise mythologische Überhöhung, die einer realistischen und schattierenden Betrachtungsweise häufig im Wege stehen.

Die Mauer galt und gilt als ein Akt der Barbarei: ein Beweis für die Unmenschlichkeit des sozialistischen Systems und eine Niederlage der Politik. Die Welt entsetzte sich 1961 angesichts des inhumanen Bauwerks. Die

Menschen waren aufgewühlt, geschockt. Viele fürchteten politische, wenn nicht gar militärische Verwicklungen. Ein neuer Krieg? Der Schriftsteller Volker von Törne schrieb bald nach dem 13. August:

Mein Großvater starb
an der Westfront;
mein Vater starb an der Ostfront: An was
sterbe ich?

Niemand kann annähernd seriös sagen, was geschehen wäre, wenn die DDR die Massenflucht nicht durch den Bau der Mauer gestoppt hätte. Wahrscheinlich ist: Moskau hätte die DDR niemals freiwillig aus dem Machtbereich des Warschauer Pakts entlassen, und die Instabilität in Mitteleuropa wäre noch größer geworden. Der Bau der Mauer war darum auch ein neuer Anfang, der schließlich, in den Zeiten der sozialliberalen Koalition, zu einem wenn auch höchst unfreundlichen Nebeneinander der beiden deutschen Staaten führte.

So unterschiedlich die Entwicklung der beiden Staaten auch zu verlaufen schien, es gab durchaus Parallelen zwischen Ost und West. Sozialwissenschaftler sprachen später von »systemübergreifenden Trends«. Beide Gesellschaften blieben trotz sich vertiefender politischer Spaltung aufeinander bezogen. Allerdings handelte es sich um eine asymmetrische Beziehung, nicht nur wegen des unterschiedlichen Lebensstandards. Die Mehrzahl der Bundesbürger schaute nach Westen, vor allem auf die USA, es sei denn, verwandtschaftliche und freundschaftliche Bindungen legten ihnen einen anderen Blick über die Mauer hinweg nahe. Die Ostdeutschen schauten auch nach Westen, aber ihr Blick traf auf die breiten Rücken der Westdeutschen.

Wie die Mauer am Anfang führt die Studentenbewegung am Ende der Sechziger oft zu verzerrten Deutungen des Jahrzehnts. So legen manche Darstellungen den Schluss nahe, außer 1968 sei in der Bundesrepublik wenig passiert, und das wenige, was wirklich passierte, sei nur die Vorgeschichte dazu gewesen. Die Fotos und Geschichten von Demonstrationen, besetzten Straßen, belagerten Amerika Häusern und Schlagstock schwingenden Polizisten vereinfachen allzu leicht die größeren Zusammenhänge. Viele Achtundsechziger selbst neigen bisweilen dazu. In Wirklichkeit war die Gesellschaft ohnedies in Bewegung geraten, auch in der Bundesrepublik. Die Studenten und die von ihnen angeführte Außerparlamentarische Opposition (APO) haben vieles von dem Wandel, der weltweit im Gange war, formuliert, artikuliert, auf die Spitze getrieben, in die Öffentlichkeit getragen und beschleunigt. Aber sie haben diese Umbrüche nicht verursacht. »Sie forderten etwas, was sowieso passierte, sie stießen nur, was ohnehin fiel«, schreibt der Politikwissenschaftler Claus Offe.

Wer die Sechzigerjahre beschreiben will, muss also mehr im Auge haben als die Mauer und die Achtundsechziger.

Beispiel Politik: Konrad Adenauer trat ab, eine Ära ging zu Ende. Der »Alte von Rhöndorf« hatte 14 Jahre lang bis 1963 die Geschichte der Bundesrepublik geprägt. In den folgenden sieben Jahren gab es drei weitere Kanzler und neue politische Konstellationen. Auf Ludwig Erhard folgten Kurt Georg Kiesinger und Willy Brandt. Nach dem Bündnis von Union und Liberalen kamen zuerst die Große Koalition von CDU/CSU und SPD, dann die sozialliberale zwischen SPD und FDP. In der DDR suggerierte der ewige Walter Ulbricht an der Spitze scheinbare politische Kontinuität und sorgte nach innen für tief in den Alltag eingreifende Kurswechsel.

Beispiel Jugend: »Guten Tag, liebe Beat-Freunde. Nun ist es endlich so weit. In wenigen Sekunden beginnt die erste Show im Deutschen Fernsehen, die nur für euch gemacht ist. Sie aber, meine Damen und Herren, die Sie Beat-Musik nicht mögen, bitten wir um Ihr Verständnis: Es ist eine Live-Sendung mit jungen Leuten für junge Leute. Und nun geht's los!« Den legendären *Beat-Club*, der bei Radio Bremen 1965 auf den Sender ging, hätte es auch ohne die Studentenbewegung gegeben. Dass sich der Fernsehansager Wilhelm Wieben vor Beginn des ersten *Beat-Clubs* bei den Erwachsenen entschuldigte, war bezeichnend. Nicht nur in West, sondern auch in Ost hatten sich die Generationen weit voneinander entfernt. In Leipzig fand im Herbst 1965 die legendäre Beat-Demonstration statt, bei der junge Leute gegen das Verbot ihrer Beat-Bands auf die Straße gingen. Soziologen sprechen von zwei Kulturen, die sich da entwickelten. Ausdruck und Leitmedium für die Jungen war die Musik.

Beispiel Werte: Langsam, aber unaufhaltsam verschob sich das Normensystem, die Vorherrschaft der konservativen und rein materiellen Werte war vorbei. Einerseits wuchs zwar in West- und Ostdeutschland nach wie vor der Bedarf an Genuss und damit an Konsum. Andererseits zeigte nicht nur die Studentenbewegung, dass den Deutschen die immateriellen Werte immer wichtiger wurden. Anfang der Fünfzigerjahre wäre es undenkbar gewesen, dass wie in der *Spiegel*-Affäre 1962 die Bürger für die Pressefreiheit stritten. Und in der DDR regten sich nicht erst während des Prager Frühlings 1968 besonders stark die Hoffnungen auf einen anderen, liberaleren Sozialismus.

Ein regelrechter Wertewandel vollzog sich im Westen. Die Fünfziger standen im Zeichen des materiellen Neuanfangs, die Sechziger im Zeichen des ideellen Aufbruchs. Hatten bisher die Ökonomen das Denken vorgegeben und das Klima bestimmt, rückten nun, zumindest vorübergehend, intellektuelle und moralische Ansprüche in das Bewusstsein vieler Menschen. Aus dieser Kluft zwischen dem alten, konservativen Denken und dem Wunsch nach Erneuerung resultierten jene Spannungen, Umbrüche und Dramen, die die Sechziger nach vergleichsweise beschaulichem Beginn zu einem der dynamischsten und unruhigsten Jahrzehnte der deutschen Nachkriegsgeschichte machten.

»Durch die Erde ein Riss«
Eine Schandmauer als Schutzwall, mitten in Berlin

»›Auf einen Tag freu ich mich wie verrückt‹, sagte L., ›auf den dreizehnten August einundsechzig. Da hab ich die Hälfte meiner Strafe rum.‹«

Freiheit, darauf hoffte der Autor Erich Loest, der seit 1957 eine Haftstrafe in Bautzen verbüßte. Er war mit dem DDR-Regime wegen angeblich konterrevolutionärer Aktionen in Konflikt geraten. Die Hoffnung wurde ihm wie den meisten DDR-Bürgern am 13. August 1961 genommen. Über Nacht hatte Walter Ulbricht die Grenze zwischen Ost- und Westberlin mit Stacheldraht und Steinen zementieren lassen. Die Berliner Mauer trennte Nachbarn, Freunde und Familien. Fassungslos standen die Berliner auf beiden Seiten des »antifaschistischen Schutzwalls«. Sie schauten und winkten hinüber, viele weinten. In der Bernauer Straße sprangen in den kommenden Tagen die Menschen aus den Fenstern auf den Gehsteig, der schon im Westen lag, bevor die Soldaten der Nationalen Volksarmee sie zumauerten. Das Bild eines Soldaten, der in Uniform über den Stacheldraht in die Freiheit sprang, ging um die Welt. Mit einem Schlag war eine bis dahin durchlässige Grenze unüberwindlich, die Teilung Deutschlands manifest geworden. Erich Loests Autobiografie trägt den bezeichnenden Titel *Durch die Erde ein Riss*. Christa Wolf schrieb den Roman *Der geteilte Himmel*.

»Niemand hat die Absicht, eine Mauer zu errichten«

In Deutschland herrschte eine wilde Mischung von Gefühlen: Zorn, Illusion, Furcht, Enttäuschung, Hilflosigkeit, Hoffnung, Niedergeschlagenheit, Entsetzen, Verzweiflung, aber auch Gleichgültigkeit und Resignation. Diesseits und jenseits der Mauer wollten sich die Deutschen mit dem, was die eine Seite einen »Schutzwall« und die andere eine »Schandmauer« nannte, nicht abfinden. Dabei hatte sich schon länger abgezeichnet, dass etwas Ernstes bevorstand. *So* wird es, *so* kann es nicht weitergehen, wussten viele. Aber *was* kommen würde, wussten nur die Entscheidungsträger im Osten – und vermutlich ein paar vorweg Informierte im Westen.

Berlin war seit den Vierzigerjahren ein Brennpunkt im Kalten Krieg der Systeme, zeitweise sogar der wichtigste. Der Westteil mit den Sektoren der Amerikaner, Briten und Franzosen lag als Stein des ständigen Anstoßes mitten in der DDR und damit in der Interessensphäre der Sowjets. Im No-

Westberliner aus dem Bezirk Wedding winken 1961 über die Mauer.

vember 1958 spitzte Nikita Chruschtschow in Moskau die Situation mit einem Ultimatum zu: Die Westmächte sollten innerhalb von sechs Monaten abziehen, Westberlin sollte eine »freie und entmilitarisierte Stadt« werden. Falls die Alliierten darauf nicht eingingen, würde man in einer einseitigen Aktion den besonderen Status von Gesamtberlin beenden. Die Sowjets würden ihre Berlin-Rechte an die DDR übergeben und Ostberlin damit zu einer eigenständigen Stadt erklären.

Chruschtschow ließ das Ultimatum verstreichen und zeigte sich gesprächsbereit. Aber die DDR drang auf Maßnahmen, da über das letzte Schlupfloch Berlin immer mehr Menschen in den Westen abwanderten. Zwischen 1949 und 1960 hatten etwa 2,6 Millionen Deutsche die DDR verlassen, und die Lage spitzte sich zu. Nach der Zwangskollektivierung der Landwirtschaft herrschte eine massive Versorgungskrise. Allein vom 1. Januar bis zum 13. August 1961 strömten rund 47 000 Menschen von Deutschland nach Deutschland, darunter viele jüngere, in der DDR dringend benötigte Fachkräfte und Akademiker.

Der Exodus schadete der Wirtschaft und gefährdete sogar die medizinische Versorgung, weil immer wieder Ärzte gen Westen verschwanden. Daher gab es zum Beispiel in dem als Modellprojekt neu entstandenen Eisenhüttenstadt an dem ansonsten gut arbeitenden Krankenhaus im Sommer 1961 keinen einzigen Urologen mehr. Die Patienten mussten in andere Städte ausweichen. Solche Erfahrungen trieben die Stimmung in den Keller. Viele fragten sich täglich, ob sie auch gehen sollten, ehe es möglicherweise zu spät sein würde. Schon waberten Gerüchte durch Berlin, die DDR wolle eine Mauer bauen. Am 15. Juni äußerte Walter Ulbricht als Antwort auf die Frage einer Journalistin jenen Satz, der Berühmtheit erlangen sollte: »Niemand hat die Absicht, eine Mauer zu errichten.« Zuvor machte er den müden Versuch eines Scherzes: »Ich verstehe Ihre Frage so, dass es Menschen in Westdeutschland gibt, die wünschen, dass wir die Bauarbeiter der Hauptstadt der DDR mobilisieren, um eine Mauer aufzurichten, ja? Mir ist nicht bekannt, dass eine solche Absicht besteht, da sich die Bauarbeiter in der Hauptstadt hauptsächlich mit Wohnungsbau beschäftigen und ihre Arbeitskraft dafür voll ausgenutzt wird.«

Da lagen die Pläne für den Mauerbau längst auf dem Tisch. Ulbricht hatte die Verbündeten im Kreml mehrmals um die Erlaubnis für den Bau gebeten, vergeblich. Im Juni 1961 trafen Chruschtschow und der neue amerikanische Präsident John F. Kennedy in Wien zusammen. Der Russe drohte von Neuem; daraufhin entwickelte die Kennedy-Administration das, was der Historiker Edgar Wolfrum später eine »defensive Berlin-Strategie« nannte. Im Juli sprach der Präsident von »drei Essentials«, an denen er festhalte: Anwesenheit westlicher Truppen in, freier Zugang sowie Freiheit und Lebensfähigkeit für Berlin. Auf den ersten Blick wirkten diese Forderungen markig, aber sie bezogen sich nur auf Westberlin. Mit anderen Worten: Die Amerikaner signalisierten damit, dass sie auf einseitige Aktionen der Russen in Ostberlin nicht militärisch reagieren würden, auch wenn diese damit gegen den Vier-Mächte-Status von ganz Berlin verstoßen würden. Möglicherweise war das der Grund, warum Moskau nun dem Drängen Ulbrichts nachgab.

Am 10. August lud Marschall Konjew, der gerade ernannte neue Befehlshaber der sowjetischen Streitkräfte in der DDR, die drei westlichen Stadtkommandanten in sein Potsdamer Hauptquartier ein. Aller Wahrscheinlichkeit nach informierte er seine Gäste darüber, was im Einzelnen geplant war, um das Schlupfloch zu schließen.

Am 12. August beschloss der Ministerrat der DDR Restriktionen an der Grenze zwischen den beiden deutschen Staaten und in Berlin, von einer Mauer war dort allerdings noch nicht die Rede. Im ostdeutschen Amtsjargon hieß es: »Zur Unterbindung der feindlichen Tätigkeit der revanchistischen und militaristischen Kräfte Westdeutschlands und Westberlins wird eine solche Kontrolle an den Grenzen der Deutschen Demokratischen Republik einschließlich der Grenze zu den Westsektoren von Groß-Berlin eingeführt, wie sie an den Grenzen jedes souveränen Staates üblich ist. Es ist an den Westberliner Grenzen eine verlässliche Bewachung und eine wirksame Kontrolle zu gewährleisten, um der Wühltätigkeit den Weg zu verlegen.« So weit die propagandistische Verbrämung des Vorhabens. Dann folgte die für die DDR-Bewohner entscheidende Passage: »Diese Grenzen dürfen von Bürgern der Deutschen Demokratischen Republik nur noch mit besonderer Genehmigung passiert werden.«

Am 13. August, bald nach Mitternacht, konnte jeder sehen, wie das gemeint war: Stacheldrahtverhaue, Spanische Reiter und andere Hindernisse riegelten den Ostteil der Stadt ab. Als klar war, dass die Westmächte nicht unmittelbar reagieren würden, türmten die Pioniere in den nächsten Tagen Betonteile aufeinander. 111,6 Kilometer Mauer trennten bald die westlichen Sektoren von der umliegenden DDR, 43 Kilometer lang war die Mauer zwischen den beiden Stadthälften. Die Amerikaner bekräftigten ihre Sicherheitsgarantie für (West-)Berlin und ließen am 20. August Panzer am Checkpoint Charlie auffahren. Die Stimmung war explosiv. Wie gingen die Menschen damit um? Ein breites Spektrum von unmittelbaren Reaktionen schildern auch die Zeitzeugen, die für die ARD-Fernsehserie und das Buch interviewt wurden:

»Man konnte nicht mehr rübergucken, da war plötzlich eine Mauer«

Rena Sander-Lahr ist neun Jahre alt und wohnt im Berliner Norden. Sie geht noch in die Grundschule. Als die Bauarbeiten beginnen, eilt die ganze Klasse zur nahen Grenze. Inmitten einer Menschenmenge beobachten die Kinder das Geschehen. Die Schülerinnen sind ebenso entgeistert wie die Lehrerin: »Man konnte nicht mehr rübergucken, da war plötzlich eine Mauer.« Viele Erwachsene weinen, manche schreien. In der Schule versucht die Lehrerin, mit den Mädchen über das Gesehene zu reden. Wirklich verstehen können sie es nicht. Nach einigen Tagen geht Rena mit ihrer Mutter noch einmal zur Baustelle. Wie oft ist deren Schwester aus Finsterwalde, nahe Berlin, bei ihr gewesen! Wie oft haben sie Renas Tante dort besucht! Der Kontakt ist auf unabsehbare Zeit blockiert, die Mutter weint bitterlich.

Ruth Kage lebt in Leipzig. Sie ist alles andere als eine begeisterte Sozialistin. Trotzdem hat sie nie daran gedacht zu gehen. Sie findet es unfair, wenn zum Beispiel Ärzte, die ihr Studium einem staatlichen Stipendium verdanken, einfach die DDR verlassen. Einmal ist aus ihrem Betrieb ein ganzer Trupp, der an der Grenze Messarbeiten verrichten sollte, samt Ausrüstung in die Bundesrepublik übergelaufen (die Geräte kamen später zurück). Auch das widerspricht ihrem Wertgefühl. Ruth Kage ist klar gewesen, dass etwas geschehen werde. Aber das hat sie nicht erwartet. Sie ist entsetzt.

Peter Katzorrek ist Polizist in Berlin und muss vom Morgen des 13. August an wochenlang an der entstehenden Mauer Dienst tun. Da er im Gegensatz zu vielen Kollegen keine Verwandten und Freunde in der DDR oder Ostberlin hat, betrachtet er die Geschehnisse mehr aus einer dienstlich-rationalen Perspektive. Seine Meinung von damals findet er selbst heute ein wenig eigenartig: »Also, dann bleiben wir unter uns, und die bleiben unter sich.« Dennoch hofft er mit vielen anderen, dass die Alliierten die Mauer einreißen.

Friedhelm Meier, Stahlarbeiter in Dortmund, kümmert sich zu dieser Zeit um »solche Geschichten« nur, wenn er direkt betroffen ist. Seine Familie hat keine Verwandten in der DDR, darum macht er sich wenig Gedanken. In den Pausen reden die Arbeiter zwar über die Vorgänge in Berlin, »aber irgendwo war es uns auch scheißegal«.

Adelheid Burkardt wohnt in Wiesbaden und hat eine Schwester in Leipzig. Die beiden besuchen einander manchmal, Leipzig ist für sie ein Stück Heimat. Den 13. August empfindet sie wie »einen Schnitt ins Herz«. Sie versteht, dass das System sich gegen die »Abwanderung ohne Ende« zu wehren versucht, aber sie leidet unter der Trennung von der Schwester. Erst viele Jahre später wird sie wieder hinüberfahren.

Hans Stempel hat bis zu diesem Zeitpunkt gewisse Sympathien für die DDR gehegt. Er kann das System genauso wenig bejahen wie das der Bundesrepublik, aber er glaubt und hofft, »irgendwie« werde es sich »doch noch mausern«, und die Hoffnungen auf menschenwürdige und demokratische Lebensweisen in Deutschland würden sich irgendwann erfüllen. Stempels Haltung ändert sich radikal, als er und sein Lebenspartner feststellen, dass die DDR nun die Rechte auf Information und freie Reise rigoros unterdrückt.

Käthe Linge arbeitet an der Seite ihres Mannes in einer Landwirtschaftlichen Produktionsgenossenschaft (LPG), seitdem der ihrer Familie gehörende Hof praktisch kollektiviert worden ist. Sie hat mit der SED wenig im Sinn, denkt aber auch nicht an Ausreise. Käthe fährt seit ihrer Kindheit öfter nach Westberlin, sie verkauft dort zum Beispiel Eier oder mal ein Ziegenlammfell. Mit dem erlösten Westgeld gönnt sie sich ein Kleid und geht ins Kino. Am 11. August besucht sie noch zwei Tanten in Westberlin. Als sie die Nachrichten zwei Tage später hört, erschrickt sie tief. Die Verbindung zu den Verwandten bricht ab. Manche wird sie erst nach knapp 30 Jahren wiedersehen.

Der Westen schaut zu

Viele von denen, die an der Grenze standen, an den Radios hingen oder die Fernsehbilder sahen, mochten zunächst nicht glauben, was offensichtlich war: Die westlichen Alliierten, voran die Amerikaner, unternahmen nichts. Wolfgang Leonhard, der frühere Kommunist und Autor des berühmten Buches *Die Revolution entlässt ihre Kinder*, gehörte zufällig am 13. August zu den Gästen von Werner Höfers *Internationalem Frühschoppen* im ARD-Programm. Die Runde diskutierte natürlich nur über das Ereignis des Tages, und Leonhard warnte, wenn in den nächsten Stunden nichts geschehe, dann werde die Mauer für Jahre bestehen bleiben. Enttäuscht wie viele musste er beobachten, wie der Westen in dem Glauben stillhielt, dass man »den Realitäten ins Auge sehen müsste«, sagte der Ostexperte 2007 in einem Interview.

Der Westen protestierte zwar, aber er tat das erkennbar als Pflichtübung. Die Amerikaner, von denen die Berliner am ehesten Gegenmaßnahmen erwarteten, konnten darauf verweisen, dass keine der von Kennedy verkündigten »Essentials« verletzt worden war: Der Status von Westberlin war nicht verändert worden – eine moralisch und rechtlich dubiose Position, die den Amerikanern sowie den anderen Weltmächten aber das Eingreifen ersparte. Und so war schon bald eine stille Genugtuung zu spüren, dass sich das prekäre Thema Massenflucht aus der DDR ohne militärische Verwicklungen erledigt hatte. Ein Burgfrieden herrschte zulasten der Westberliner, die sich nun noch bedrohter und ohnmächtiger fühlten als zuvor, und auf Kosten des in den Vierzigerjahren festgelegten Vier-Mächte-Status für ganz Berlin. Aber das nahmen die Verbündeten in Kauf.

Auch die Regierung in Bonn überschlug sich nicht gerade. Sie betrieb eine Politik der starken Worte, gleichwohl zögerte Adenauer, nach Berlin zu fahren. »US-Präsident Kennedy schweigt ... und Adenauer schimpft auf Brandt«, schrieb die *Bild*-Zeitung. Dabei stellte sich Willy Brandt als Regierender Bürgermeister demonstrativ hinter seine Berliner. Enttäuscht über die Untätigkeit der Politiker und der Westmächte brach er seine Wahlkampfreise als Kanzlerkandidat ab und eilte nach Berlin. Dort demonstrierten am 16. August rund 250 000 Berliner vor dem Schöneberger Rathaus, forderten energischere Reaktionen und schimpften auf die Politiker. Die ganze Wut zeigte sich auf ihren Transparenten: »Vom Westen verraten?« – »Wo sind die Schutzmächte?« – »Papierene Proteste stoppen keine Tanks!« – »Wo ist der Kanzler? Spielt er Boccia?«

Nicht einmal diese ironische Anspielung auf sein Hobby setzte Adenauer in Bewegung. Immerhin kam US-Vizepräsident Lyndon B. Johnson nach Berlin, was die Menschen etwas beruhigte, und am 22. August flog endlich auch der Kanzler dorthin. Sein lapidarer Kommentar: »Trotz des Ernstes der Situation besteht kein Anlass zur Panik.« Der Besuch kam zu spät, die Worte waren zu lasch für die erregten Menschen in Berlin und auch in der Bundesrepublik. Sie zeigten, wie weit sich der zaudernde Kanzler von den neuen politischen Realitäten entfernt hatte. Auch das trug zum Autoritätsschwund Adenauers bei.

»Wer unsere Grenze nicht respektiert, bekommt die Kugel zu spüren«
Flucht oder Anpassung?

Im Osten war auch dem Letzten sofort klar, dass Partei- und Staatsführung es ernst meinten mit der Abschnürung. Wer die DDR zu verlassen versuchte, musste mit dem Schlimmsten rechnen. Schon kurz nach dem Bau der Mauer sagte ein hoher Offizier vor Truppenteilen: »Wer unsere Grenze nicht respektiert, bekommt die Kugel zu spüren.« Auch der Wortlaut eines *Handbuchs für Grenzsoldaten* lässt keinen Zweifel, dass es entgegen vieler Behauptungen von DDR-Funktionären einen Schießbefehl gab: Die Soldaten hatten die Pflicht, Flüchtlinge, die hier stets »Grenzverletzer« hießen, entweder festzunehmen oder mit allen Mitteln an der Flucht zu hindern. Ziel war es, »Handlungen, die eindeutig auf Verrat gegenüber der Arbeiter- und Bauernmacht gerichtet sind, zu unterbinden«, Verrat aber, das war vor allem die versuchte Flucht. Was in diesem Fall zu geschehen hatte, beschrieb das Handbuch in aller Deutlichkeit: »Soldat Müller – auf Grenzverletzer – Feuer.« Nach neuen Erkenntnissen sollen zwischen 1961 und 1989 insgesamt 125 Menschen bei dem Versuch umgekommen sein, die berühmteste und berüchtigtste Grenze der damaligen Welt ohne Erlaubnis zu überqueren. Etwa 80 Fälle sind bis heute ungeklärt.

Das große Tor Berlin war nun geschlossen, und es bestand im Gegensatz zu späteren Jahrzehnten so gut wie keine Möglichkeit, legal auszureisen oder vom Westen freigekauft zu werden. Dennoch ist der weitverbreitete Eindruck falsch, der Strom von Flüchtlingen sei mit dem August 1961 versiegt. Von September bis Dezember 1961 gelang fast 52 000 Menschen die Flucht. Danach funktionierten die Grenzanlagen immer perfekter und die sozialistischen Bruderstaaten kontrollierten immer schärfer, ob DDR-Bewohner sie auf der Flucht als Transitland benutzten. Doch die Menschen gaben nicht auf. Noch 1962 flüchteten 16 700 Bürger der DDR in den Westen, davon 5 700 als sogenannte Sperrbrecher. Dieser Begriff war auf Menschen gemünzt, die mit Gefahr für Leib und Leben unmittelbar die Grenzbefestigungen überwanden. Zu ihnen gehörte Wolfgang Weidner, der als kleiner Junge unter besonders dramatischen Umständen nach Westberlin gelangte.

Mit dem Bus durch die Mauer

»Alles auf den Boden legen!«, kommandierte der Vater und schaltete eine Sirene ein. Dann krachte es dreimal gewaltig, etwa 40 Schüsse fielen, und der Vater rief: »Wir sind in Freiheit.« Wolfgang Weidner war zehn Jahre alt, als er auf diese Weise in den Westen übersiedelte. Es gab viele spektakuläre Fluchten und Fluchtversuche, aber wenige, die so viel Aufsehen erregten.

Wolfgang wächst in Neu-Gersdorf auf, einem kleinen Städtchen in der Oberlausitz, ganz nahe an der Grenze zur Tschechoslowakei. Er spielt sehr viel draußen, genießt die Freiheit des Landlebens und die Liebe der Großmutter, die mit den jungen Weidners unter einem Dach wohnt. Eine glückliche Kindheit – wenn da nicht der aus dem Krieg mit einer Behinderung heimgekehrte Vater wäre. Der Mann fühlt sich zurückgesetzt, ist verbittert und hart, weil er sich nur an Krücken fortbewegen kann. Er spricht mit niemandem über seine Probleme. Wie er die Verwundung erlitten hat, weiß nicht einmal seine Frau.

Der Vater bezieht 48 Mark Rente als Kriegsbeschädigter und unterhält ein kleines Fuhrgeschäft, dessen Inventar aus einem alten Bus besteht, den er sich auf Umwegen aus dem Westen besorgt hat. Der Wagen bedient eine Linie für Arbeiter, manchmal transportiert er Menschen zu Erholungsorten oder Freizeiten. Das kleine Unternehmen lebt vor allem davon, dass die Busse der sogenannten ins Volkseigentum überführten Betriebe so oft stehen bleiben.

Die Behörden möchten auch den Weidner-Betrieb unter ihre Kontrolle bringen, die Stasi bespitzelt den Besitzer, der Druck verstärkt sich um 1960. Aber Vater Weidner schottet sich ab. Die Kinder, neben Wolfgang ist da eine fünf Jahre ältere Schwester, ermahnt er dringend, außerhalb der eigenen vier Wände nirgendwo zu erzählen, was dort gesprochen wird.

Die Region, in der die Familie wohnt, gehört zu jenen, wo der Empfang des westdeutschen Fernsehens nicht möglich ist. Darum hat sich der Vater im Garten einen großen Empfangsmast aufgestellt, mit dessen Hilfe er zumindest das Radioprogramm des »Rundfunks im amerika-

Die beiden Familien vor dem Fluchtauto; links mit den Krücken der Vater, in der Mitte der Fahrer und vorne stehend Wolfgang Weidner.

nischen Sektor« empfangen kann. Am 13. August 1961 hört er im RIAS die Nachricht vom Bau der Mauer. Sie schlägt ein wie eine Bombe. Der neunjährige Wolfgang versteht nicht ganz, was vorgeht, aber an den Reaktionen des Vaters kann er spüren, dass es etwas Schreckliches ist. »Nun ist alles aus, wir kommen hier nicht mehr raus«, klagt der Mann. Dann macht er sich Mut: »Man muss was tun.«

In der Schule hören die Kinder montags vom »antifaschistischen Schutzwall«, der notwendig sei, um den Staat vor dem Klassenfeind zu retten. Wolfgang fühlt sich verwirrt, weil zu Hause ganz anders geredet wird. Der Vater spürt, dass er die Kinder nicht noch mehr belasten darf. Wie der Sohn später erfahren wird, beginnt er unverzüglich, Fluchtpläne zu schmieden. Eineinhalb Jahre lang spioniert er Grenzkontrollpunkte aus, indem er auf Parkplätzen an der Transit-Autobahn Lkw-Fahrer beiläufig ausfragt. Oder er erkundigt sich bei Bekannten in Westdeutschland, wie sie die Übergänge erlebt haben. Gleichzeitig versucht er seine Frau zu überzeugen, die ihre Heimat nicht verlassen und die Großeltern nicht im Stich lassen will.

Wegen seiner Behinderung kann Weidner senior den Bus nicht selbst fahren, darum überredet er einen seiner beiden Fahrer, samt Familie mitzumachen. Vor Weihnachten 1962 ist der Vater oft fort, was die Atmosphäre im Haus entspannt. Dann verkündet er plötzlich, die Familie werde zum Fest in Urlaub fahren, in das nahe Thüringen. Das hat es noch nie gegeben, Urlaub und dazu über Weihnachten. Auch die Großeltern erfahren von den unerwarteten Ferien. Weitere Überraschung: Wolfgang darf die Skier mitnehmen, dazu noch Spielzeug seiner Wahl. Vor allem seine Modelleisenbahn liegt ihm am Herzen. Kurz vor Heiligabend läuft der Junge herum und verabschiedet sich von seinen Lieblingsplätzen. Bis heute weiß er nicht, warum er das getan hat. Denn er ahnt nicht im Geringsten, was geschehen wird.

Mit ihrem Skoda fährt die Familie in den Nachbarort. Dort stehen der Bus und der Fahrer mit Frau und zwei Kindern bereit. Der aufgeweckte Wolfgang fragt: »Wieso mit dem Bus, das macht doch keinen Sinn.« Der Vater antwortet: »Halt den Mund und steig ein.« Nach kurzer Fahrt zeigt sich, dass der Kühler des Busses bei der klirrenden Kälte einen Riss erlitten hat. Trotz Feiertag hilft ein Freund, den Schaden zu beheben. Ihm schwant wahrscheinlich etwas, aber er fragt nicht nach der merkwürdigen Ausstattung des Busses. Da gibt es zum Beispiel zwischen Fahrersitz und dem Fahrgastraum eine feste Wand. Hinten sind Sitze ausgebaut und durch einen Haufen Kohlen ersetzt. Vor dem Kühler hängt ein Schneepflug, Panzerplatten schützen die Reifen, die Frontscheibe ist mit Lochblechen bedeckt. Zur Tarnung dieses auffälligen Gefährts hat der Vater große Schilder mit der Aufschrift »Werkstattwagen« angebracht.

Wegen der Reparatur übernachten die beiden Familien in einem Hotel. Am ersten Weihnachtstag geht es los, angeblich immer noch in Richtung Thüringen. In Wirklichkeit fahren sie endlos lange auf Autobahnen Richtung Berlin. Der Vater ist hypernervös und wiegelt alle Fragen ab. Es ist fünf Uhr am Morgen des zweiten Weihnachtstages, als der abenteuerliche Panzerwagen mit seinen 15 Tonnen Gewicht und mit 50 Stundenkilometern am Grenzkontrollpunkt Dreilinden die Schlagbäume durchbricht. Schüsse peitschen, aber der Kohlehaufen erfüllt seine Aufgabe, niemand wird verletzt. Als der Wagen auf Westberliner Gebiet zum Stehen kommt, sind nur die Frontscheiben und die Scheinwerfer zerstört. Insgesamt haben neun Schüsse den Wagen getroffen. Bei dem strengen Frost sind in den Maschinenpistolen einiger Volkspolizisten offenbar die Magazine eingefroren, und auch der sogenannte »Reifentöter«, der am dritten Schlagbaum in Aktion hätte treten sollen, hat wegen der Kälte nicht funktioniert. »Dass ihr durchgekommen seid, ist ein Wunder Gottes«, sagt ein westdeutscher Grenzbeamter, als sie aussteigen.

Wolfgang muss erst einmal begreifen, was geschehen ist. Der Westen ist für ihn bisher so weit entfernt gewesen wie der Nordpol, und nun verkündet der Vater, sie seien in Freiheit. Dabei ist dem Jungen gar nicht klar, was Freiheit bedeutet, denn er hat die Unfreiheit bisher nicht empfunden. Er weiß, dass etwas Neues kommt, und plötzlich überfällt ihn die Erkenntnis: »Ich komme nie wieder nach Hause.« Das erfüllt ihn mit Traurigkeit.

Nach der ersten Aufregung steigt die Familie in einen Kleinbus und fährt in das Westberliner Notaufnahmelager Marienfelde. In den Baracken und Häusern dort herrscht eine gespenstische Leere, weil seit dem Mauerbau die Zahl der Flüchtlinge eklatant gesunken ist. Wolfgang fühlt sich verloren, er fragt sich, wohin er gehört und was aus ihm werden soll.

Doch dann bricht ein gewaltiger Trubel über die Familie herein. Im Zeichen des Kalten Krieges interessieren sich die Medien brennend für solche Fluchtgeschichten. Der Vater und der Fahrer müssen immer wieder schildern, wie sie sich vorbereitet haben und was an der Grenze geschehen ist. Die ganze Familie posiert vor dem Bus, um gefilmt und fotografiert zu werden. Vater Weidner behauptet immer wieder, Zehntausende würden seinem Beispiel folgen, wenn sie könnten. Fremde Menschen schreiben der Familie bewundernde Briefe, schicken Geld, bringen Spielzeug und Bücher.

Der Rummel ebbt langsam ab. Etwa fünf Monate müssen die Flüchtlinge in dem Lager bleiben, weil in Westberlin Wohnungsmangel herrscht. In Tempelhof bekommen sie schließlich eine Dreizimmerwohnung zugewiesen. Bruder und Schwester müssen sich einen Raum teilen, was beide nervt. Früher haben sie in viel großzügigeren Verhältnissen gelebt. Auch sonst fällt dem Jungen die Umstellung auf die Großstadt schwer. Er vermisst den weitläufigen Garten und die freie Natur rundum. Aber dann gewöhnt er sich an das Spielen auf der Straße, findet rasch neue Freunde und kommt auch in der Schule zurecht. Als Erster in der Familie überdeckt Wolfgang den harten Oberlausitzer Dialekt mit Berliner Sprechweisen.

Der Vater schlägt sich mit großen Problemen herum. Die Familie kann leben, weil er nun eine ausreichende Rente bezieht. Aber er will wieder selbstständiger Kaufmann sein, was ihm nicht gelingt. Im Dschungel der DDR-Mangel- und Tauschwirtschaft hat er sich ausgekannt; die harten Bedingungen der Marktwirtschaft zu begreifen fällt ihm sehr schwer. Er gründet Firmen und verliert Geld dabei, obwohl er eigentlich ein guter Kaufmann ist. In der Ehe sorgt das für Konfliktstoff. Der Sohn wird sich später sagen, dass der Vater viel Kraft bei dem Fluchtunternehmen verloren hat. Die Verantwortung, acht Menschen heil durch eine im Grunde undurchlässige Grenze zu bringen, hat ihn wohl ausgelaugt.

Und der spektakuläre Fluchtwagen? Zeitweise heißt es, er solle in ein Museum kommen. Daraus wird nichts, und eines Tages steht die Familie auf dem Schrottplatz, um sich von ihm zu verabschieden. Tränen fließen.

1969 gibt der Vater die Hoffnung auf, in Westberlin ein Auskommen zu finden. Die Familie zieht nach Bad Harzburg in Niedersachsen, lebt also fortan nicht weit von der innerdeutschen Grenze. Wieder eine andere Welt für den Jungen, wieder ein Neubeginn.

Hoffen auf bessere Zeiten oder Einrichten im Alltag?

Immer wieder versuchten Flüchtlinge auf Biegen und Brechen, dem System zu entkommen. Sie überkletterten die Befestigungsanlagen, flogen in Heißluftballons, durchschwammen Kanäle und Flüsse, versteckten sich in Autos oder paddelten über die Ostsee. Fluchthelfer aus dem Westen unterstützten sie entweder aus idealistischen oder materialistischen Gründen.

Sie besorgten gefälschte Ausweise, präparierten Autos so, dass die Menschen bei den Kontrollen nicht entdeckt werden konnten – und manche gingen sogar noch weiter.

Wolfgang Fuchs war entschlossen, möglichst vielen DDR-Bewohnern zur Flucht zu verhelfen. Als er merkte, dass die Fluchtwege über die Mauer zu gefährlich wurden, fasste er einen ungewöhnlichen Plan. »Wenn es über der Erde nicht geht, dann eben darunter«, sagte er sich, und er begann mit Freunden, von Westberlin aus Stollen unter der Mauer nach Osten zu treiben. Der erste war schon zu einer Länge von 100 Metern gediehen, als die Gruppe aufhören musste, weil jemand sie verpfiffen hatte. Fuchs gab nicht auf. Mit dem siebten Tunnel gelang ihm dann eine spektakuläre Fluchthilfe. Er führte von einer stillgelegten Bäckerei in der Bernauer Straße zu einem Anwesen im Osten. 35 Beteiligte buddelten sich in Schichten von fünf bis sechs Mann rund um die Uhr auf die andere Seite. Dort sollte die Röhre in einem Keller enden, aber die Messungen erwiesen sich als ungenau. Der Schacht kam in einem Toilettenhäuschen im Hof des angepeilten Hauses zutage. Anfang Oktober 1964 startete der Schlussakt. Kuriere hatten die Fluchtwilligen benachrichtigt. 31 Frauen, 23 Männer und drei Kinder krochen in zwei Nächten durch den Tunnel in den Westen. Doch um Mitternacht des zweiten Tages tauchten DDR-Sicherheitskräfte in dem Hof auf, verfolgten die Menschen im Tunnel und begannen, hinter ihnen her zu schießen. Ein Grenzer der DDR kam ums Leben. Die ostdeutschen Behörden behaupteten, er sei von den Westlern getroffen worden. Allerdings hatte ihn die Kugel im Rücken getroffen, was dafür sprach, dass die eigenen Leute ihn versehentlich erwischt hatten.

Ohne die Mauer wären die meisten Menschen auf der Stelle aus der DDR in den Westen gegangen. Dieses Klischee gehörte zur Propaganda des Kalten Krieges. In der Tat hatten viele vor dem 13. August 1961 mit dem Gedanken gespielt und fühlten sich nun möglicherweise sogar erleichtert. Die Mauer hatte ihnen die Entscheidung abgenommen: Gehen oder bleiben? »Man lebte ruhiger in ihrem Schatten«, schreibt der Schriftsteller Günter de Bruyn in seinem Erinnerungsbuch *Vierzig Jahre*. »Das Provisorische hatte feste Konturen bekommen; das Vorläufige sah plötzlich nach Dauer aus. Auf Dauer galt es sich einzurichten, Familien zu gründen, Kinder zu kriegen, sich um besseren Wohnraum und ein Wochenendgrundstück zu kümmern, um der Karriere willen der Partei beizutreten, zumindest aber nicht unliebsam aufzufallen und sich vielleicht auch der Ideologie mehr zu öffnen, denn in politischer Dauerschizophrenie lebt es sich schlecht.« De Bruyn schildert eindrücklich, wie er selbst sich ziemlich rasch an den neuen Zustand gewöhnte, obwohl er die Mauer als ein schändliches Bauwerk ansah. »Ich lernte, mein Leben auf die neuen Bedingungen einzustellen und nicht ständig über die Freiheitsbeschneidung erbost zu sein.«

Eine Minderheit vor allem von Intellektuellen glaubte, die Mauer werde das Regime dazu bringen, mehr Freiheiten zuzugestehen und den Sozialismus zu einer annehmbaren Staatsform weiterzuentwickeln. Dazu gehörte die Schriftstellerin Christa Wolf. Sie schrieb damals wie jedes Jahr an einem bestimmten Tag im September eine Art Bilanz. Für sie sei es unmöglich, in den Westen zu gehen, notierte sie nach dem Mauerbau: »Man weiß, was ›drüben‹ gespielt wird und dass man da nicht zugehört.« In der DDR dagegen wüchsen »die Bedingungen zum Menschwerden«. Dann allerdings schränkte sie in der ihr eigenen Art der Reflexion diesen Befund gleich wieder ein: »Wachsen sie wirklich? Streuen wir uns nicht oft über die konkreten inneren Verhältnisse unserer Menschen Sand in die Augen?« Aber sie gab die Hoffnung nicht auf, dass nun, da die DDR nicht weiter ausblutete, ein frischer Wind aufkommen würde.

Danach sah es allerdings gar nicht aus. Die Partei- und Staatsführung zog in den ersten Monaten nach dem 13. August die Zügel an, wohl weil sie die schlechte Stimmung in der Bevölkerung fürchtete. Als sich herausstellte, dass die Mauer zu einer inneren und ökonomischen Stabilisierung führte, räumte sie vor allem den Intellektuellen mehr Freiheiten ein. So mancher fühlte sich im Nachhinein bestätigt, dass er mit Recht nicht gegangen war, als noch die Möglichkeit dazu bestand. Ein Trugschluss.

Das Tauwetter erreichte nie die Temperatur, die sich viele erhofft oder sogar versprochen hatten, und die Periode endete ziemlich abrupt Ende 1965, als das 11. Plenum des Zentralkomitees der SED kritische Autoren wie Stefan Heym maßregelte, eine fast geschlossene Jahresproduktion von Kinofilmen einmottete und hart gegen Beat-Bands vorging. Kurt Maetzigs Film *Das Kaninchen bin ich* nach dem Roman von Manfred Bieler durfte im Sommer 1965 noch in den DEFA-Studios gedreht werden, kam aber nie in die Kinos. Frank Beyers *Spur der Steine* mit Manfred Krug in der Hauptrolle erlebte 1966 die Uraufführung, verschwand dann aber bis 1989 in den Archiven. Die SED hatte massive Proteste gegen den Film inszeniert, weil die Helden so gar nicht dem sozialistischen Ideal entsprachen. Brigadier Hannes Balla meuterte allzu offen auf der Großbaustelle in Schkona über die

Schwächen der DDR-Mangelwirtschaft, und der verheiratete Parteisekretär Werner Horrath fing statt zu agitieren ein Liebesverhältnis mit der Ingenieurin Kati Klee an. Die Menschen in der DDR reagierten mit »missmutiger Loyalität« oder »loyaler Widerwilligkeit«, wie es der DDR-Experte Martin Sabrow ausdrückt. Viele wollten das Land nicht verlassen, weil sie an der Heimat, an ihrer Familie oder an der Arbeit hingen. Sie wären nicht geflüchtet, selbst wenn sich die Gelegenheit geboten hätte. Also passte man sich an oder verhielt sich zumindest so unauffällig wie möglich. Das Spektrum der Verhaltensweisen reichte vom langmütigen Idealismus über äußerlich loyales, aber im Grunde distanziertes Verhalten bis zur offenen Verweigerung. 1964 fuhren drei Zeit-Redakteure mit Genehmigung der ostdeutschen Behörden 14 Tage lang durch die DDR. Sie wagten eine quantitative Einschätzung der Grundhaltungen: fünf bis zehn Prozent für das Regime, eine vergleichbare Menge dagegen, und 80 bis 90 Prozent, die sich arrangierten. Notgedrungen akzeptierte die Mehrheit die nun gefestigten Machtverhältnisse und versuchte, den eigenen Vorteil unter den nun mal gegebenen Umständen zu suchen, schreibt Sabrow in dem Katalog zu der Ausstellung *Parteidiktatur und Alltag in der DDR* des Deutschen Historischen Museums in Berlin (2007). Dabei habe der Staat entgegen einer weitverbreiteten Ansicht die Gesellschaft nicht totalitär durchdrungen. Vielmehr habe sich damals »ein alltäglicher Aushandlungsprozess« herausgebildet, in dem die Bürger »keineswegs nur passiv auf die Zumutungen von oben reagierten«, sondern durchaus »Eigen-Sinn« bewiesen hätten.

Ein neuer Anfang?

Die Mauer gehörte zur Tragik und Dynamik der Sechzigerjahre auch dann, wenn die Menschen lernten, mit ihr zu leben und sie irgendwann selbst dann nicht mehr zu sehen, wenn sie sie sahen. So manche westdeutsche Politiker vor allem aus den konservativen Parteien verbreiteten nach dem Schock des 13. August 1961 noch immer die alten rhetorischen Formeln, als ob die deutsche Einheit nach wie vor nur eine Frage der Zeit sei. Doch schon bald glaubten die Bürger nicht mehr daran. Sie hatten wie die *Zeit*-Journalisten den Verdacht, der Bau der Mauer habe die Spaltung zementiert. Marion Gräfin Dönhoff gehörte zu den Journalisten, die für die *Zeit* unter dem Titel »Reisen in ein fernes Land« über die DDR berichteten. Sie und ihre Kollegen seien auf Schritt und Tritt einer von Grund auf verschiedenen Weltauffassung begegnet, schrieb sie, als hätten »wir es mit Bewohnern einer fremden Insel zu tun gehabt und nicht mit Angehörigen unseres Volkes, die doch die gleiche Geschichte durchlebt haben und dieselbe Sprache sprechen wie wir«.

Bei aller Resignation, alltäglicher Pragmatik oder Einsicht in die politische Unvermeidbarkeit blieb den Menschen in Ost und West die Furcht: Würde der Bau der Mauer neue Gefahren für Berlin und den Frieden mit sich bringen und jeglichen innerdeutschen Fortschritt auf Dauer blockieren? Es herrschte ein großes Maß an Unsicherheit, was noch kommen würde. Fest stand sofort, dass das ohnehin geringe Ansehen der DDR in der Welt sich weiter verdüsterte. Ostberlin und Moskau hatten vor dem Dilemma gestanden, entweder die DDR praktisch aufzugeben, weil die Bürger die Flucht ergriffen, oder in Gestalt der Mauer eine Art Offenbarungseid zu leisten. Man habe sich für das Eingeständnis der Schwäche entschieden, schrieb der Historiker Eberhard Jäckel, und sich damit »selbst in den Rang eines Gefängnisses gerückt, dessen Insassen es nicht verlassen, wohl aber Besuch empfangen dürfen«.

Aber konnte das abstoßende Bauwerk paradoxerweise nicht auch neue Chancen eröffnen? Franz Josef Strauß, zu dieser Zeit noch Bonner Verteidigungsminister, behauptet in seinen Erinnerungen, er habe sofort gewusst, dass die Lage nicht gefährlich gewesen sei, da der Schutz des Westens funktionierte. Im Gegenteil: Die Mauer habe die Krise in Berlin beendet. Den meisten von den Denkweisen des Kalten Krieges geprägten Politikern erschien dies zunächst absurd. Für sie war es keinesfalls sicht- oder auch nur vorstellbar, dass ausgerechnet die Schließung der Grenze die Perspektiven der Deutschlandpolitik zu erweitern vermochte.

Einer der Ersten, die 1961 in diese Richtung zu denken wagten, war Egon Bahr. Der später »Architekt der neuen Ostpolitik« genannte SPD-Politiker gehörte damals zum Stab des Regierenden Bürgermeisters Willy Brandt. In einem Interview erinnerte sich Bahr 1990, nach dem 13. August habe die Wahl zwischen Resignation oder Neustart bestanden und bei ihm sei die Erkenntnis gereift: »Ich muss den Status quo anerkennen, wenn ich ihn verändern will.«

Bis dahin hatte es keinen Status quo gegeben, sondern allenfalls eine höchst labile Situation, die sich jederzeit zur großen Krise steigern konnte.

Nun dagegen existierte eine wenn auch mit erheblichen Opfern erkaufte Geschäftsgrundlage, aus der sich vielleicht ein neuer Weg entwickeln ließ. Bahr selbst machte den Anfang, als er bereits im Jahre 1963 in der Akademie Tutzing seine provokante Formel vom »Wandel durch Annäherung« vortrug. Er stach in ein Wespennest: Offizielle Verhandlungen oder gar eine formale Anerkennung der DDR galten (noch) als indiskutabel. Später erinnerte sich Bahr »an die Kloppe, die ich dafür bekommen habe, und zwar auch in der eigenen Partei«.

Egon Bahr stand mit seiner Vision einer neuen Ostpolitik, die Ende der Sechziger und Anfang der Siebziger die deutsch-deutschen Beziehungen entscheidend verändern sollte, zunächst allein auf weiter Flur. Alle anderen deutschlandpolitischen Lockerungsübungen blieben weit unter der Schwelle einer völkerrechtlichen Anerkennung für die DDR. Franz Josef Strauß durchbrach die seit Adenauer übliche Sprachregelung, die Einheit sei nur eine Frage der Zeit, indem er die Unwahrscheinlichkeit einer Wiedervereinigung öffentlich betonte. Rainer Barzel sprach 1966 als Fraktionsvorsitzender der Union in der Großen Koalition davon, auch in einem vereinten Deutschland könnten die Sowjets militärisch vertreten sein. Seine Fraktion rügte ihn heftig. Der damalige Bundeskanzler Kiesinger bot der DDR Gespräche an. Seine Koalition nahm 1967 diplomatische Beziehungen zu Rumänien auf und verabschiedete sich sukzessive von der Hallstein-Doktrin der Fünfzigerjahre, wonach es keine derartigen Verbindungen zu Staaten geben dürfe, die die DDR anerkannten. Die Formel für diese Politik hieß »Alleinvertretungsanspruch«. 1966 sollte es darüber hinaus zum ersten Mal in der Nachkriegsgeschichte einen öffentlichen Rederaustausch geben. Das hätte zu bislang kaum vorstellbaren Szenen geführt: In Chemnitz und Hannover sollten Politiker von SPD und SED vor laufenden Fernsehkameras diskutieren. Allerdings bekam die SED dann Angst vor der eigenen Courage und sagte das Projekt ab.

Man begann also zaghaft, nach neuen Wegen des diplomatischen Umgangs zu suchen. All dies bereitete den Boden für das vor, was die sozialliberale Koalition vom Herbst 1969 an gegen die heftigsten Angriffe der Opposition von CDU/CSU einleitete: Bahrs »Wandel durch Annäherung«, eine Politik der Verträge mit den Staaten des Ostblocks und auch der DDR. Dass mit dem Jahr 1969 eine Ära endete, zeigte sich überaus deutlich in der Regierungserklärung am 28. Oktober 1969. Bundeskanzler Willy Brandt sprach dort zum ersten Mal von »zwei Staaten in Deutschland, die allerdings füreinander nicht Ausland sein können« und die miteinander auskommen müssten, um das weitere Auseinanderleben zu verhindern.

Wenn man so will, hat der Bau der Mauer dazu beigetragen, dass solch ein Neubeginn möglich wurde. Ohne sie hätte die DDR nicht jenen Grad der Stabilität erreicht, der auch ihr nun eine Politik der kleinen Annäherungsschritte erlaubte. Letzteres war beileibe nicht das Ziel der Mauer, aber ein Ergebnis.

Auf innerdeutsche Fortschritte hofften nun auch Menschen aus jenen breiten Schichten, die sich mit dem Regime zu arrangieren versucht hatten. Zu ihnen gehört die ARD-Zeitzeugin Ruth Kage, die das System ablehnte, ohne zu opponieren.

Trotz allem »eine positive Zeit«

Der Anfang ist alles andere als hoffnungsfroh. Als ARD-Zeitzeugin Ruth Kage 1951 ihr Abitur besteht, will sie Chemie studieren. Den guten Noten zum Trotz lehnt die Immatrikulationskommission sie mit der Begründung ab, sie möge zunächst mehr Aktivität beim Aufbau der antifaschistisch-demokratischen Ordnung an den Tag legen. Aber sie findet einen Weg, Karriere zu machen, sich mit den Zuständen zu arrangieren und dennoch Distanz zu bewahren.

Ruth Kage macht aus der Not eine Tugend und absolviert eine Ausbildung als Facharbeiterin für Frequenztechnik. Dann steigt sie auf Elektrotechnik um, studiert in Dresden und bringt es bis zum Doktor. Anfang der Sechzigerjahre arbeitet sie als Entwicklungsingenieurin im technisch-physikalischen Labor des Volkseigenen Betriebs (VEB) in ihrer Geburtsstadt Leipzig.

Ruth Kage ist privat und beruflich am Ziel. Sie gehört zu einer größeren Arbeitsgruppe, die komplizierte Geräte für geophysikalische Messungen (Dichte, Wärme, Schwere und andere Eigenschaften der Erdinformationen) entwickelt. Ihren Ehemann hat sie im Studium kennengelernt. Die beiden sind glücklich und bekommen zwei Söhne. Sie arbeitet mit vollem Einsatz. In der ganzen Republik reist die engagierte Ingenieurin umher, um die von ihr mitentwickelten Geräte zu überprüfen. Ruth Kage hat Freude am beruflichen Erfolg und ist hoch angesehen. Aber eines weiß sie sehr genau: Sie möchte sich weder vom

System vereinnahmen lassen noch von der Gesellschaft völlig fernhalten. Schon gar nicht will sie opponieren. Das Ehepaar ist sich einig: Die Familie will im Land bleiben und im Rahmen der Möglichkeiten ein erfülltes Leben führen. Daran ändert auch der Bau der Mauer nichts.
Zwei Umstände spielen dabei eine wichtige Rolle: die kirchliche Bindung und die Liebe zur Heimat. Ruth Kage kommt aus einem evangelischen Elternhaus und versteht sich als bewusste Christin, die ihre Kinder taufen lässt und protestantisch erzieht. Mit dieser Grundeinstellung kann sie kein SED-Mitglied sein. Und dann ist da die Verbundenheit mit Leipzig. Ihr Vater ist Kirchenmusiker, er hat immer nur

Ruth Kage mit ihrem Mann 1961.

dort gearbeitet. Auch ihr Mann und die Schwiegereltern lieben die Stadt, wo so viele Freunde und Verwandte wohnen. Keiner hat die Flucht ergriffen, als es noch möglich war, und keiner würde jetzt gehen. Um zu zeigen, dass sie bei aller Distanz nicht im Abseits stehen will, engagiert sich Ruth Kage in der Gewerkschaft. Dass diese natürlich von der SED gelenkt wird, damit arrangiert sie sich. Als Vertrauensfrau kümmert sie sich fern der Ideologie um das Arbeitsrecht und wirkt in der »Konfliktkommission« mit. Diese kleine Gruppe befasst sich zum Beispiel mit Schäden, die Betriebsangehörige verursacht haben. Viele Kollegen sind im Dienstwagen in der DDR unterwegs. Wenn sie nach

Messarbeiten im wüsten Gelände einen Unfall mit Sachschaden melden, muss die Kommission klären, wer für die Folgen einstehen soll. Oder: Ein Messtrupp hat aus einem landwirtschaftlichen Betrieb frische Enteneier geklaut. Die Konfliktkommission fährt in den mecklenburgischen Ort, wo die Gruppe sich gerade aufhält, um den Kollegen klarzumachen, dass sie nicht einfach ein paar Eier gestohlen haben, sondern dass es sich um Zuchteier handelt, die für den Fortbestand dieses landwirtschaftlichen Betriebs lebensnotwendig sind. Solch eine Tour kann schon mal bis tief in die Nacht dauern.

Ihre Distanz zur SED ist allenthalben bekannt. Trotzdem versuchen die Funktionäre es immer mal wieder, sie für die Partei zu gewinnen. Jedes Mal lehnt Ruth Kage ab, und sie hat davon keinen unmittelbaren Nachteil. Der Staat propagiert und fördert Frauen in technischen Berufen, und als eine Art Vorzeigefrau in ihrem Betrieb genießt Ruth Kage kleine Freiräume. Auch einige Beförderungen nimmt sie aus politischen Motiven nicht wahr. Sie hat es bei anderen beobachtet: Lässt man sich darauf ein, ist man ein paar Monate später in der Partei. Verweigert man die Mitgliedschaft in der SED, ist man ein paar Monate später den besseren Job wieder los.

Die Kages haben viel erreicht. Sie haben sogar Geld genug, um zu sparen: auf ein Auto. Schon 1962, als andere sich nicht einmal einen Trabbi leisten können, kaufen sie, mithilfe des Betriebs, einen Skoda Octavia, der damals 14 500 Mark kostet – für DDR-Verhältnisse eine sehr hohe Summe. Und sie bekommen einen Wohnwagen, 1967 direkt von der Leipziger Frühjahrsmesse. In der DDR ein großer Luxus. Auf dem Dauer-Campingplatz verbringen die Kages fröhliche Urlaubstage fern vom staatlich gelenkten Ferienbetrieb. Sie genießen ihr Leben und die kleinen, hart erarbeiteten Privilegien. Die Welt ist in Ordnung. Scheinbar.

Nach der Wende wird Ruth Kage in der Stasi-Akte zu ihrer Verblüffung lesen, dass die Familie, so harmlos und unauffällig sie war, schon in den Sechzigern im Fadenkreuz der Schnüffler stand. Ein junger Mann lieferte der Stasi Informationen. Ruth Kage hatte ihm geholfen, nicht zur Armee eingezogen zu werden, indem sie ihm bescheinigte, in ihrem Arbeitsbereich unabkömmlich zu sein. Auch die Haushaltshilfe wurde fleißig ausgehorcht. Doch solche Enttäuschungen trüben ihre Gesamtbilanz der Sechziger nicht: »Für mich eine positive Zeit.«

Signale aus der Tiefe I
Schwabinger Krawalle und Spiegel-Affäre

Ilse Kubaschewski flaniert mit wohlgepflegter Frisur durch einen wohlgepflegten Park, begleitet von fünf wohlgepflegten Rassehunden. Lässig sitzt sie in ihrem schneeweißen Mercedes. Der Stander vorne auf dem Kühler verrät, wem sie diesen Wohlstand zu verdanken hat: ihrer Filmproduktionsfirma »Gloria«. Stolz präsentiert sie auch das Schmuckstück ihrer feudalen Villa: einen geschwungenen Swimmingpool, der sich bei Bedarf mit einer Tanzfläche bedecken lässt. Die Fotos entstanden Anfang der Sechzigerjahre, und Ilse Kubaschewski war eine Symbolfigur ihrer Zeit. Der Wohlstand wuchs. Trotz Mauerbau, Kubakrise, Vietnamkrieg und Kaltem Krieg waren die Westdeutschen entschlossen, das Leben zu genießen. Man zeigte her, was man sich leisten konnte. Die Erfolgsgeschichte der Fünfzigerjahre schien sich auf einer höheren Stufe nahtlos fortzusetzen: mit noch mehr Wohlstand, noch mehr Luxus und noch mehr Bürgerlichkeit.

Doch dieser schöne Schein war nur die eine Seite. In der Rückschau wird sichtbar, dass die bundesdeutsche Gesellschaft schon damals von einer inneren Dynamik erfasst war, deren volle Auswirkungen sich erst in der zweiten Hälfte des Jahrzehnts zeigten. Zu diesen Signalen aus der Tiefe der Gesellschaft gehörten die Schwabinger Krawalle und die *Spiegel*-Affäre.

In der Hitze der Nacht – Randale in Schwabing

Über der bayerischen Metropole liegt eine Stimmung, die an den Rocktitel *In the heat of a summer night* erinnert. Schon am Morgen des 21. Juni 1962 flirrt die Luft, als die in katholischen Gegenden an diesem Tag übliche Fronleichnamsprozession durch die Stadt zieht. Die Hitze weicht auch beim Dunkelwerden nicht. Die Massen schieben sich noch dichter als sonst durch das Amüsierviertel Schwabing, jeder Platz vor und in den Gaststätten ist belegt. Die Lust am Leben und am Schauspiel des Straßenrummels ist mit den Händen zu greifen.

Ein vages Gerücht geht um, am Abend zuvor habe sich auf einem Schwabinger Platz ein Zusammenstoß zwischen Jugendlichen und Polizisten ereignet. Um halb elf beschwert sich ein Bürger telefonisch bei der Polizei. Er wohnt in der Leopoldstraße, der Schwabing durchschneidenden Achse, und er berichtet, vor seinem Haus stehe eine Ansammlung von Menschen, die musizierten, sängen und grölten. Das klingt nach Ruhestörung. Eine Funkstreife rückt an und beobachtet eine fröhliche Menge, die auch einen Teil der Fahrbahn okkupiert. Die Beamten sprechen mit den Musikanten, die trollen sich. Als sich drei von ihnen freiwillig in das Polizeiauto setzen, glauben die Umstehenden, sie seien festgenommen, und beginnen zu randalieren. Sie umzingeln den Wagen und zerstechen einen Reifen. Die Polizisten rufen Verstärkung, Uniformierte preschen heran. Flaschen und Gläser fliegen, die Ordnungsmacht räumt mit wirbelnden Gummiknüppeln die ganze Leopoldstraße. Aber die Lage verschärft sich, gegen Mitternacht sind es schon mehrere Tausend Menschen, die den Boulevard blockieren, obwohl sie wenig Ahnung haben, was wirklich vorgefallen ist. Sie wissen vor allem, dass es gegen die Polizei geht. Offener Aufruhr, erneute Räumung, die Polizeiknüppel verrichten ganze Arbeit.

Am nächsten Tag versammelt sich im Rathaus eine Runde von Politikern und Sicherheitsexperten, um zu klären, was da eigentlich passiert ist. Von außen kommen Informationen, die Lage sei noch nicht wieder unter Kontrolle.

Ohne gelenkt oder organisiert zu sein, überfluten am Abend erneut Tausende von Menschen die Leopoldstraße. Niemand stört sich an den ständigen Aufforderungen der Polizei, die Straße zu verlassen. Viele sind ehrlich erbost über das harte Vorgehen. Andere hoffen auf eine Gelegenheit, sich an den Ordnungshütern zu reiben. Wieder andere wollen nur gaffen. Oberbürgermeister der Stadt ist seit zwei Jahren der gerade 36-jährige Hans-Jochen Vogel, später Bundesjustizminister und SPD-Vorsitzender. Als energischer Vertreter einer neuen Generation genießt er große Beliebtheit. Vogel hat begonnen, das zwar boomende, aber leicht angestaubte München aufzumischen und einen anderen Politikstil einzuführen. Auch jetzt bemüht er sich um Bürgernähe, geht nach Schwabing und spricht mit einer Gruppe von Passanten, die sich dann tatsächlich zerstreut. Ein weiterer Versuch, die Menge zu beeinflussen, schlägt jedoch fehl. Er und seine Begleiter laufen Gefahr, selbst Prügel zu beziehen. Vogel erinnert sich: »Dieser Vorgang hat mich sehr betroffen. Ich war im Grunde von der Bevölkerung verwöhnt ... Mein Vertrauen auf meine Popularität war deshalb stark und fast ein wenig naiv.«

Wieder lässt der Polizeipräsident die Leopoldstraße mit Gewalt räumen. Das Resultat der zweiten Nacht: 24 Festnahmen, sieben verletzte Polizeibeamte und eine unbekannte Zahl verletzter Zivilisten. Inzwischen sind die Medien weit über München hinaus auf die unerhörten Ereignisse aufmerksam geworden. Und in den kommenden drei Nächten gibt es weitere Zusammenstöße.

Die Abläufe sind schon ritualisiert. Die Menge versammelt sich, blockiert die Straße, weigert sich zu gehen und lässt sich von der Polizei nicht beeindrucken. Die Randale ist zum Selbstzweck geworden und erinnert an das Spiel »Räuber und Gendarm«. Erst das Ende der Hitzewelle, einsetzender Regen und eine gewisse Erschöpfung beenden die Geschehnisse. In der sechsten Nacht schläft Schwabing zum ersten Mal wieder ruhig.

Vorspiel für 1968

Wie konnte so etwas in einer wohlhabenden und sonst friedlichen Stadt passieren? Zunächst zeigten die Medien ein gewisses Verständnis für das brutale Vorgehen der Ordnungsbehörden. Doch je mehr Fotos von prügelnden Polizisten erschienen und je öfter von Willkür die Rede war, desto mehr wendete sich das Blatt gegen die Verantwortlichen. Von Unverhältnismäßigkeit war die Rede. Was viele nun dachten, brachte Hans-Jochen Vogel in seinem Erinnerungsbuch *Die Amtskette* auf den Punkt. Auf die selbst gestellte Frage, ob er in ähnlichen Situationen noch einmal so handeln würde, sagte er: »Nein, heute würde ich sagen: Sperrt die Leopoldstraße, leitet den Verkehr um, schickt ein paar Beamte zur Beobachtung hinein und lasst euch nicht provozieren. Wenn weiter nichts passiert, wird es denen, die dort Krawall machen wollen, nach einigen Stunden von selbst zu dumm.«

Der plötzliche Aufruhr hatte keine direkten politischen Ursachen. An den Universitäten war es 1962 noch ruhig. So distanzierten sich auch die Allgemeinen Studentenausschüsse (AStA) der beiden Münchner Hochschulen ausdrücklich von den Ereignissen. Wo aber lag dann das Motiv?

Politiker und Medien konnten sich keinen Reim darauf machen. Eine Rolle spielte sicher das harte Vorgehen der Polizei, die nicht damit rechnete, dass ihre Aktionen auf Unverständnis und Widerstand in der Öffentlichkeit stießen. Deeskalation war damals noch ein Fremdwort. Randale ähnlicher Art hatte es zuletzt in den Fünzigerjahren mancherorts gegeben, als die sogenannten Halbstarken Steine warfen und Säle zerlegten: eine Rebellion von Teilen der Jugend im Zeichen des Rock 'n' Roll. Aber das war fast schon vergessen, und in den Fünfzigern hatte die Mehrheit geglaubt, die Polizei müsse mit aller Macht und Gewalt einschreiten. Diese Zeiten der uneingeschränkten staatlichen Autorität waren nun offenbar vorbei.

Entgegen vielen Theorien handelte es sich bei den Schwabinger Krawallen nicht um einen spontanen Ausbruch jugendlicher Anarchie, sondern um eine neue Bereitschaft, die Macht des Staates grundsätzlich infrage zu stellen. Ein bisschen Musik und Lärm auf einer belebten Straße schien in keinem annehmbaren Verhältnis zu stehen zum harschen Auftreten der Polizei, und im Gegensatz zu früheren Gelegenheiten war eine große Gruppe vor allem jüngerer Bürger nicht mehr willens, diese überharte Reaktion einfach hinzunehmen. Später wird Hans-Jochen Vogel von einem »unartikulierten Protest gegen die Wohlstandsgesellschaft und das Wirtschaftswunder« sprechen. Die Randale in Schwabing waren ein frühes unpolitisches Vorspiel zu den Studentenprotesten in der zweiten Hälfte der Sechzigerjahre.

»Ein Abgrund von Landesverrat« –
Die *Spiegel*-Affäre und die Pressefreiheit

Am 10. Oktober 1962 erscheint im Nachrichtenmagazin *Der Spiegel* eine Titelgeschichte unter der Überschrift »Bedingt abwehrbereit«. Der Verteidigungsexperte Conrad Ahlers berichtet darin über ein NATO-Manöver namens »Fallex 62«, bei dem die westlichen Verbündeten einen Großangriff des Ostblocks durchgespielt haben. Seine Kritik ist vernichtend. So viel habe das virtuelle Manöver gezeigt: Die Verteidigung der Bundesrepublik sei im Ernstfall nicht gesichert. Noch sieben Jahre nach der heftig umstrittenen Wiederbewaffnung sei die Bundeswehr entgegen aller Beteuerungen in einem desolaten Zustand und erhalte noch immer die niedrigste NATO-Note: »zur Abwehr nur bedingt geeignet«. Ein Skandal, vor allem für Franz

Josef Strauß, der seit sechs Jahren das Amt des Verteidigungsministers bekleidet. Ahlers selbst ist mit seinem Text höchst unzufrieden. Die darin ausgebreiteten strategischen Überlegungen seien wegen des militärischen Jargons nur schwer verständlich und allenfalls Lesestoff für Experten. Er ahnt nicht, welch eine Lawine er lostritt.

Achtzehn Tage später schlägt die Regierung zu. Mit der Begründung, die Zeitschrift habe militärische Geheimnisse preisgegeben, besetzen, durchsuchen und versiegeln Polizeikräfte das Hamburger *Spiegel*-Haus, das Bonner Büro des Magazins und mehrere Wohnungen von Redakteuren. *Spiegel*-Herausgeber und Chefredakteur Rudolf Augstein, Conrad Ahlers, der später einmal Bundestagsabgeordneter und Regierungssprecher sein wird, und andere Journalisten werden per Haftbefehl gesucht. Augstein ist zunächst unauffindbar, stellt sich dann aber der Polizei. Ahlers urlaubt mit seiner Frau in Spanien und wird dort, ein besonders prekäres Detail, mithilfe der spanischen Behörden festgesetzt. Eine Pflicht zur Auslieferung besteht nicht, Ahlers kehrt freiwillig zurück.

Sofort erhebt sich lautstarker Protest. Am 7. November versucht die Bundesregierung, sich im Parlament zu rechtfertigen. Eine hitzige Debatte entzündet sich. Es gebe, ruft Kanzler Adenauer, »einen Abgrund von Landesverrat im Lande!« »Wer sagt das?«, fragt ein SPD-Abgeordneter dazwischen. »Ich sage das«, antwortet der Kanzler. Und er fügt mit der schneidendsten Arroganz, zu der er fähig ist, hinzu, Augstein wolle ja nur Geld verdienen. Darum habe er, Adenauer, auch kein Verständnis dafür, dass Unternehmer im *Spiegel* inserierten.

Die Durchsuchung und das harte Vorgehen der Regierung entsetzen selbst Menschen, die dem Adenauer-Kabinett durchaus wohlgesonnen sind und dem *Spiegel* ansonsten eher kritisch gegenüberstehen. Der konservative Journalist und Autor Hans Habe wirft der Regierung »wohlbekannte Methoden missbrauchter politischer Macht und hemmungslose Polizei-Willkür« vor. Je länger die Affäre dauert und je mehr unappetitliche Details ruchbar werden, desto mehr verbreitet sich die Front der Kritiker.

Neben Adenauer geraten vor allem zwei CSU-Politiker in den Fokus des öffentlichen Interesses. Bundesinnenminister Hermann Höcherl erwirbt sich mit zwei Bemerkungen unsterblichen Sprachruhm. Die Ordnungshüter könnten nun mal »nicht den ganzen Tag mit dem Grundgesetz unter dem Arm herumlaufen«. Und da sei dann wohl »einiges etwas außerhalb der Legalität« geschehen.

Noch mehr konzentrieren sich die Kritiker auf Franz Josef Strauß, seit 1956 Verteidigungsminister und seit 1961 auch Vorsitzender der CSU, was sein ohnedies hoch entwickeltes Machtbewusstsein noch einmal gesteigert hat. Der *Spiegel* hat den CSU-Politiker schon länger sehr kritisch beäugt, zum Beispiel mit einem Bericht über eine Dienstaufsichtsbeschwerde, die Strauß gegen einen Bonner Polizisten anstrengte, weil dieser ihm nicht die

Studentendemonstrationen in Frankfurt am Main gegen die Verhaftung der Redakteure des *Spiegel*.

Art von Vorfahrt verschafft habe, die ihm als Minister zustehe. Strauß behauptet nun zunächst: »Ich habe mit der Sache nichts zu tun. Im wahrsten Sinne des Wortes nichts.« Aber wie so oft kommt die Wahrheit dann doch scheibchenweise ans Licht. Die Öffentlichkeit erfährt, dass Strauß an den entscheidenden Gesprächen vor der Attacke gegen den *Spiegel* teilgenommen und dass er selbst über die deutsche Botschaft in Madrid die illegale Festnahme von Ahlers bewirkt hat.

Einen derartigen Skandal hat die Bundesrepublik noch nicht gesehen, oder besser: Sie hat sich noch nie öffentlich darüber entrüstet. Proteste und Demonstrationen hat es in den Fünfzigerjahren auch gegeben, aber sie verpufften, wie die Halbstarken-Krawalle, als anarchische Randale der Jugendlichen, oder sie waren, wie die Proteste gegen die Wiederbewaffnung, von großen Organisationen wie den Gewerkschaften organisiert. Und in jedem Fall waren sie erfolglos. Nun aber formiert sich aus Sorge um die Pressefreiheit und die Demokratie ein breites, spontanes und sehr effizientes Bündnis. Die *Spiegel*-Affäre schlägt hohe Wellen bis in alle Gesellschaftsschichten.

Viele Medien, gleich welcher politischer Ausrichtung, solidarisieren sich mit dem *Spiegel*. Die anderen Hamburger Verlage ermöglichen es den Kollegen, die nächsten Ausgaben trotz des von der Polizei weiterhin gesperrten Verlagshauses zu redigieren und zu drucken.

Rund 500 Hochschullehrer verwahren sich in Gruppen oder als Einzelne gegen das Vorgehen der Regierung. Überall an den Universitäten veranstalten Studenten gut besuchte Demonstrationen und Podiumsdiskussionen. Fotos von damals zeigen zum Beispiel Studierende vor der Münchner Universität: gepflegte Scheitelfrisuren, Krawatten und Manschettenhemden. Sie recken handgemalte Transparente in die Höhe: »Schutz der Pressefreiheit« – »Es geht nicht um den *Spiegel*, es geht um die Pressefreiheit« – »Grundrechte auch für Regierungsgegner«.

Die evangelische Kirche, die Gewerkschaften, die Schriftsteller – sie alle warnen vor dem Abbau demokratischer Rechte. So viel Gleichklang mit den Bürgern hat die SPD, die die Regierung natürlich heftig attackiert, noch nie genossen. »Augstein raus, Strauß rein!«, skandieren die Demonstranten vor dem Koblenzer Gefängnis.

Für die Regierung Adenauer bleiben die nicht erwarteten und zunächst sträflich unterschätzten Reaktionen nicht ohne Folgen. Die Koalition aus Union und FDP gerät in eine veritable Regierungskrise, weil die Liberalen sich übergangen fühlen und die Grundrechte verletzt sehen. Fünf FDP-Minister treten im Verlauf der Affäre zurück. Adenauer muss sein Kabinett umbilden, und die Liberalen wollen sich nur unter zwei weitreichenden Bedingungen wieder an der Regierung beteiligen: ohne Franz Josef Strauß und mit der Zusicherung des Kanzlers, ein Jahr später zurückzutreten.

Ein Sieg für die Demokratie

Strauß musste gehen, weil er als Reiz- und Symbolfigur untragbar geworden war. Adenauer kündigte seinen Abgang für den Herbst 1963 an. Die Beziehungen zwischen den Koalitionspartnern CDU/CSU und FDP blieben dauerhaft belastet. Damit war der Grundstein für die Entwicklung zur Großen Koalition von 1966 gelegt (in deren Folge Franz Josef Strauß dann als Finanzminister ins Kabinett zurückkehrte und gleichsam rehabilitiert wurde).

Die von der Regierung veranlassten Ermittlungen gegen den *Spiegel* verliefen im Sande. Bei näherem Hinsehen zeigte sich, dass in dem fraglichen Artikel von Conrad Ahlers überhaupt nichts gestanden hatte, was der Geheimhaltung wert gewesen wäre. Dieses Ergebnis trug zu einem weiteren Imageverlust der beteiligten Politiker bei. Gleichzeitig stiegen die Auflage und das Ansehen des Magazins. Mehr denn je wartete fortan die Öffentlichkeit montags auf den neuen *Spiegel* und auf mögliche Enthüllungen. Ein klassisches politisches Eigentor für die konservativen Akteure um Konrad Adenauer und Franz Josef Strauß – und ein bisher in der Bundesrepublik nicht gekannter Sieg für die Pressefreiheit und die Demokratie.

Die Schwabinger Krawalle und die *Spiegel*-Affäre: Im selben Jahr, in dem in München die Menschen fünf Nächte lang gegen das unverhältnismäßige Vorgehen der Polizei auf die Straße gingen, wurde auch auf einer anderen Bühne sichtbar, dass die Einstellung zum Staat sich in der Bundesrepublik wandelte. Dieses Mal ging es um harte Politik und nicht um harmlose Straßenmusik. Die Randale in Schwabing sind heute vergessen, während die Affäre um den *Spiegel* ganz andere Dimensionen annahm, viel tiefer und weiter wirkte. Trotzdem gibt es eine Verbindung zwischen den Ereignissen.

So unvergleichbar Inhalt und Abläufe auch waren, in beiden Fällen kam eine andere, ungewohnte Haltung gegenüber der Obrigkeit zum Vorschein. In einem Land, das als autoritätshörig galt, hatten Bürger plötzlich das Gefühl, sie dürften sich nicht mehr alles gefallen lassen, sie müssten sich wehren. Und die Proteste verhallten nicht mehr wirkungslos, sondern lösten in Fall der *Spiegel*-Affäre sogar eine Regierungskrise aus. Die Öffentlichkeit sei, anders als sonst in der deutschen Geschichte, als Sieger gegen die Obrigkeit hervorgegangen, schrieb der Historiker Dietrich Thränhardt. Das Demokratieverständnis war gewachsen, die Deutschen hatten ein Signal gesetzt.

Signale aus der Tiefe II
Beatmusik und Pillenknick

1966, ein Konzert in Köln. Nach den Lords kommen The Who auf die Bühne. Die Stimmung erreicht den Siedepunkt. Schon nach fünf Songs fangen die Musiker an, die Einrichtung zu demolieren. Pete Townshend stößt seine Gitarre mit ohrenbetäubendem Lärm in den Verstärker, es qualmt und raucht. Kreischen, frenetischer Beifall bei den Jugendlichen. Die Menge tobt. The Who singen »Hope I die before I get old ...« *My Generation* ist die Hymne einer neuen, jungen Generation, die alles will – nur nicht so sein wie die Eltern.

Die Schwabinger Krawalle und die *Spiegel*-Affäre erteilten den Deutschen eine Lehrstunde in Demokratie. Aber es gab weitere Signale aus der Tiefe, die den Wandel in der Gesellschaft nachhaltig und zum Teil sehr lautstark ankündigten. Zu ihnen zählten die Beatmusik und der Pillenknick.

»Hope I die before I get old«

Florian Seidl war ein Sohn aus wohlhabenden Verhältnissen. Die Welt stand ihm offen, aus der Sicht seiner Eltern hätte es ihm in ihrer bürgerlichen Idylle an nichts fehlen dürfen. Er war 15 Jahre alt, als die Leistungen in der Schule rapide absackten und er sich mehr langweilte als in der Pubertät üblich. In diese Seelenlage platzte etwas, das sein Leben veränderte: eine neue Musik, der Beat.

»Für uns war das eine neue, frische, emotional aufregende Musik mit einem Hauch von Garten Eden«, schreibt Seidl ein Vierteljahrhundert später für die Zeitschrift *L '80*. Er drückt aus, was viele ähnlich erlebten: »Wir tanzten frei und wild zu Liedern der Beatles, anderer Beatgruppen und Soulsänger, und unser fremdes kleines Leben zwischen Elternhaus, Schule,

Kaffee, Disco, Telefonaten und Spaziergängen mit Freundinnen, die sich vor jedem Kuss furchtbar zierten, wurde sinnvoll, stilvoll und uns eigen.«

Abgesehen davon, dass die Beatles und die Rolling Stones, The Who oder die Kinks die Musik revolutionierten, ging es um wesentlich mehr als die Ausdrucksmittel, die Theodor W. Adorno als »abgebraucht« empfand. Die Elterngeneration reagierte mit Schock und Entsetzen auf den »Krach« – und 1965 mit einer Flut von Protestbriefen gegen den *Beat-Club* im Fernsehen, wo auch die deutschen Lords oder die Rattles auftraten. Viele Ältere konnten nicht verstehen, dass der Beat viel mehr war als Musik, nämlich ein Lebensgefühl. Ein Durst nach Freiheit, ein Wunsch nach Aufbruch, ein Wille, sich von der Welt der Erwachsenen abzusetzen – das alles stand hinter der ungewohnten und manchmal entrückten Begeisterung für die neuen Rhythmen, Melodien und Texte. Nicht von ungefähr hatte am Ende des Jahrzehnts der Titel *Born to be wild* von Steppenwolf Kultstatus.

Viele, die damals heranwuchsen, erzählen wie die ARD-Zeitzeugen noch heute gern von der Wucht, mit der sie der Beat packte, und von den Träumen, der Offenheit für das Neue und dem erwachenden Selbstvertrauen, das sie damit verbanden. Vor allem Frauen zeigen sich fasziniert. Offensichtlich war ihr Nachholbedarf an Freiheit und Utopie besonders groß.

Rena Sander-Lahr wächst ohne Vater auf. Von der Mutter bekommt das aufgeweckte Mädchen ein kleines Kofferradio geschenkt. Die beiden schlafen in einem Zimmer, darum muss Rena ein Ohr auf das mit Minimallautstärke laufende Gerät pressen, um die geliebte Beatmusik zu hören. Manchmal ist sie zu müde, zur Schule zu gehen, weil sie so lange schlaflos gelegen hat. Sie ist 1964 zwölf Jahre alt, als ihre Leidenschaft aufflammt, und sie versteht noch kein Englisch. Aber die Musik allein gibt ihr schon eine Vorstellung, was die Texte bedeuten. Musik bestimmt ihr Leben, und sie wird später sagen, dass sie ihren sowieso entwickelten Hang zum Widerspruch gesteigert habe. In der Pubertät muss Rena drei Jahre in einem katholischen Heim leben, ohne eigenes Radio. Immerhin dürfen die Zöglinge samstags den *Beat-Club* sehen. Der Höhepunkt der Woche! Wenn die Beatles *Love me do* oder die Rolling Stones *I can't get no satisfaction* spielen, dann scheint alles möglich.

Adelheid Burkardt, Jahrgang 1944, hört schon als Mädchen ständig Musik, oft so laut, dass die Erwachsenen sich beschweren. Elvis Presley gehört zu ihren frühen Idolen. Sie hat Glück. Im Gegensatz zu vielen Altersgenossen verbietet ihr niemand diese Musik. Als sie verheiratet ist, erlebt sie mit ihrem Mann die Beatles als »eine Offenbarung«. Mit ihrem ersten Sohn auf dem Arm hört sie deren Songs, und ein bisschen Stolz klingt durch, wenn sie erzählt, dass ihr Matthias heute selbst ein Beatles-Fan ist.

Hilde Hukebrinker, behütete Bürgertochter, träumt von einem glanzvolleren Leben, als die Kleinstadt und die Familie es ihr bieten können. Dann muss sie auf Anraten der Eltern auch noch Apothekenhelferin werden, Hilde fühlt sich unglücklich. Schon früh hört sie Radio, zuerst den Schulfunk, dann Radio Luxemburg, wo Camillo Felgen die flottesten Schlagerplatten auflegt. Aber eines Tages merkt sie, dass ihr diese Musik zu flach ist, und sie wechselt zu Hilversum 3, dem niederländischen Sender, der in Teilen Westdeutschlands zu empfangen ist. Die Großmutter schenkt ihr ein Kofferradio. Später wird Hilde den Eindruck haben, dass das Gerät an ihr »festgewachsen« gewesen sei. Immer und überall schleppt sie es mit sich herum, wie heute die Jugendlichen den MP3-Player oder den iPod. Als sie ein eigenes Zimmer bekommt und nicht mehr bei den Eltern übernachten muss, schläft sie am frühen Abend vor, damit sie wach ist, wenn auf RTL Radio Luxemburg die Stimme verkündet: »It's midnight in Central Europe.« Danach kommt, wie alle wissen, Beat pur. Wie überall sprießen auch in ihrem Städtchen die Beat-Gruppen aus dem Boden, und sie lernt sie alle kennen, von den *Thunderbeats* bis zu den *Kinkies*. 1967 hat Hilde ihren ersten Freund, der natürlich auch in einer Band spielt. Sie schafft es, dass die sonst recht eng denkenden Eltern seiner Gruppe das Üben im Keller ihres Hauses erlauben. Den *Beat-Club* darf sie allerdings nur sehen, wenn der Vater mal nicht schlafend vor dem Fernseher sitzt.

Beatlemania und Satisfaction

Die Jahre 1963 und 1964 waren es, in denen der neue Sound große Teile der Jugend erfasste, in der Bundesrepublik, in der DDR und weltweit (siehe Seite 110). Auch vorher hatte es jenseits der Klassik und diesseits des üblichen Schlagerbetriebs Musik gegeben, die junge Leute elektrisierte. So hatte der Jazz seit Beginn der Fünfzigerjahre ein festes, jedoch eher intellektuelles Publikum. In der zweiten Hälfte der Fünfziger faszinierte der aus Amerika kommende Rock 'n' Roll mit seinen harten Rhythmen und frechen Texten die Jüngeren (und erschreckte viele Ältere). Die Fans von Elvis Presley oder Bill Haley gehörten zumeist zu den jungen Arbeitern und Lehrlingen.

Die Beat-Szene der Sechziger entwickelte sich aus anderen Wurzeln und zu ganz anderen Dimensionen. Sie kam aus England und erfasste breite Massen auch der bürgerlichen Jugend. Der Beat war keine Spielart des Schlagers, sondern bildete eine eigene Gattung neben klassischer E-Musik und leichter U-Musik: nicht E und nicht U, eben B wie Beat, wobei Beat damals als Oberbegriff für alle Formen von Rock bis Pop galt. Zwischen den Musikrichtungen lagen Welten – und Generationen. Ein Freund des Beat hatte mit herkömmlichen Schlagern nichts am Hut, im Gegenteil, er verachtete sie. Umgekehrt galt in der Regel das Gleiche. Ähnlich war das Verhältnis zwischen Klassik und Beat, obwohl auch Letzterer an Text und Musik teilweise hohe Ansprüche stellte.

Immer neue Gruppen kamen aus dem schier unbegrenzten Reservoir der englischen Szene, aber eindeutig die Spitze hielten von Beginn an die großen zwei: die Beatles und die Rolling Stones. Einen Vorsprung genossen die Beatles in Deutschland, weil sie hier in die Weltkarriere starteten. Zunächst waren sie mit begrenztem Erfolg durch Hamburger Clubs getingelt. Doch dann öffnete am 13. April 1962 in St. Pauli auf der Großen Freiheit 39 der »Star-Club« und versprach: »Die Not hat ein Ende. Die Zeit der Dorfmusik ist vorbei.« Als Attraktion der angeblich hier versammelten »Spitzenklasse Europas« galten die vier jungen Engländer mit ihren dann ganz schnell berühmt werdenden Pilzköpfen. Sie kamen wie die meisten Bands aus der englischen Unterschicht und wirkten für die Zeit mit ihrem Auftreten und ihrer Musik revolutionär, ohne aber eine wie immer geartete Revolution zu predigen. Im Grunde waren sie angepasst und standen für Liebe, Freude und Genuss. Vor allem die weiblichen Fans verfielen der Beatlemania, die bald nach dem Hamburger Debüt rund um die Welt ausbrach und zu jenen massenhaften Kreischauftritten führte, die Erwachsene so sehr irritierten.

Die Stones entstammten der Mittelschicht und spielten vielleicht gerade darum das Kontrastprogramm zu den Beatles: Diese besangen das zärtliche Händchenhalten mit *I wanna hold your hand*, während die Stones wesentlich direkter zum Ausdruck brachten, was sie wollten: *Let's spend the night together*. Das unterschiedliche Image verfestigte sich rasch und wurde von den Managern sorgsam gepflegt. »Wo die Beatles nett waren in ihren Erstkommunionanzügen, mussten die Rolling Stones unerwachsen, frech und böse sein«, schrieb der Journalist Willi Winkler einmal. Die einen gaben sich liebenswürdig, die anderen rotzig, prollig, widerständig.

Die Beat-Fans konnten sich endlos über solche Unterschiede unterhalten oder auch erbittert streiten. Es bildeten sich regelrechte Gemeinden, und es brachen Glaubenskriege aus, bei denen der Riss durch Schulklassen, Familien, Freundschaften und Clubs ging. Aber zuletzt gehörten sie doch alle, die diese Kämpfe ausfochten, zur großen Jugendkultur, die sich distanzierte von der mit beträchtlichem Unverständnis reagierenden Erwachsenenwelt.

Zunächst verhielten sich die elektronischen Medien eher zurückhaltend. Die Fans waren auf Schallplatten, Tanzschuppen und ausländische Sender wie die amerikanischen und britischen Soldatensender AFN und BFN, auf Radio Luxemburg oder Hilversum 3 angewiesen. Als Geheimtipp sprach sich der »Freiheitssender 904« herum, eine Einrichtung, die aus der DDR und im Auftrag der dortigen Regierung die bundesdeutschen Soldaten agitieren sollte und zu diesem Zweck jene westliche Musik spielte, die im Osten als dekadent galt. Das absolute Highlight für jeden Beat-Fan war jedoch der samstägliche *Beat-Club*.

So viel Erfolg der Idole und so viel Begeisterung für deren Musik löste ganz von allein die Lust am Selbermachen aus. Wie in England und in anderen Ländern gründeten sich in Ost und West überall Bands, die in Kellern übten und in schummrigen Lokalen auftraten, um vielleicht eines Tages in die Fußstapfen der Großen zu treten. Die Fans genossen das Glück, einen Abglanz der berühmten Vorbilder live zu erleben. Einer, der mit eigener Beatmusik zeitweise gutes Geld verdiente, war Herbert Moizisch.

»Das war Freiheit« im weißen Nyltesthemd

Herbert Moizisch, Jahrgang 1943, ist schon mit 13 voll dabei. Ständig hängt er am Radio. Die Hitparade von Radio Luxemburg kennt er in- und auswendig, ebenso deren Sendungen in englischer Sprache mit den neuesten Hits und das amerikanische Programm von AFN. Später wird

Herbert Moizisch glauben, dass diese Lust an der Musik seine unterschwelligen pubertären Aggressionen eingedämmt hat.
Bei dem frühreifen Jungen erwacht bald das Interesse am anderen Geschlecht. Treffpunkt sind die Kneipen mit den Musikboxen. Die stehen auf einem erhöhten Platz an der Stirnseite des Lokals und sind auch hier, in der abgelegenen Provinz des Landkreises Neuwied, mit den an-

Herbert Moizischs (2. von rechts) Band Thunderbirds.

gesagten Titeln bestückt. Mit 14 versucht Herbert es zum ersten Mal mit Küssen. Aber genauso wichtig ist die Musik. Immer wieder stellt er sich vor, wie er selbst Musik macht, spielt, singt und tanzt.
Einmal verbringt er die Ferien bei einem Onkel, der eine Gitarre besitzt. Von ihm lernt Herbert sein damaliges Lieblingslied: *Apache* von den Shadows. Das ist das Glück, ahnt er und legt die Gitarre bis zum Ende der Ferien kaum aus der Hand. Als er nach Hause kommt, bearbeitet er die Eltern so lange, bis sie ihm ein Instrument kaufen.
Der junge Mann absolviert eine Ausbildung als Pfleger in der Psychiatrie, aber in der Freizeit führt er ein zweites, der Musik geweihtes

Leben. In den Tanzsälen der Gegend hört und sieht er die *Black Cats*, die einzige Band, die nicht das spielt, was er Schrammelmusik nennt, sondern sauberen Gitarrenrock. Eines Tages steht bei ihm zu Hause der Schlagzeuger der von ihm so geschätzten Gruppe vor der Tür. Er habe gehört, Herbert könne gut Gitarre spielen und singen. Ob er mal was vorspielen will? Herbert schließt seine elektrische Gitarre an, allerdings hat er noch keinen richtigen Verstärker, sondern lässt den Ton über sein gutes altes Röhrenradio laufen. Trotzdem ist der Besucher begeistert, und nach kurzer Zeit gehört er der Band an, deren Mitglieder genauso besessen sind wie er selbst. Herbert schwebt auf Wolken, nur den Namen der Gruppe findet er schlecht. Er sorgt dafür, dass sie künftig »Thunderbirds« heißen. Das klingt fetziger.

Nach kurzer Zeit ist er ein Star in der Gegend. Das Publikum kennt die meisten der internationalen Titel, die sie spielen, und gerät aus dem Häuschen, sobald die Thunderbirds auftreten. Bei einer Veranstaltung stürmen Zuhörer die Bühne und schultern die Musiker mitsamt Instrumenten. Das ist Glück.

Showjacken, die viele Gruppen zu dieser Zeit tragen, können sie sich zuerst nicht leisten. Darum spielen sie in weißen Nyltesthemden mit Schlips. Aber dann stylen sich die Musiker neu. Schwarze Westen mit silbernen Knöpfen müssen es sein. Eines Tages glauben sie, keine Uniform mehr nötig zu haben, und spielen in ihren Alltagsklamotten, wie einige englische Gruppen auch. Zunächst trauen sie sich noch nicht, die Haare wachsen zu lassen. Sie striegeln sie nur nach vorn, damit die Frisur den Pilzköpfen der Beatles ähnelt.

Die Thunderbirds treten in den Tanzsälen samstags von sechs oder sieben Uhr bis zwölf in der Nacht auf, sonntags von sieben bis elf. Pro Auftritt gibt es von den Wirten 100 Mark bar auf die Hand. Das wären heute gut 170 Euro – für die damalige Zeit ein ansehnlicher Betrag, der den Musikern ein bisschen Luxus erlaubt. Ein ganzer Stamm von Fans reist ihnen von Auftritt zu Auftritt hinterher, die sich lautstark ihre Lieblingstitel wünschen und mitsingen. Die Mädchen und jungen Frauen himmeln Herbert an und geben ihm zuweilen das Gefühl, er könne sie alle haben. Pech: Viele kommen in Begleitung, und Herbert hat eine feste Freundin, die oft dabei ist, wenn sie spielen.

Woher kam die Faszination für den Beat? Herbert glaubt, dass die Musik »irgendwie an den menschlichen Urtrieb appelliert«, die Songs seien »gelebte, rausgebrüllte Aggression«. Doch auch ihn holt das bürgerliche Leben ein. 1967 beendet er die Lehre und geht zur Bundeswehr. Ein Jahr später heiratet er, die Band löst sich auf. Noch heute gerät Herbert Moizisch ins Schwärmen. »Das war Freiheit«, sagt er.

Eine »kommerziell geprägte Jugendkultur«

Der Beat gehörte der jungen Generation, und die Generation der Eltern schaute auf ihn herab wie auf die ganze neue Jugendkultur, die er in den Sechzigern verkörperte. Zugleich hämmerten die Beatrhythmen gegen die verstaubte Welt der Bürgerlichkeit. Über den Beat hatte eine »kommerziell geprägte Jugendkultur« eine gesellschaftliche Leitfunktion übernommen, schreibt Dietrich Thränhardt. Das hatte in der Tat mit Politik zunächst nichts zu tun, aber die Politik bekam dann sehr wohl zu tun mit der Sehnsucht nach Freiheit, die in dieser Musik rumorte. Ohne den Beat ist weder die spätere Geschichte der Pop- und Rockmusik zu verstehen noch das Protestpotenzial, das in der zweiten Hälfte des Jahrzehnts jene Prozesse auslöste, die manche bis heute als Revolution bezeichnen. Die Hippie- und die Studentenbewegung waren nur ein Teil davon, allerdings der politisch wichtigste.

Bald nach dem Auseinandergehen von Herbert Moizischs Thunderbirds endete die unbeschwerte Zeit. Der *Summer of Love* 1967 war der Höhepunkt der Hippie-Bewegung mit dem berühmten Konzert in Monterey, wo die Idole jener Jahre von Janis Joplin über The Who bis zu Grateful Dead und Jimi Hendrix auftraten. Woodstock gab der Generation 1969 den Namen. Im selben Jahr spielten die Beatles zum letzten Mal zusammen, und auch das nur noch in einem Studio, nicht mehr auf der Bühne. Brian Jones von den Rolling Stones starb 1969. Dann kam das Konzert der Stones am 6. Dezember 1969 im kalifornischen Altamont, das mit einer Katastrophe endete. In größeren Tumulten starb ein Mann an einem Messerstich direkt vor der Bühne, während Mick Jagger *Sympathy for the Devil* sang. Schließlich die Drogentoten des Jahres 1970, Jimi Hendrix und Janis Joplin.

Der Aufbruch hatte seine Unschuld verloren, *the party was over*. Aus dem Beat, den man in den kommenden Jahren meistens Rock nannte, wurde ein Massenphänomen. Die Grenzen zur schlagernahen Popmusik verschwammen immer häufiger, der kommerzielle Nutzen wurde immer wichtiger. Die Träume freilich blieben, auch bei Florian Seidl, für den damals, Anfang der Sechziger, »ein Deckel vom Topf flog«, als er in den Bann dieser Musik geriet. »Eine schöne Zeit voller Entdeckungen, fröhlicher Geschichten und heiterer Mythen«, schrieb er 25 Jahre danach, »und eine Musik, die ich manchmal immer noch gerne höre. Und ohne dass ich es merke, schlägt das Herz schneller, wippt ein Fuß, wird mein Gesicht ein bisschen jünger, lächelnd, verträumt ...«

Wertewandel im Kinderzimmer

Ein Vierteljahrhundert zuvor hatten die Nationalsozialisten den Deutschen noch einzubläuen versucht, sie seien ein Volk ohne Raum. Über die Lage in der zweiten Hälfte der Sechzigerjahre witzelte der Bevölkerungswissenschaftler Josef Schmid: »Wir waren plötzlich nicht mehr das Volk ohne Raum, wohl aber das Volk ohne Parkplätze.«

In dieser Zeit zeigte die Kurve der Geburten in der Bundesrepublik steil nach unten und die der Autos steil nach oben, und zwar, was die Geburtenrate anging, in einem verblüffenden Gleichtakt sowohl in der BRD als auch in der DDR. In der Bundesrepublik kamen 1960 auf 1 000 Menschen 17,4 »Lebendgeborene«, wie der bürokratische Fachausdruck heißt. Die Zahl stieg sogar noch etwas auf 17,7 im Jahre 1965 und stürzte dann ab auf 13,4 im Jahre 1970. Die entsprechende demografische Kurve in der DDR verlief so: Von 17,0 Geburten auf 1 000 Einwohner im Jahre 1960 über 16,5 im Jahre 1965 zu 13,9 im Jahre 1970. So viel Parallele kann kein Zufall sein. Alles deutet darauf hin, dass sich unabhängig vom System und von der Antibabypille in den Einstellungen der Menschen ein Wandel vollzog.

Anders als häufig angenommen, ist dieser Rückgang der Zeugungsfreudigkeit nicht vorrangig mit der Pille zu erklären. Im August 1960 kam sie in den USA auf den Markt, ein Jahr später dann in der BRD und 1965 auch in der DDR. Zunächst nahmen die Frauen sie jedoch eher selten, 1968 ließ sich in der Bundesrepublik erst etwa jede siebte Frau im gebärfähigen Alter das Hormonpräparat verschreiben. Die Pille hat mit Sicherheit die Sexualität verändert, die Zahl der Kinder jedoch nicht so beeinflusst, wie es das viel zitierte Wort vom »Pillenknick« suggeriert.

Wichtiger war eine veränderte Beziehung zur Familie und zu Kindern überhaupt. Das lässt sich am Beispiel der Mehr-Kinder-Familien zeigen. In der Bundesrepublik bekamen von 100 Ehepaaren, die einander zwischen

1956 und 1960 das Jawort gegeben hatten, etwa jedes achte vier Kinder und mehr, das waren zum größten Teil Wunschkinder, keine ungewollten. Diese Zahl der sogenannten »Kinderreichen« nahm in den Sechzigern schnell ab. Die Paare bekamen ein, allenfalls noch zwei Kinder, eine Drei-Kinder-Familie wurde zur bestaunten Ausnahme. Der Trend zur Kleinfamilie verlief in der DDR sehr ähnlich, ebenso wie in den meisten Industrieländern.

Das Selbstverständnis der Familie hatte sich geändert. Nach dem Krieg hatten sich viele Familien, wie es die Tradition vorsah, noch als eine Art Betrieb verstanden, in dem alle anpackten, auch die Kinder. Vor allem in der Landwirtschaft, aber auch darüber hinaus arbeiteten die Kinder mit und blieben vergleichsweise lange im Familienverband. So wohnten viele junge Ehepaare zuerst noch bei den Eltern, ehe dann die Ankunft der dritten Generation die Wohnverhältnisse so beengte, dass die Jungen eines Tages auszogen.

Aber der Wertewandel machte auch vor den Familien nicht halt. Die Präferenzen verschoben sich. Die Generationen rückten auseinander – räumlich und auch sozial, ohne dass ihre Bindung zueinander verloren ging. Zum Beispiel war es nicht mehr so selbstverständlich, dass die Großmütter die Enkel versorgten. Die Omis waren zwar nach wie vor für die Familie da, jedoch auf Absprache und in begrenzterem Ausmaß. Gleichzeitig änderte sich, wie die Soziologin Rosemarie Nave-Herz festgestellt hat, die Motivation für das Heiraten. Um 1950, so sagt die Wissenschaftlerin, suchten die Menschen in einer Ehe vorrangig »Geborgenheit und das Bewusstsein, einen Partner zu haben und mit ihm etwas ›zu schaffen‹«. Dieses Wunschbild veränderte sich allmählich, und zwar in einer Weise, die der Vorstellung von einer abnehmenden Freude an Kindern scheinbar widerspricht, aber eben auch nur scheinbar. Immer wichtiger wurde einerseits der Wunsch, gemeinsam Kinder großzuziehen. Andererseits wollten vor allem die Frauen nicht mehr so ausschließlich für die Kinder da sein, wie sie es bei ihren Eltern gesehen hatten. Die Selbstverwirklichung bekam einen immer höheren Stellenwert. Die Frauen wollten mehr vom Leben haben: Unabhängigkeit, beruflichen Erfolg, Freiheit (siehe S. 142). Das aber fiel ihnen schwerer als den Männern, da sie mit den Kindern ans Haus gebunden waren und auch sonst noch längst nicht Chancengleichheit herrschte. So hieß die Parole: Kinder unbedingt, aber nicht so viele wie früher.

Übrigens stieg Ende der Siebzigerjahre die Geburtenfreudigkeit in der DDR wieder an: bis auf 14 Geburten je 1 000 Einwohner im Jahr, gegenüber zehn in der Bundesrepublik. Das war um so auffälliger, als die Zahl der Scheidungen und die der alleinerziehenden Mütter im Osten wesentlich höher lag als in der Bundesrepublik. Hier wirkten sich offenbar die Hilfestellungen aus, die der Staat immer reichlicher unter anderem in Form von Kinderkrippen und Kindergärten organisierte. Bekanntlich tat er das nicht ganz uneigennützig, sondern weil er die Frauen in der Wirtschaft benötigte. Aber die gefüllten Kinderwagen waren ein durchaus erwünschter Nebeneffekt, weil sie die Bevölkerungsstatistik schmückten.

Von Adenauer zu Brandt
Die Geschichte eines politischen Wandels in vier Schritten

Konrad Adenauer war ein verschlossener Mann, der sich gern unverwundbar gab und nur wenige Menschen an sich heranließ. Zu diesen gehörte Anneliese Poppinga, nominell seine Sekretärin von 1958 bis zum Tod 1967, vor allem aber Vertraute und guter Geist seines Alltags. Ausgerechnet am 85. Geburtstag des Kanzlers, als die Welt ihn mit Ehren überhäufte, beklagte er sich bei ihr über seine Einsamkeit: Es sei »ein trauriger Tag«. Solche schwarzen Gedanken suchten den Greis immer öfter heim, vor allem auch, wenn er an die Zukunft seines Lebenswerkes dachte. Am Silvesterabend 1961 sagte er: »Wenn ich nur jemand wüsste, dem ich das Amt übertragen könnte, wie gerne würde ich es tun, aber wem?«

Der Satz entsprach aus zwei Gründen nicht ganz den Realitäten. Zum einen sah Adenauer trotz seines hohen Alters im Grunde keinen Anlass abzutreten. Er hielt sich nach wie vor für den, der es am besten konnte. Zum andern galt als ausgemacht, dass die Nachfolge auf Ludwig Erhard, den populären Wirtschaftsminister, zulief. Von dessen Führungsqualitäten und sonstigen Fähigkeiten hielt Adenauer allerdings nicht viel. Schon darum glaubte der alte Mann, im Amt bleiben zu müssen.

Im Frühjahr 1962 erlitt der Kanzler einen Herzinfarkt. Adenauer und seine Umgebung hüteten sich, etwas an die Öffentlichkeit dringen zu lassen, weil sie wussten, dass die Stimmen sonst noch lauter würden, die ohnehin längst forderten: »Der Alte muss weg!« Am 15. Oktober 1963 aber war es so weit. Hoch aufgerichtet wie immer, ohne die Miene zu verziehen, verließ Konrad Adenauer seinen Platz auf der Regierungsbank und setzte sich auf seinen Abgeordnetenstuhl, von dem er bis dahin äußerst selten Gebrauch gemacht hatte. Das meist unpassende Wort von einer zu Ende gegangenen Ära – hier traf es zu.

Nirgends war es so greifbar wie in der Politik: Für die Bundesrepublik waren die Sechzigerjahre eine Zeit des Wandels, der Transformation. Im Osten saß Walter Ulbricht, wenn auch mit wechselnden Amtstiteln, als eigentlicher Chef fester im Sattel denn je seit 1949. Im Westen war am Ende des Jahrzehnts sehr vieles nicht mehr so wie am Anfang. Die scheinbar unerschütterliche Vorherrschaft der Union war vorüber; die SPD, für viele eine ewige Oppositionspartei, dominierte das politische Geschehen lange Zeit. Dazwischen vollzog sich eine zumindest für damalige Verhältnisse fast revolutionäre Wende in vier Schritten.

1. Konrad Adenauer: Abschied vom Alten

Eine Stimme Mehrheit hatte Konrad Adenauer 1949 in das Amt des ersten Bundeskanzlers der neuen Republik gebracht. Sogar seine Kritiker und Gegner bescheinigten ihm immense Verdienste: die Aussöhnung mit Frankreich; der Beginn einer Verständigung mit Israel; die Einbettung der Bundesrepublik in die westlichen Bündnissysteme und die Aufnahme der neuen Bundeswehr in die NATO; die Gewöhnung der Westdeutschen an demokratische Prozesse, obwohl er selbst höchst autokratisch dachte und handelte; das vom Wirtschaftsminister Erhard inspirierte und vom Kanzler geförderte Wirtschaftswunder. Die Menschen quittierten seine Leistungen, indem sie Adenauer und der Union 1957 die absolute Mehrheit gaben. Bei der nächsten Bundestagswahl 1961 ging diese jedoch nicht zuletzt deshalb wieder verloren, weil der »Alte von Rhöndorf« nicht weichen wollte. Die Liberalen zogen mit der Parole in den Wahlkampf: aufs Neue mit der CDU/CSU, aber ohne Adenauer. Der überrumpelte alle, wollte sogar notfalls mit der SPD koalieren, die er stets als Gefahr für Deutschland beschimpft hatte. Das schwarz-gelbe Bündnis kam noch einmal zustande, hatte aber einen Preis: Der Kanzler musste zusichern, in absehbarer Zeit in Pension zu gehen. Adenauer war zum Chef auf Abruf geworden.

Ende Juni 1962 ließ sich Adenauer während seines Staatsbesuchs in Frankreich noch einmal bejubeln, de Gaulles Gegenbesuch im September des Jahres wirkte wie ein Abschiedsgeschenk an den Kanzler, dem die Freundschaft mit den Franzosen so wichtig war. Als er dann schließlich ging, schien das wie der Abschied eines Dinosauriers, über den die Zeit im Grunde schon hinweggefegt war. Zumal auch die Sollseite seiner Regierungsjahre nicht unerheblich war: die in Formeln erstarrte Politik gegenüber dem Ostblock und der DDR; innenpolitischer Reformstau; mangelndes Verständnis für die Probleme der Jugend und der Bildung; sein zögerliches Verhalten während des Mauerbaus. Der Politikwissenschaftler Kurt Sontheimer kam zu dem Resümee, Adenauer habe solide Grundlagen für die politische Existenz der Bundesrepublik gelegt und sei in der Union der Einzige mit staatsmännischem Format gewesen. Aber der Wählermehrheit habe er am Ende »nicht mehr die Garantie gegeben, der deutschen Politik und Demokratie die notwendigen Impulse für die Zukunft« zu verschaffen.

Er war ein Kanzler der ersten Nachkriegszeit: Adenauer hatte dazu beigetragen, dass die Deutschen sich mit sich selbst aussöhnten, soweit das bei ihrer Vergangenheit überhaupt möglich war. Er nahm Simplifizierungen und Verharmlosungen des Nationalsozialismus in Kauf und nutzte seinen Vorteil, sich selbst nie mit den Nationalsozialisten gemeingemacht zu haben. Dieser Umstand erleichterte ihm die Nonchalance, mit der er NS-belastete Menschen, wie etwa seinen Staatssekretär im Kanzleramt, Hans Globke, behandelte und förderte, wenn er sie brauchte. Im Übrigen scheute er nicht den Ruf des Zynikers, der heute geflissentlich vergaß, was er gestern noch für richtig befunden hatte. Der Schweizer Historiker Carl J. Burckhardt drückte das in einem Brief an den Schriftsteller Carl Zuckmayer so aus: »Seine Größe bestand darin, dass er in genialer Weise mit Tatsachen rechnete und nicht mit Rezepten und dass er die menschlichen Schwächen voll und ganz gekannt hat.« Der *Spiegel*, der stets aus allen Rohren auf ihn geschossen hatte, schrieb bei seinem Tod, anspielend auf den Umstand, dass er nie Soldat gewesen war: »… er zeigte den Deutschen – ein Wunder –, dass auch Zivilisten einen geraden Rücken behalten können.«

2. Ludwig Erhard: Gescheiterter Volkskanzler

Ludwig Erhard klagte nach dem Tod seines Vorgängers: »Ich konnte gegen Adenauer aus menschlichen und politischen Gründen nicht antreten. Er war schließlich ein sehr alter Mann. Was mich so traurig machte, war, dass Konrad Adenauer das für Schwäche hielt.« In der Tat hat Adenauer wohl so gedacht, und im Falle seines Nachfolgers sollte er recht behalten: Erhard ging als der schwächste Kanzler in die Nachkriegsgeschichte ein.

Dabei war er der wichtigste Mann in Adenauers Kabinett gewesen. Als Vordenker hatte er mit seinem Buch *Wohlstand für alle* dem Aufschwung in den Fünfzigerjahren den volkswirtschaftlichen Weg gewiesen, als Wirtschaftsminister hatte er die notwendigen Gesetze und Reformen durch das Parlament gebracht. So nimmt es nicht Wunder, dass zunächst alles lief für den Mann mit der Zigarre – zum Verdruss des aus seinem Rhöndorfer Alterssitz zuschauenden Altkanzlers. Die Bundesrepublik boomte weiter, und die konfliktscheuen Bundesbürger hatten nichts einzuwenden, wenn Erhard sich als eine Art Volkskanzler gerierte, der über den Parteien schwebte. 2007 tauchten neue Hinweise auf, dass der von der CDU/CSU gestellte Kanzler nicht einmal Mitglied einer der beiden Unionsparteien gewesen ist.

Erhard war erfüllt von der Gewissheit, der geborene Kanzler und Adenauer-Nachfolger zu sein. 1965 bestätigten ihm das die Wähler mit einem fulminanten Ergebnis von 47,6 Prozent der Stimmen, das über dem letzten Adenauers lag. Doch dann tauchten Probleme auf, die »seine gutmütige und optimistische Unbeweglichkeit« (so der Politologe Alfred Grosser) bloßlegten. Am ärgsten traf Erhard, die Symbolfigur des Wirtschaftswunders, eine 1966 einsetzende wirtschaftliche Schwäche (siehe S. 71). Auch dadurch ausgelöst tat sich im Bundeshaushalt ein vergleichsweise harmloses Defizit auf. Die Ostpolitik stagnierte. Im Juli 1966 ging die Landtagswahl im wichtigsten Bundesland Nordrhein-Westfalen für die CDU verloren, die SPD kam dort auf fast 50 Prozent. Bei anderen Wahlen, so in Hessen, erwies sich die Nationaldemokratische Partei Deutschlands (NPD) als attraktiv für Wählerschichten und erreichte zwischen 5 und 10 Prozent – was allgemein als ein Warnsignal galt, dass rechtsradikale Tendenzen wiederauflebten. Auf der linken Seite begann sich aus der Studentenbewegung die »Außerparlamentarische Opposition« (APO) zu formieren (siehe Seite 269), die wie die NPD von rechts die Mitte von links in die Zange nahm.

Ebenso scharfzüngig wie ungeschickt verdarb es sich Erhard zu allem Unglück mit den Intellektuellen, die seine Marktwirtschaft kritisierten und Willy Brandt unterstützten: »Da hört der Dichter auf, da fängt der ganz kleine Pinscher an.« Gemeint waren Rolf Hochhuth und Günter Grass. Das alles hätte einen führungsstarken Bundeskanzler nicht aus der Bahn geworfen. Aber Erhard war für eine Krise nicht gemacht. Er reagierte mit zu vielen Appellen und zu wenigen Entscheidungen. Er ließ den Dingen ihren Lauf und redete stattdessen von einer »formierten Gesellschaft«, ohne dass sich jemand darunter etwas Konkretes vorzustellen vermochte. Den vagen

Formeln konnte man nur entnehmen, dass es um ein Konzept ging, das die Partikularinteressen in den Hintergrund drängen und sowohl der Gemeinschaft als auch dem Einzelnen ein »Gefühl der Geborgenheit« vermitteln sollte. Zu wenig für eine Republik im Umbruch, deren Gesellschaft nach neuen Werten und Strukturen suchte. Das Projekt verschwand zusammen mit seinem Propagandisten ziemlich schnell in der Versenkung.

Erhards Rückhalt in der Regierungskoalition schwand zusehends. Die Liberalen lösten schließlich den Knoten, wenn auch mit Folgen, die sie falsch eingeschätzt hatten. Um das Haushaltsloch zu stopfen, forderte die CDU/CSU Steuererhöhungen, die FDP dagegen Etatkürzungen. Nach einigem Hin und Her zog die FDP ihre vier Minister, darunter den späteren Bundespräsidenten Walter Scheel, aus der Regierung zurück, in der Hoffnung, am Ende würden unter veränderten Vorzeichen Union und Liberale doch wieder zusammen an einem Tisch sitzen. Aber das Band war zerschnitten. Die Sozialdemokraten sahen und nutzten ihre Chance, zumal auch in der CDU/CSU mancher Politiker schon länger mit einer Großen Koalition liebäugelte.

In der SPD war der amtierende Fraktionschef Herbert Wehner die treibende Kraft. Viele Jahre hatte er auf den Wechsel hingearbeitet, weil er unbedingt die SPD an die Macht und zu Einfluss bringen wollte. Nach Lage

Drei CDU-Kanzler: Konrad Adenauer, Kurt Georg Kiesinger und Ludwig Erhard (von links) am 1. Dezember 1966 nach der Wahl Kiesingers.

der Dinge war das nur mit der Union zusammen möglich. Trotzdem schonte er den bisherigen Gegner und potenziellen neuen Partner keineswegs. Der wortgewaltige Wehner spottete im Bundestag schon mal über die Union: »Sie fällt in sich zusammen.« Ein anderes Mal forderte er sie auf: »Hosen runter.«

Es waren hoch spannende Wochen und Monate des Jahres 1966. Große Veränderungen zeichneten sich ab, jeder Tag brachte Überraschungen. Wie sollten die beiden großen Volksparteien nun gemeinsam regieren, wo sie sich doch 17 Jahre teilweise bis aufs Messer bekämpft hatten? Doch die Unterschiede in der Selbstdarstellung und teilweise auch im Programm hatten sich in den Jahren zuvor abgeschliffen. Vor allem durch die Kursänderungen der SPD in ihrem Godesberger Programm von 1959 waren die beiden Elefanten, die sich nun für eine Hochzeit rüsteten, einander so nahegekommen, dass die führenden Politiker nur noch wenige Probleme mit der Eheschließung hatten. Im Wahlkampf 1965 zum Beispiel hatte die Union mit dem Slogan »Unsere Sicherheit – CDU« geworben, während die SPD verkündete »Sicher ist sicher – SPD«.

Derweil saß Ludwig Erhard im Bonner Kanzlerbungalow und im Kanzleramt. Ohne eine Abstimmungsniederlage erlitten und ohne den Rücktritt erklärt zu haben, sah der amtierende Regierungschef sich unversehens in die Ecke gestellt wie eine Statue, die niemand mehr sehen mochte. Die angehenden Verbündeten versuchten sich seiner zu entledigen, indem sie ihm rieten, im Bundestag die Vertrauensfrage zu stellen, die er verloren hätte. Aber er weigerte sich mit der Bemerkung: »Ich nehme an einem solchen Schauprozess nicht teil.« Schließlich gab Erhard nach und teilte der Fraktion mit: »Ich bin über den Rubikon.« Er war bereit, den Weg frei zu machen.

Ludwig Erhard stand für den Wiederaufbau und den Beginn der Wohlfahrtsgesellschaft in den ersten eineinhalb Jahrzehnten der Bundesrepublik. Aber er war ein Gut-Wetter-Mann, der auf die Notwendigkeiten und Fragen der sich wandelnden Gesellschaft keine Antworten parat hatte. Außerdem war er im Grunde kein Politiker, sondern ein Fachmann für Wirtschaft und Optimismus. Dieser Typ Politiker hatte sich überlebt. Die Bundesrepublik hatte sich von einer Kanzlerdemokratie à la Adenauer zu einer Koalitionsdemokratie gewandelt. Auch dafür war er nicht der Richtige, weil er zu weit über dem Wasser schwebte und mit den Niederungen eines Koalitionsgeschäfts möglichst wenig zu schaffen haben wollte. So war die

Symbolfigur des Aufschwungs in den Fünfzigern zu einem Anachronismus geworden. Neue Zeiten brachen an.

3. Kurt Georg Kiesinger und die Große Koalition

Am 30. November 1966 trat Erhard zurück. Tags darauf wählte das Parlament mit 340 gegen 109 Stimmen bei 23 Enthaltungen Kurt Georg Kiesinger zum neuen Kanzler. Außenminister und Vizekanzler wurde Willy Brandt. Der Berliner Regierende Bürgermeister hatte wenig Lust verspürt, nach Bonn zu gehen. Nach einer der endlosen Beratungsrunden erklärte der SPD-Spitzenkandidat von 1965: »In Ordnung, macht das, aber ohne mich.« Der wie immer druckvolle Wehner entgegnete: »Es ist 2.30 Uhr früh. Um 9.30 Uhr musst du dich waschen, rasieren und zu Kiesinger gehen.« Brandt drehte bei.

Zehn Minister gehörten der Union, neun der SPD an. Zu ihnen gehörten Karl Schiller (SPD) und Franz Josef Strauß (CSU), die als Wirtschafts- und Finanzminister die Reformmotoren des Bündnisses sein würden. Wie Strauß kehrte Hermann Höcherl (CSU) nach der *Spiegel*-Affäre nun in die Regierungsämter zurück, als Bundesminister für Ernährung, Landwirtschaft und Forsten. Der spätere Bundespräsident Gustav Heinemann (SPD) war Justizminister, Herbert Wehner Minister für gesamtdeutsche Fragen. In den Fraktionen sorgten die beiden mit starker Autorität ausgestatteten Vorsitzenden Rainer Barzel (Union) und Helmut Schmidt (SPD) für Disziplin, obwohl sich auch hier Bedenkenträger regten. In den beiden Unionsparteien hielten sich die Widerstände in Grenzen, zumal dort ein linker Arbeitnehmerflügel existierte, der sich von der Ehe mit den Sozialdemokraten sozialpolitischen Fortschritt erhoffte.

Am heftigsten waren die Widerstände in Teilen und im Umfeld der SPD. Nicht wenigen Mitgliedern war das ganze Unternehmen suspekt. Sie fürchteten, zu viele Kompromisse würden an der reinen Lehre nagen. Und nach so vielen Jahren der Unversöhnlichkeit erschien es manchem schlicht unanständig, mit einem derart ungeliebten Partner zusammenzuarbeiten. Dabei hatten die Kritiker es leicht, ihren Ärger mit zwei personalpolitischen Entscheidungen zu begründen. Die Union nominierte den Ministerpräsidenten von Baden-Württemberg, Kurt Georg Kiesinger, als Kanzler. Kiesinger war ein silberhaariger Schöngeist: ein Mann des Ausgleichs, der am

Anfang mit Geschick für Ruhe sorgte. Aber er hatte einen entscheidenden Nachteil: Er war im Dritten Reich PG gewesen, ein Parteigenosse der NSDAP. Ein früherer Nationalsozialist würde als Kanzler neben einem Vizekanzler Willy Brandt Platz nehmen, der als Emigrant gegen die Nazis gekämpft hatte. Das stieß vielen übel auf. Zum Zweiten saß als Finanzminister jener Franz Josef Strauß am Kabinettstisch, der 1962 als Verteidigungsminister nicht mehr tragbar gewesen war, weil er in der *Spiegel*-Affäre eine überaus fragwürdige Rolle gespielt hatte, und der auch sonst den Ruf eines Mannes genoss, dem die Sicherungen leicht durchbrannten, und der im Grunde eine Gefahr für die Demokratie verkörperte.

Wie ein Schock wirkte das Bündnis auf eine Reihe von Intellektuellen, die bisher, manche mit Skrupeln, die SPD unterstützt hatten. Sie machten nun aus ihrem Herzen keine Mördergrube und reagierten heftig. Günter Grass klagte in einem offenen Brief an den von ihm hoch geschätzten Brandt: »Die große und tragische Geschichte der SPD wird für Jahrzehnte ins Ungefähre münden ... Die Jugend unseres Landes wird sich nach links und rechts verrennen.« Brandt versprach in seinem Antwortbrief: »Es wird kein Zudecken von Versäumnissen und Fehlern und keinen faden politischen Eintopf geben ... Niemand soll den Stab brechen, solange wir nicht die Chance gehabt haben zu beweisen, was jetzt möglich ist. Für uns ist dies ein neuer Beginn.«

Auch Kabarettisten ging die Annäherung an die SPD zu weit: »Wenn man nicht haargenau wie die CDU denkt, fliegt man aus der SPD raus«, spottete der Berliner Wolfgang Neuss. Vor allem Brandt war die große Enttäuschung. Der Mann, von dem sich die Intellektuellen eine moralische Erneuerung der Politik versprochen hatten, war für sie zum Kollaborateur geworden. Der Schriftsteller F. C. Delius schrieb:

Abschied von Willy
Brandt: es ist aus. Wir machen nicht mehr mit.
Viel Wut im Bauch. Die Besserwisser grinsen.
Der letzte Zipfel Hoffnung ging verschüttet.

Schließlich vertiefte die Große Koalition das Misstrauen unter den immer rebellischer werdenden Studenten, weil sie sich in ihrem Klischee von den bedenkenlosen Politikern bestätigt fühlten. Die neue Regierung wollte alsbald die von der APO besonders heftig bekämpften Notstandsgesetze verabschieden. Die drei Westmächte hatten sich Anfang der Fünfzigerjahre Sonderrechte zum Schutz ihrer Truppen gesichert und damit die Souveränität der Bundesrepublik eingeschränkt. Nun war das Land seit Längerem souverän, eine Ablösung der anachronistischen Regelungen aus Besatzungszeiten erschien nötig. Die neuen Gesetze sollten bei inneren Unruhen erlauben, unter bestimmten Umständen das Brief- und Postgeheimnis zu beschränken und die Bundeswehr einzusetzen. Viele westliche Länder verfügten über ähnliche Bestimmungen, viele Kritiker und vor allem die APO erblickten jedoch darin den Beginn einer verhängnisvollen Entwicklung. Manche ihrer Wortführer sprachen so, als sei das Ermächtigungsgesetz von 1933 das Vorbild und als drohten ähnliche Ereignisse wie damals in der nahen Zukunft. Gegen immense Widerstände setzte die Große Koalition das immer wieder verschobene Gesetzespaket mit ihrer Mehrheit im Bundestag durch. Den Kritikern galt das als Beweis für die Fragwürdigkeit des Bündnisses, den Befürwortern als ein Beweis seiner inneren Kraft. Die Notstandsgesetze waren ein Auslöser für die Studentenrevolte 1968 (siehe Seite 269).

Der wichtigste Erfolg der Regierung Kiesinger war das Ende der wirtschaftlichen Flaute (siehe S. 71). Viele wischten sich verwundert die Augen, wie reibungslos und fern jeder Ideologie zu diesem Zweck die beiden wichtigen Ökonomen im Kabinett, Wirtschaftsminister Karl Schiller und Finanzminister Franz Josef Strauß, zusammenarbeiteten. Die Medien nannten sie bald »Plisch und Plum«. Das von den Vorgängern hinterlassene Haushaltsloch war rasch geschlossen. Vor allem der Altphilologe Strauß verblüffte die Umwelt mit seiner Beherrschung sowohl des wirtschaftspolitischen Jargons wie auch des Stoffes. In den Jahren zuvor hatten sich Kommentatoren und Satiriker über die Ambitionen lustig gemacht, die er nach dem erzwungenen Abschied vom Verteidigungsministerium auf diesem Feld gezeigt hatte. Im *Spiegel* hatte Martin Morlock gelästert, Strauß verstehe von Wirtschaft in Wirklichkeit »nichts, im wahrsten Sinne des Wortes nichts«. Viele mussten nun zugeben, dass der Mann aus Bayern sich gediegene ökonomische Kenntnisse angeeignet hatte und diese nun, mit der bei ihm üblichen Arroganz, öffentlich darbot.

Auch jenseits des Wirtschafts- und Finanzsektors brachten die ungleichen Partner mehr zuwege, als es dem bis heute anhaltend schlechten Ruf dieser Koalition entspricht: eine Justizreform, die rechtliche und finanzielle Gleichstellung nichtehelicher Kinder, eine Neuverteilung der Einkommens- und Körperschaftssteuer, eine Reform des wirtschaftspolitischen Instrumentariums sowie eine später allerdings als missglückt empfundene Modernisierung des Föderalismus, die eine neue Aufgabenteilung zwischen Bund und Ländern vorsah.

In der Außen- und Deutschlandpolitik versuchte die Koalition sich in die von den beiden Großmächten betriebene Entspannungspolitik einzuklinken. Aber die alten Widerstände und Gegensätze bei der Union erzwangen kleine Schritte. Eine Anerkennung der DDR als Staat und der Oder-Neiße-Linie als polnische Westgrenze, die seit Langem in der Luft lag, ging über die Möglichkeiten der Regierung Kiesinger hinaus. Überhaupt knirschte es nach fast euphorischem Beginn bald häufig im Motor der Koalition, obwohl die beiden Fraktionschefs Rainer Barzel und Helmut Schmidt immer wieder für den nötigen Schmierstoff sorgten. Auch als der Kanzler und sein Vize, Kiesinger und Brandt, kaum noch miteinander redeten, überbrückten sie diese Schwierigkeiten. Die beiden Fraktionsmanager sprachen zudem am klarsten aus, dass es ein Bündnis auf Zeit war. Am Ende ging die SPD als eigentlicher Sieger aus der Großen Koalition hervor. Die Sozialdemokraten hatten bewiesen: Wir können es.

4. Willy Brandt: »Wir stehen nicht am Ende unserer Demokratie, wir fangen erst richtig an.«

Dies sei ein »Stück Machtwechsel«, sagte Gustav Heinemann am 5. März 1969, kurz nach seiner Wahl durch die Bundesversammlung zum ersten sozialdemokratischen Bundespräsidenten. Möglich war das gewesen, weil die FDP, die sich seit Kurzem um eines neuen Images willen F.D.P. schrieb, für ihn gestimmt hatte. Nicht allen war klar, was der nüchterne, jedem Pathos abholde Heinemann mit seiner anspruchsvollen Formel meinte. Die ganze Bedeutung des Satzes enthüllte sich ein halbes Jahr später.

Am 28. September 1969 wählten die Bürger zum sechsten Mal den Bundestag. Nach den Auseinandersetzungen um die Notstandsgesetze und den Studentenunruhen des Vorjahres war die Bevölkerung stark politisiert, die Wahlbeteiligung betrug 86,7 Prozent. Die Union verlor Anteile, blieb aber stärkste Partei, die SPD gewann hinzu und besaß nun mehrere Optionen, deren Verwirklichung vom Verhalten der Liberalen abhing. Auf seriöse Ergebnisse musste die Öffentlichkeit zu dieser Zeit am Wahlabend noch erheblich länger warten als heutzutage. Um 21.12 Uhr glaubte Barzel genug zu wissen und stellte fest: »Es ist klar, dass der Führungsanspruch bei der CDU/CSU bleibt.« Wenig später Franz Josef Strauß: »Die CDU/CSU hat ihr Wahlkampfziel erreicht, das ich in allen Wahlreden so formuliert habe: Wir wollen und müssen so stark werden, dass man ohne uns und gegen uns keine Koalition bilden kann.« Dieses Mal hatte sich der Bayer verrechnet. Um Mitternacht trat der SPD-Kanzlerkandidat Willy Brandt vor die Kameras und teilte mit: »Ich habe die FDP wissen lassen, dass wir zu Gesprächen mit ihr bereit sind.«

Spätestens in diesem Augenblick war klar, dass der von Heinemann gemeinte Machtwechsel sich vollendete. Die FDP hatte sich unter ihrem neuen Vorsitzenden Walter Scheel vom nationalliberalen Unionspartner zur linksliberalen Reformpartei gewandelt. Und die SPD hatte sich des Odiums, zur Opposition verdammt zu sein, entledigt. Diese Entwicklung hatte sich über das ganze Jahrzehnt hinweggezogen. Die Union nahm zwar von 1957 bis 1969 auf Bundesebene nur um 4 Prozent ab, aber die SPD gewann in diesem Zeitraum mehr als jene 10 Prozent hinzu, die sie aus dem 30-Prozent-Ghetto erlöste. Außerdem hatte sie sich in den Ländern und Kommunen stetig gesteigert. So regierte die SPD am Ende des Jahrzehnts in 40 von 56 Großstädten. Machtpolitisch war die Rechnung Wehners und anderer Strategen aufgegangen. 1969 war die Sozialdemokratie endgültig in der Mitte der Gesellschaft angekommen. Damit begann eine neue Epoche deutscher Politik.

Allerdings bedeutete die sozialliberale Koalition von Beginn an ein Wagnis. Rechnerisch verfügte sie über eine Mehrheit von zwölf Stimmen, als der Bundestag am 21. Oktober den neuen Kanzler wählte. Sechs Stimmen hätten genügt, Brandt scheitern zu lassen. Die SPD konnte sich ihrer Stimmen sicher sein, die FDP weniger. Dort regten sich Bedenken gegen die neue Konstellation, aber es reichte knapp.

»Wir sind keine Erwählten, wir sind Gewählte. Deshalb suchen wir das Gespräch mit allen, die sich um diese Demokratie mühen.« Mit diesen Worten signalisierte Brandt in seiner Regierungserklärung, dass etwas Neues begann. Dann folgte der Satz, der in die Geschichte einging und an dem diese Regierung, nicht immer zu ihren Gunsten, fortan gemessen wurde: »Wir stehen nicht am Ende unserer Demokratie, wir fangen erst richtig an.«

Einer, der den Start in die Ära besonders frohgemut verkündete und symbolisierte, war Horst Ehmke, der als Kanzleramtsminister an einer wichtigen Schaltstelle saß. Einmal verkündete er vor Bediensteten des

Amtes: »Kinder, ihr kriegt eine Regierung, die habt ihr gar nicht verdient!« Legendär auch der Satz, den er einem Fahrer zugerufen haben soll, als der ihn fragte, wohin es gehen solle: »Egal, ich werde überall gebraucht.«

In der Tat legte die neue Regierung mit hohem Tempo los. Sie wird in ihrer Blütezeit am Beginn des neuen Jahrzehnts mit Walter Scheel als Außenminister, Karl Schiller als Wirtschaftsminister und Egon Bahr als Bundesminister für besondere Aufgaben innere Reformen auf den Weg brin-

Erfurter Treffen am 13. März 1970. Bundeskanzler Willy Brandt und der Vorsitzende des Staatsrats der DDR Willi Stoph.

gen, den Wohlfahrtsstaat ausbauen und gemeinsam mit den Ländern das Bildungssystem modernisieren. Aber sie wird sich auch selbst schaden, zum Beispiel mit dem sogenannten Extremistenbeschluss, den Bund und Länder verabschiedeten. Ausgerechnet Brandt, der mehr Demokratie zu wagen angekündigt hatte, stimmte diesem Gesetz zu. Die Regelung schloss Menschen vom öffentlichen Dienst aus, die einer als verfassungsfeindlich geltenden Organisation angehörten. Viele Tausend Bewerber, die sich in einer linken Gruppierung engagierten oder engagiert hatten, wurden auf ihre Verfassungstreue überprüft, was vor allem für junge Menschen nach grundgesetzwidriger Gesinnungsschnüffelei aussah.

Die Öffnung nach Osten und der »Wandel durch Annäherung«, den Willy Brandt und Egon Bahr vorantrieben, spalteten zunächst die Gesellschaft. Viele Menschen waren erleichtert, dass die Politiker der beiden Teilstaaten endlich begannen, aufeinander zuzugehen. Die Union und die eher konservativen Kräfte im Lande waren erzürnt, da sie einen so radikalen Kurswechsel strikt ablehnten. Schon in der Regierungserklärung forderte Brandt, »die Einheit der Nation dadurch zu wahren, dass das Verhältnis zwischen den Teilen Deutschlands aus der gegenwärtigen Verkrampfung gelöst wird«. Nun war von zwei deutschen Staaten die Rede und von der Notwendigkeit, die Oder-Neiße-Linie als polnische Westgrenze anzuerkennen. Am 19. März 1970 fuhr Brandt in einem Sonderzug in die DDR, um in Erfurt den DDR-Ministerpräsidenten Willi Stoph zu treffen. Die Gespräche seien »höflich und ein wenig steif« gewesen, schrieb Brandt später ins Tagebuch. Umso herzlicher war der Empfang, den die DDR-Bevölkerung dem Kanzler bereitete. Die Volkspolizei hatte große Mühe, die begeistert »Willy, Willy!« rufende Menge vom Sturm auf das Hotel abzuhalten, in dem die beiden konferierten. Seit der Gründung der beiden Staaten 1949 war dies der erste Dialog auf höchster Ebene.

»The times they are a-changing« – auch in der Politik. Die Weichen waren gestellt für weitere Reformen am Anfang der Siebzigerjahre.

Wunder mit Delle
Die Wirtschaft gerät ins Trudeln und erholt sich wieder

Lehrling gesucht! Eltern, »die mir Sohn od. Tochter zw. Ausbildg. als Einzelhandelskaufmann für sof. oder später in die Lehre geben, (biete ich) eine Zwei-Zimmer-Wohnung mit Bad und Gartenanteil«. So warb ein badischer Kaufmann 1961 per Inserat um junge Arbeitskräfte, oder besser: um deren Eltern, denn die bestimmten noch weitgehend, welche Berufe die Kinder ergriffen. Andere Unternehmer lockten mit bezahlten Ferienreisen, Sparbüchern und ähnlichen Vergünstigungen. »Stifte«, wie die Lehrlinge im Alltag hießen, waren in allen Sparten begehrt; das Wort Auszubildender verwendete niemand. Der *Stern* berichtete ausführlich über den Wettbewerb um die 14- bis 15-jährigen Schulabgänger und befürchtete, die Kinder könnten dadurch »größenwahnsinnig werden und kaum noch wissen, was das ist: Fleiß, Bescheidenheit und Leistung«.

Kaum etwas charakterisierte die ökonomische Lage in der Bundesrepublik so sehr wie der leer gefegte Markt für Lehrlinge im Besonderen und der Mangel an Arbeitskräften im Allgemeinen. »Die Deutschen leben wie Gott in Frankreich«, schrieb ein englischer Journalist. Nach dem spektakulären Boom in den Fünfzigern schien allen volkswirtschaftlichen Lehren zum Trotz ein weiterer ständiger Aufstieg naturgegeben. Beim Fahrstuhl steht fest, bis in welches Geschoss er fährt; in der Bundesrepublik hatten viele das Gefühl, in einem Aufzug ohne Grenze immer weiter aufwärtszuschweben.

Um die Wende zu den Sechzigern und einige Jahre danach kam das Wirtschaftswunder bei den Massen so richtig an. Otto Normalverbraucher hatte zunächst seinen Nachholbedarf bei den Primärbedürfnissen befriedigt: Wohnen, Essen, Kleiden. Nun wuchs das, was Volkswirtschaftler das »Wohlstandskonto« nennen, also der Anteil des Einkommens, der nicht für das »Basalkonto«, für die lebensnotwendigen Ausgaben, draufgeht. Wachsende Einkommen und moderate Preissteigerungen sorgten dafür, dass die Menschen immer mehr Geld für Luxus und Komfort erübrigten. Auch der kleine Mann konnte sich die eine oder andere Extravaganz leisten: ein Auto zum Beispiel, ein Telefon, einen Fernseher, einen Staubsauger oder einen Toaster und eine Trockenhaube für die Dame des Hauses. Heiß begehrt war die vollautomatische Waschmaschine. Sie stand 1960 erst in jedem dritten Haushalt, Ende des Jahrzehnts in fast jedem zweiten. Einen Pkw besaßen am Beginn der Dekade 27 Prozent aller Haushalte, 1970 waren es 44. Bei den Lebensmitteln konnten sich die Bundesbürger ebenfalls mehr erlauben, Beispiel Schweinefleisch: 1960 aßen sie 30 Kilo pro Kopf, zehn Jahre darauf schon 40.

Auch andere Wirtschaftskurven zeigten einen überdurchschnittlichen Schwung. So verdoppelten sich die Löhne der Arbeiter und Angestellten von umgerechnet zwischen 264 und 273 Euro im Jahre 1960 auf 525 bis 540 Euro am Ende des Jahrzehnts (was nach heutiger Kaufkraft in etwa 911 bis 963 Euro entspricht). Die Arbeitszeit von Männern sank von wöchentlich 46,3 auf 44,8 Stunden, und die Arbeitslosenquote betrug im Schnitt des Jahrzehnts 0,7 Prozent, was den Arbeitnehmern Vorteile verschaffte, während die Volkswirtschaftler die Situation mit Unbehagen verfolgten. 0,7 Prozent, das hieß im Endeffekt Überbeschäftigung, und die verteuerte die Arbeit und beeinträchtigte auf die Dauer die Konjunktur. Allein darum war es notwendig, Gastarbeiter ins Land zu holen, weil sie die Arbeitskosten zu dämpfen halfen (siehe S. 87).

Als Garant für rosige Aussichten galt zunächst noch der Mann mit der ewig qualmenden und darum so symbolträchtigen Zigarre: Ludwig Erhard, bis 1965 Wirtschaftsminister und dann Bundeskanzler. Waren deutsche Waren nicht unter seiner Führung wegen ihrer hohen Qualität weltweit begehrt geworden? Erwies sich das von ihm gepredigte System der sozialen Marktwirtschaft nicht jeden Tag der sozialistischen Planwirtschaft überlegen? Hatten nicht die Sozialdemokraten unter dem Eindruck seiner Erfolge die Klassenkampfparolen in den Papierkorb der Geschichte entsorgt und sich der Marktwirtschaft geöffnet? Sein demonstrativer Optimismus wirkte in der ersten Hälfte des Jahrzehnts immer noch ansteckend. Seine Botschaft: Wer in die Hände spuckt, der wird es zu was bringen. Johannes Münnich war so ein Selfmademan nach Erhards Geschmack, der sich aus dem Nichts hocharbeitete und sich auch dann nicht unterkriegen ließ, als er einen hohen Preis für die Karriere zahlen musste.

Der Käsepapst

Der junge Mann verfügte über ein Auto, ein Telefon und einen Arbeitsplatz im Wohnzimmer einer 60-Quadratmeter-Wohnung, als er 1960 beschloss, Unternehmer zu werden. Sein Kapital bestand aus der eigenen Arbeitskraft und dem Willen zum Erfolg. Seine Chance lag in der boomenden Wirtschaft und dem sich langsam entwickelnden europäischen Markt. Die Menschen hatten Lust auf Luxus, auch kulinarischer Art.

Johannes Münnich, Jahrgang 1931, lebt mit Frau und zwei Kindern in Frankfurt am Main, das dritte Kind kommt 1960 zur Welt. Zu fünft bewohnen sie die kleine Wohnung, in der sich seine Frau ganz um den Haushalt und die Kinder kümmert. Beide gehen gerne aus oder laden Gäste ein. An manchen gemütlichen Abenden drängeln sich in dem engen Wohnraum bis zu 15 Menschen.

Als Vertriebsleiter für eine Gebäckfirma im Niedersächsischen soll er verkaufen und ein Netz von Vertretern aufbauen, was sich allerdings als problematisch erweist. Auf dem wachsenden Markt könnte er leicht mehr absetzen, aber die Firma zaudert, die Kapazitäten hochzufahren. So macht Münnich das Verkaufen keinen Spaß. Am liebsten würde er eine eigene Firma gründen, aber dafür reichen die finanziellen Reserven nicht. Darum macht er sich 1961 als Handelsvertreter selbstständig. Dafür benötigt er kein Eigenkapital, sondern nur einen Gewerbeschein, den zu erlangen damals noch wesentlich einfacher ist als später in der überregulierten Bundesrepublik. Er geht zum Gewerbeamt, meldet sich an und hat nach einer halben Stunde die nötige Urkunde in der Tasche.

Dreierlei nimmt er sich fest vor: Er will nicht abhängig sein von den Entscheidungen anderer; er will nach den Erfahrungen der Nachkriegszeit nie wieder hungern; und er will für die Familie ein Haus bauen. Überall spürt Johannes Münnich die Aufbruchstimmung, die auch ihn antreibt. Viele Menschen wenden sich den schönen Seiten des Lebens zu. Er selbst möchte das auch, gleichzeitig will er an diesem Trend verdienen.

Auf der Frankfurter Herbstmesse lernt er den Handelsattaché des französischen Konsulats kennen. Als der hört, dass sein neuer Bekannter in den Fünfzigerjahren für eine deutsche Käsefirma gearbeitet hat, rät er ihm, französischen Käse nach Deutschland zu importieren. Käse aus Frankreich kauft zu dieser Zeit kaum jemand auf dem deutschen Markt. Wenn überhaupt, dann würfeln die Deutschen ihre Häppchen aus holländischem Gouda. Münnich stößt in eine Marktlücke. Das Konsulat gibt für ihn eine Zeitungsanzeige auf, nach der sich etliche französische Hersteller bei ihm melden. Mit einem von ihnen kommt er ins Gespräch und dann ins Geschäft. Allerdings verlangt dieser, dass er die Käsesorten in der ganzen Bundesrepublik vertreibt und nicht nur im erweiter-

Johannes Münnich

ten Rhein-Main-Gebiet. 1957 haben sechs europäische Länder die Römischen Verträge geschlossen und die Europäische Wirtschaftsgemeinschaft (EWG) geschaffen. Von 1960 an fallen die Zollschranken, wodurch sich aus den EWG-Staaten importierte Güter verbilligen und der Handel sich vereinfacht. Damit kommt eine Dynamik in Gang, von der Leute wie Münnich und seine französischen Partner profitieren. Der Botschafter des französischen Käses reist in der gesamten Bundesrepublik umher, bearbeitet die Großkunden und erntet Erfolg.
Schwieriger als das Verkaufen ist die Logistik. Es gibt in Deutschland noch keine Kühltransporte auf der Straße. Nur die Bahn hat Spezial-

waggons, deren Einsatz aber den seltenen Fall voraussetzt, dass der Kunde über einen eigenen Bahnanschluss verfügt. Also fährt Münnich ein Jahr lang jedes Wochenende am Freitag nach Kehl am Rhein, wo ein französischer Lieferwagen die für die Bundesrepublik bestimmte Ware anliefert. Über Nacht schreibt Münnich die Expressgut-Frachtscheine und die Anhänger-Etiketten, um die Pakete am Samstagmorgen um sechs bei Schalteröffnung aufzugeben. Zu Beginn sind es vier- bis fünfhundert Kilo, die er auf diese Weise auf den Weg bringt, 1963 verkauft er schon Tonnen.

Der Selfmademan ist immer auf Achse. 100 000 Kilometer sitzt er jährlich im Auto, um Aufträge hereinzuholen und abzuwickeln. Oft sieht ihn die Familie nur für Stunden am Wochenende. Er versucht, seine Frau mit Geschenken zu verwöhnen, außerdem kauft er ein Grundstück im Taunus und beauftragt einen Architekten mit dem Plan für das so sehnsüchtig erwartete Haus. Aber dazu wird es nicht mehr kommen. Das Paar fährt allein nach Elba in Urlaub, während die Großeltern die Kinder versorgen. Auf demselben Campingplatz verbringt eine Nachbarfamilie mit ihrem Sohn die Ferien. Hier springt ein Funke über zwischen Frau Münnich und dem 13 Jahre jüngeren Mann. Der Ehemann merkt erst etwas, als die Nachbarn ihn zu Hause darauf hinweisen, dass sich da wohl mehr abspielt als nachbarliche Visiten, wenn er unterwegs ist.

Münnich liebt seine Frau und will die Ehe schon wegen der Kinder retten. Doch ein Rosenkrieg ist nicht zu verhindern, seine Frau will die Scheidung. Und daran mag Münnich als überzeugter Katholik gar nicht denken. Zweimal steht er vor dem Selbstmord. Er vernachlässigt seine Arbeit, fährt das Geschäft aber glücklicherweise nicht ganz an die Wand. Nach der Scheidung nimmt er sich vor, noch einmal richtig durchzustarten: »Du musst jetzt zeigen, dass du ein erfolgreicher Kaufmann bist und es zu Wohlstand bringen kannst.« Er nimmt Kredite auf, stellt Mitarbeiter ein, kauft eine Büroeinrichtung.

In der französischen Käsebranche spricht sich herum, dass es da einen Mann in Deutschland gibt, der überdurchschnittliche Verkaufserfolge vorweisen kann. 1965 erreicht ihn ein überraschender Anruf aus der Pariser Zentrale von 16 französischen Molkereien, die ihn dringend bitten zu kommen. Seine Gesprächspartner dort haben in Frankfurt eine Niederlassung mit fünf Mitarbeitern, die zusammen weniger verkauften als er allein. Darum das Angebot: Münnich soll als Direktor die Frankfurter Gesellschaft übernehmen. Gehalt 5 000 Mark, das sind heute fast 8 500 Euro und für damalige Verhältnisse ein fürstliches Salär.

Der Deutsche schlägt das Angebot aus, ist aber bereit, die Direktion zum halben Gehalt zu übernehmen, wenn er gleichzeitig sein bisheriges Geschäft weiter betreiben kann. Die Franzosen sind zufrieden, worauf Münnich die beiden Büros in Frankfurt fusioniert. Für die neuen Aufgaben benötigt er Personal, vor allem eine Französisch sprechende Sekretärin. Eines Nachts findet er kurz vor dem Einschlafen eine zweizeilige Annonce in der Zeitung: Übersetzerin mit Diplom sucht Stelle im Rhein-Main-Gebiet. Er stellt sie sofort ein. Im Herbst 1966 nimmt die Frau einmal am Freitag früher frei, um übers Wochenende die Eltern in Hamburg zu besuchen. Münnich bringt sie zum Flughafen und sagt während der Fahrt: »Vielleicht haben Sie Gelegenheit, mit Ihren Eltern über das zu sprechen, was ich Ihnen jetzt sagen will. Ich möchte Sie fragen, ob Sie meine Frau werden wollen. Ich erwarte keine sofortige Antwort.« Binnen weniger Monate heiraten die beiden. Privat- und Berufsleben kommen wieder ins Lot.

Ende der Sechziger ist Johannes Münnich zum führenden Unternehmer für den Vertrieb französischer Molkereiprodukte aufgestiegen. Die Ansprüche der Deutschen sind gewachsen, der französische Käse ist kein Exotikum mehr. Alle großen Handelsketten gehören zu seinen Kunden. Münnich bringt Camembert in immer neuen Varianten nach Deutschland und ist der Erste, der es wagt, eine Brie-Torte mit 38 Zentimetern Durchmesser zu importieren, obwohl alle angeblichen Kenner ihn auslachen: »Das geht in Deutschland nie.« Der »Käsepapst«, wie die Menschen ihn bald darauf nennen, belehrt sie eines Besseren.

Zwischenspiel: Rezession

Unter der Decke der allgemeinen Zuversicht deutete sich schon in der ersten Hälfte der Sechziger an, dass die Konjunktur nicht mehr so rund lief wie in den besten Zeiten des Wirtschaftswunders. Das Wachstum des Bruttosozialprodukts, also die Summe aller erwirtschafteten Leistungen, ließ nach. Die Geldentwertung stieg. Die Lohnkonflikte nahmen an Schärfe zu, weil die Gewerkschaften im Vertrauen auf die Leistungskraft der Wirtschaft hohe Forderungen stellten.

Die Bauarbeiter verlangten 1962 zum Beispiel 5,2 Prozent mehr Lohn, der öffentliche Dienst und die Eisenbahner 9 Prozent, die Chemiearbeiter in Nordrhein-Westfalen gar 17 Prozent. Im Jahr davor hatten die Lohnsteigerungen im Schnitt 10 Prozent betragen, während gleichzeitig die Produktionsleistung der Beschäftigten nur um 4 Prozent gestiegen war. Die Schere zwischen Leistung und Bezahlung klaffte auseinander. Für die Konjunktur bedeutete das Gift, so viel war den Volkswirtschaftlern klar. Aber im Klima des ewigen Aufstiegs hatten viele nur Nichtachtung und Spott für Ludwig Erhard übrig, als der versuchte, die Erwartungen zu dämpfen. In einem seiner bald berühmt-berüchtigten Maßhalteappelle sagte er mit der ihm eigenen pathetischen Umständlichkeit: »Noch ist es Zeit, aber es ist auch allerhöchste Zeit, Besinnung zu üben und dem Irrwahn zu entfliehen, als ob es einem Volk möglich sein könnte, für alle öffentlichen und privaten Zwecke mehr zu verbrauchen, als das gleiche Volk an realen Werten erzeugen kann.« Solche in der Sache richtigen Aufrufe hatten einen Nachteil: Derselbe Mann, der sie an das Volk richtete, um so vor Überhitzung der Konjunktur zu warnen, hatte vorher das Volk zum Konsumieren angehalten, um die Konjunktur anzukurbeln.

So sah die breite Öffentlichkeit die Signale nicht – oder wollte sie nicht sehen. Umso tiefer erschrak sie, als in den Jahren 1966 und 1967 die Rezession in Gestalt einer dreifachen Krise sichtbar wurde: einer Krise des Bundeshaushalts, einer des Bergbaus und einer der privaten Wirtschaft.

Dabei hatte das Loch im Etat des Bundes mehr politische Folgen als wirtschaftliche, weil es zu Erhards Sturz und zur Geburt der Großen Koalition führte (siehe Seite 60). Besonderes Aufsehen erregten die Probleme des Kohlebergbaus, schließlich galt der Kumpel als Symbolfigur des deutschen Fleißes und die Branche insgesamt als eine Schlüsselindustrie. Schon von 1955 bis 1966 war die Zahl der im Bergbau Beschäftigten von 644 000 auf weniger als 400 000 gesunken, weil das importierte Öl den Energiebedarf preiswerter und einfacher deckte. Nun aber, nach 1965, machten sogar neue und technisch bestens ausgerüstete Zechen dicht, was den Zorn der Bergleute, das Mitgefühl der Beschäftigten in anderen Wirtschaftszweigen und bei fast allen Bürgern eine Sorge um das allgemeine Wohlergehen auslöste. »Wenn die schwarzen Fahnen der Stilllegung an den Fördertürmen hochgehen, dann ist das so, als ob die weiße Fahne der

Kapitulation über einer Stadt hochgeht«, warnte der NRW-Ministerpräsident Heinz Kühn (SPD) 1967 im Bundestag. Das tat seine rhetorische Wirkung, half aber keine einzige Tonne von den inzwischen haushohen Halden überflüssiger Kohle abzusetzen. Der Abbau von Personal und Kapazitäten ging weiter.

Eine generelle Konjunkturschwäche löste vor allem das Baugewerbe aus. Nach dem Krieg hatte die Bauindustrie geboomt, war nun aber nach dem weitgehenden Ende der Wohnungsnot und des Wiederaufbaus nicht mehr ausgelastet. Die Auswirkungen auf die anderen Branchen blieben nicht aus. Das gesamte Handwerk war betroffen, Maler, Schreiner, Zimmerleute, Klempner, Installateure. Im Juli 1966 zählte die Statistik 102 000 Arbeitslose, die Zahl verdoppelte sich schnell und stieg dann noch einmal bis Juni 1967. Für heutige Verhältnisse waren das märchenhaft günstige Werte, doch damals löste dieser Anstieg die Alarmglocken aus. Zugleich sank das Bruttosozialprodukt; der Verlust war zwar nur minimal, aber im Vergleich zu den gewohnten Zuwachsraten wirkte auch das wie ein Fanal.

Nach den Maßstäben früherer und späterer Krisen handelte es sich nicht wirklich um eine Rezession, allenfalls um ein Rezessiönchen. Aber die Westdeutschen waren geschockt. Manche fühlten sich sogleich an die Weimarer Republik mit ihren ökonomischen Dauerkrisen erinnert, und die DDR-Propaganda beeilte sich, in dem Abschwung einen weiteren Beweis dafür zu sehen, dass das kapitalistische System dem Untergang geweiht war. Die Menschen, schrieb der Sozialwissenschaftler Klaus Schönhoven später, seien in ein Stimmungstief gefallen, »in dem sich die damals noch geringe Belastbarkeit der Bonner Republik in ökonomischen Problemen widerspiegelte.« Sein Kollege Robert Hettlage kam zu dem Schluss, der Mythos der sozialen Marktwirtschaft habe sich in diesen beiden Jahren zu verflüchtigen begonnen.

Nach Arbeitsbeginn der Großen Koalition Anfang 1967 ging es schnell wieder aufwärts, als Karl Schiller und Franz Josef Strauß im Wirtschafts- und Finanzministerium die Gesetze der Marktwirtschaft den sich wandelnden Verhältnissen anpassten. Und auch wenn der Aufschwung nicht wieder ganz zu den alten Zuwachsraten führte, reichte er doch dazu aus, von einer Fortsetzung des Wirtschaftswunders zu sprechen. Das ungetrübte Zutrauen in die Allmacht der westdeutschen Wirtschaft wollte sich allerdings nie wieder ganz einstellen. Es blieb ein Rest von Skepsis in den Hinterköpfen.

Zu den Ergebnissen der Episode gehörte die Modernisierung des wirtschaftlichen Instrumentariums. Bald nach dem Koalitionswechsel tauchten zur allgemeinen Verblüffung sogar im Wortschatz von Leuten, die bisher als eingefleischte Anhänger der Marktwirtschaft gegolten hatten, Begriffe auf, die in Adenauers und Erhards Zeiten Unworte gewesen wären. Da war von »Globalsteuerung« die Rede, von »antizyklischer Wirtschaftspolitik«, von »kollektiver Vernunft« und von »Mittelfristiger Finanzplanung« (Mifrifi). Vieles davon stammte aus dem Gedankengut des sogenannten Keynesianismus.

Der britische Ökonom John Maynard Keynes hatte in den Dreißigerjahren eine Theorie entwickelt, die dem Staat viel Verantwortung für die Konjunktur gibt. So soll er selbst durch Bereitstellen von Steuergeldern für Investitionen sorgen, wenn der Markt unter zu geringer Nachfrage leidet. Er soll also Schulden machen, wenn die Konjunktur wackelt, und er soll sie abtragen, wenn die Wirtschaftsdaten sich bessern und die Steuern sprudeln. Solche Strategien fanden Eingang in das »Stabilitäts- und Wachstumsgesetz« der neuen Koalition. Es entstand eine Reihe von Hebeln und Gremien, die für ein angemessenes »Wirtschaftswachstum« zu sorgen hatten. Zu den bekanntesten dieser Neuerungen gehörte die »Konzertierte Aktion«, die Vertreter des Staates, der Arbeitgeber und der Gewerkschaften an einen Tisch brachte, wo sie über die wünschenswerten Schritte in der Wirtschaftssteuerung reden sollten. Noch ein, zwei Jahre zuvor wäre so etwas der Union (den Liberalen sowieso) als Ausgeburt der Planwirtschaft erschienen. Doch das war alles spätestens dann vergessen, als der neue Kurs zum Erfolg führte. Auch das bisschen Arbeitslosigkeit verschwand wieder, und ein »Gesetz zur Anpassung und Gesundung des deutschen Steinkohlebergbaus« löste zwar nicht die Absatzprobleme, lenkte aber die unumgänglichen Schrumpfungsprozesse in geordnete Bahnen.

Andere Branchen überstanden die Schwächeperiode leichter als der Bergbau. So ging es der Stahlindustrie fast durchgängig besser. Hier wurde gut verdient, die Unternehmen taten alles, um ihre Beschäftigten zu halten. Den Alltag eines typischen Ruhrpott-Arbeiters schildert der ARD-Zeitzeuge Friedhelm Meier.

Vor dem Spiel noch ein Bierchen schlabbern

Es war die Zeit, als die APO auf die Straße ging und die Studenten die Gesellschaft umkrempeln wollten. Friedhelm Meier und seine Kollegen bei den Dortmunder Hoesch-Werken beschäftigten ganz andere Probleme. Der Stahlkonzern wollte wie viele Firmen die Löhne nicht mehr in der Tüte auszahlen, sondern bargeldlos auf Konten überweisen. Die Arbeiter waren verärgert, viele von ihnen hatten noch nie eine Bank von innen gesehen, weil sie nicht sparten, sondern fast alles ausgaben, was sie auf die Hand bekamen. Das Misstrauen gegen eine Welt ohne Bargeld saß tief. Als die Überweisungen dann wirklich anliefen, fühlten die Arbeiter sich in ihrem Verdacht bestätigt, dass sie übers Ohr gehauen werden sollten, denn die Sparkasse erhob Gebühren. Es bedurfte einer hart erkämpften Betriebsvereinbarung, bis der Konzern diese Kosten übernahm. Das Thema hielt die Belegschaft und den Konzern ein halbes Jahr lang in Atem, und auch danach blieb für viele ein erklecklicher Nachteil: Anhand der Kontoauszüge konnten die Frauen nun überprüfen, was die Männer verdienten. Friedhelm Meier, ein eingefleischter »Hoeschianer«, stand mittendrin in diesen Auseinandersetzungen: als Malocher an der Basis und als frisch gebackener Vertrauensmann der Gewerkschaft.

Anfang der Sechziger ist er 26 und schon elf Jahre im Dortmunder Stahlwerk. Er hat dort Maschinenschlosser gelernt und arbeitet nun, nach einem halben Jahr Anlernzeit, auf einem sogenannten Tiefofenkran, was besser bezahlt wird. Dafür nimmt er Bedingungen in Kauf, die nicht gerade einladen. Jahrelang die gleichen Handgriffe, ein offener Arbeitsplatz nahe am Hochofen, im Sommer bis zu 85 Grad, im Winter vorn heiß und am Rücken kalt. Arbeitsschutzmittel kommen erst im Laufe des Jahrzehnts, zum Beispiel Helme, Schutzanzüge und Spezialschuhe. Bis dahin trägt jeder das, was er an alten Kleidungsstücken zu Hause findet.

Hochöfen sind rund um die Uhr in Betrieb. Meier und seine Kollegen arbeiten in drei Schichten von je acht Stunden. Das sieht dann so aus, dass sie jeweils sieben Tage nacheinander zur Früh-, zur Mittags- oder zur Nachtschicht erscheinen, mit je zwei freien Tagen beim Wechsel der Schicht. Wenn dieser Turnus ausläuft, legen sie drei freie Tage ein. Unterm Strich bedeutet das im Monat nur ein freies Wochenende. Seine

Schicht besteht aus 40 Männern, die über Jahre zusammenbleiben und zum Teil auch die Freizeit miteinander verbringen.

Die Familie Meier ist zufrieden mit dem Einkommen. In den Zeiten der Hochkonjunktur fallen ständig Überstunden an, und die Zuschläge für Schichten außerhalb der normalen Arbeitszeit genießen Steuerfreiheit. Außerdem leistet sich die Firma wie viele andere das, was die Arbeiter gern Sozialklimbim nennen. Sie zahlt Extravergütungen wie ein Kartoffelgeld, ein Kohlengeld oder ein »Maigeld«. Das Unternehmen stellt preiswerte Wohnungen zur Verfügung und baut eine eigene Schule, die auch Meiers Sohn besucht. In einem konzerneigenen Sportpark können die Werksangehörigen Fußball spielen, Rad fahren oder ein Schwimmbad besuchen, Eintritt zehn Pfennige. Die Lage auf dem Arbeitsmarkt macht's möglich, Betriebstreue will verdient sein.

Hinzu kommt, dass Frau Meier als Buchhalterin nicht schlecht verdient hat, bis der Sohn kam. Später wird sie wieder arbeiten. Und schließlich sind da noch die Schwiegereltern, die den einen oder anderen Betrag zuschießen. So kann sich die Familie früh einiges an Lebensstandard leisten, was bei anderen noch warten muss. 1960 steht das erste Auto vor der Tür, ein roter VW-Käfer, 4 200 Mark. Friedhelm Meier liebt den Wagen innig und würde sich am liebsten über ihn legen, wenn es regnet. Nach einigen Jahren verkauft er den Käfer für 3 800 Mark und er wirbt das verbesserte Nachfolgemodell für 4 600 Mark. Auch einen Fernseher schafft das Ehepaar 1960 an, und zwar ein Luxusmodell, bei dem das TV-Gerät und der Schallplattenapparat eine Einheit bilden – eine sehr begehrte technische Errungenschaft. Die Nachbarn bevölkern das Wohnzimmer, wenn bestimmte Sendungen laufen. Ähnlich begehrt ist das Telefon. Anfang des Jahrzehnts existiert in der ganzen Siedlung ein einziger Anschluss. Meiers gehören zu den wenigen, die bald ein eigenes Telefon haben. Wer anrufen will und angerufen werden möchte, schaut fortan einfach kurz bei ihnen vorbei.

Ein Traum bleibt unerfüllt, bei allem Fleiß. Die Eheleute malen sich längere Zeit aus, ein eigenes Haus zu besitzen, müssen aber eines Tags einsehen, dass sie die dafür notwendigen 30 000 Mark (in heutiger Kaufkraft etwa 50 000 Euro) niemals würden zusammenkratzen können. So bleibt die Familie zunächst in der ebenso engen wie preiswerten Werkswohnung. Zwei Zimmer, Küche, Bad ohne Fenster, Kohleöfen, schlechte Isolierung. Allerdings verfügt sie über zwei große

Vorteile: Sie liegt in unmittelbarer Nähe zum Werk und vor allem in dem Quartier, wo Meier aufgewachsen ist und wo er sich verwurzelt fühlt. Das ist seine Heimat, diese Gegend rund um den legendären Borsigplatz, wo Borussia Dortmund zu Hause ist, wo es die typischen Ruhrpott-Kneipen gibt und wo die Arbeiter nach der Schicht beim Bierchen die Weltereignisse durchsprechen. Monatelang leidet er, als die Familie dann doch umzieht. Die alte Wohnung ist mit dem Kind zu klein geworden, und als Hoesch ihm eine neue anbietet, dreieinhalb Zimmer, modern, mit viel mehr Komfort, da greift er zu, obwohl sie teurer ist. Gut 100 Mark muss Meier nun zahlen. Aber darum geht es ihm weniger als um die sechs Kilometer, die er jetzt vom Borsigplatz entfernt lebt. Mit dem Auto oder dem Fahrrad ist das nicht viel, aber ihm erscheint es endlos weit.

Wann immer es geht, legt er die Strecke zurück, um in den Postillon zu gehen, seine Stammkneipe. Sie öffnet um zehn Uhr morgens. Dann treffen sich hier jene, die freihaben oder krankgeschrieben sind. Später stößt die direkt aus dem Werk kommende Frühschicht dazu. Abends bevölkert die Mittagsschicht das Lokal und macht schon mal bis zwei oder drei Uhr früh durch, weil danach Ausschlafen möglich ist. Insgesamt ist der Betrieb am Abend dünner als tagsüber, weil die meisten Arbeiter sich bemühen, nüchtern und wach zur Arbeit zu gehen. Sie wissen: Am Hochofen kann jeder Fehler verhängnisvolle Folgen haben. Allerdings ist die Kneipe ohnedies weniger ein Ort des Besäufnisses als der Geselligkeit. Gespräche und Kartenspielen bedeuten für viele hier mehr als Pils und Korn. Zu essen gibt es im Postillon und den anderen Kneipen dieses Typs um diese Zeit nichts, nur Flüssiges. Wie die meisten zahlt auch Meier nicht bar, sondern, solange es noch Lohntüten gibt, zweimal im Monat, wenn er das neue Bargeld in der Tasche hat. Bis dahin schreibt der Wirt die Anzahl der Biere und Schnäpse auf einen Bierdeckel, der eine ähnliche Funktion erfüllt wie das Anschreibebuch im Lebensmittelladen.

Wenn die Borussia zu Hause spielt, fährt er mit einem Dutzend Arbeitskollegen aus der Schicht in der Straßenbahn zum Fußballstadion Rote Erde. Sie »schlabbern« vorher noch ein Bierchen, wie sie das nennen, und treffen sich dann in der Nordkurve mit immer denselben Männern. Den Kampf auf dem Rasen empfindet Meier wie eine Wiederholung des Kampfes, den er und die Kollegen im Werk austragen, und wenn die Spieler so kämpfen, wie er sich das vorstellt, dann sind sie seine Freunde und Helden zugleich.

Frauen sind absolut rar im Stadion, ebenso in den Kneipen. An den seltenen langen Wochenenden, wenn die Arbeit schon am Donnerstag endet, packt das Ehepaar ein Zelt in den Käfer und fährt nach Holland, an die Nordsee. Immer fünf, sechs Paare aus der Schicht treffen sich dort samt Kindern. In Dortmund geht Meier mit dem Sohn ins Hoesch-

Familie Meier vor ihrem Zelt auf einem Campingplatz an der Costa Brava.

Schwimmbad. Manchmal besuchen sie Kollegen, die einen Kleingarten besitzen. Dann ist die Zeit reif für das größte Abenteuer des Jahrzehnts. Ein halbes Jahr diskutieren mehrere befreundete Paare, wie eine Reise nach Spanien zu organisieren ist. 1 200 Kilometer, wenig Autobahn, wie kann das laufen? Zunächst gilt es allerdings zu erreichen, dass alle Beteiligten zur gleichen Zeit Urlaub bekommen, denn es kann immer nur ein bestimmter Anteil der 40 Schichtangehörigen abwesend sein. Als das nach längeren Gesprächen im Werk geregelt ist, bauen die Meiers aus ihrem Volkswagen die Rückenlehne aus, legen eine Sperrholzplatte hinein und bereiten darauf ein Bett für Sohn Frank. Gleich nach der Schicht geht es los, die 1 200 Kilometer am Stück bis auf den Campingplatz an der Costa Brava. Dort bauen sie nicht das Zelt auf, sondern schlafen sich erst einmal auf der Luftmatratze aus. Danach beobachten sie staunend, dass Menschen anders leben als sie selbst. Die Steh-Toiletten faszinieren sie, in denen man sich an einer Stange festhalten muss. Sie trinken zum ersten Mal in ihrem Leben Sangria und essen auf Holz gegrillte Hähnchen. Sie bewundern die Künste spanischer Friseure und freuen sich über drei Wochen Sonnenschein am Stück – dass es das gibt! Zurück fahren sie die Strecke wieder in einem Rutsch, und dann geht es schnurstracks ins Werk, wo sie mächtig auf den Putz hauen mit ihren Erlebnissen und sich wie Helden feiern lassen.

Am Ende des Jahrzehnts wählen die Kollegen Friedhelm Meier zum Vertrauensmann. Nun ist er ein Funktionär, den die IG Metall zur Weiterbildung einlädt. Was er in den Kursen hört, etwa über das Verhältnis von Kapital und Arbeit, das interessiert ihn sehr. Er leckt Blut und wird vier Jahre später in den Betriebsrat aufsteigen. Immer schon hat er gern über Politik diskutiert, nun muss er unterscheiden zwischen den gewohnten Gesprächen am Biertisch und denen im Werk. Dort versucht er die Kollegen systematisch zu politisieren, zum Beispiel indem er sie auffordert, in den Pausen nicht mehr wie üblich das Kartenspiel zu zücken, sondern mal zehn Minuten über betriebliche und überbetriebliche Probleme zu reden. Ein Thema jener Jahre sind die Lohnüberweisungen. Ende der Sechziger dann geht es um eine weitere Verkürzung der Arbeitszeit. Meier glaubt nicht, dass es möglich ist, die Forderungen der Gewerkschaft durchzusetzen, erlebt aber voller Genugtuung, wie die Arbeiter den Kampf gewinnen. Einen Nachteil hat das Engagement: Seine Frau beginnt zu rebellieren, wenn er sonntags Politik macht statt sich mit der Familie zu beschäftigen. Aber ihm macht es so viel Spaß, also bleibt er stur. Die Familie spielt immer noch eine große Rolle, jedoch nicht mehr die zentrale.

Friedhelm Meier zieht eine rundum positive Bilanz: die seelischen Schäden des Krieges überwunden, keine wirtschaftlichen Sorgen, ein fester Arbeitsplatz, keine Zukunftsängste, ständig steigendes Einkommen, ein alles in allem friedliches Familienleben, der Sohn auf gutem schulischen Weg, keine ernste Krankheit. »Die glücklichste Zeit meines Lebens«, sagt er heute über die Sechzigerjahre, »was danach kam, war stressiger.«

Leben im Wohlfahrtsstaat

Die Verkürzung der Arbeitszeit, für die Meier Ende des Jahrzehnts focht, war einer von vielen Schritten und Schrittchen, die zum Wohlfahrtsstaat bundesrepublikanischer Prägung beitrugen. Abgesehen von der Verdoppelung der Löhne setzte sich die zuerst 1959 im Ruhrbergbau eingeführte Fünftagewoche im Laufe der Sechziger in allen Bereichen durch, und die wöchentliche Arbeitszeit näherte sich den 40 Stunden. 1960 privatisierte die öffentliche Hand große Teile des Wolfsburger Volkswagenwerks, indem sie allen Bürgern die Aktie zu je 100 Mark anbot, um so die Vermögensbildung der breiten Schichten zu fördern. Im selben Jahr reformierte der Bund das Miet- und Wohnrecht und schaffte bei dieser Gelegenheit die Wohnungszwangswirtschaft so gut wie ab. Die durch die Wohnraumnot in den Fünfzigern notwendigen staatlichen Eingriffe in die Mietpreisgestaltung und die Wohnungszuweisung gehörten damit weitgehend der Vergangenheit an. 1961 folgte ein weiterer Schritt zur Vermögensbildung, das bald berühmt werdende 312-Mark-Gesetz. Wer diese Summe jährlich anlegte, bekam eine Zulage vom Arbeitgeber. Eine der wichtigsten Neuerungen überhaupt war im selben Jahr das Gesetz über Bundessozialhilfe. Es schuf einen einklagbaren Anspruch auf eine Grundsicherung in Notlagen und befreite die Sozialhilfe von dem Geruch der Fürsorge und der Gnade.

Wieder ein Jahr später passten die Gewerkschaften ihre Programme den inzwischen bestehenden Strukturen in der Bundesrepublik an: Auf einem großen Kongress warfen sie wie die SPD 1959 den Klassenkampf praktisch über Bord. Nicht mehr Zerschlagung, sondern Zähmung des Marktkapitalismus hieß nun die Parole, die neue Formen des gewerkschaftlichen Kampfes, aber auch der Zusammenarbeit mit den Unternehmern erlaubte. Die Auffassung von Sozialpolitik wandelte sich grundlegend: Schutz und Absicherung bei Unfall, Krankheit, Invalidität, Alter und Arbeitslosigkeit waren bis in die Sechzigerjahre hinein die traditionellen Aufgaben der Wohlfahrtspolitik. In der Großen Koalition, dann noch mehr in der sozialliberalen Koalition von 1969 an verschoben sich die Akzente. Die Sozialpolitik fühlte sich immer mehr zuständig für Vorsorge und Versorgung in einem weiteren Sinne: Bildungs- und Gesundheitspolitik, Städtebau, Energie- und Umweltpolitik flossen mit der herkömmlichen Sozialpolitik zusammen zu einem großen Projekt, das die Gesellschaft insgesamt in immer schönere Höhen führte und den Bürgern das Leben angenehmer machte.

Dieses menschenfreundliche Programm hatte den Nachteil, dass es die Ansprüche an den Staat erhöhte und so zu jener »Versorgungsmentalität« beitrug, die viele beklagten, als der Staat später an die Grenzen seiner finanziellen Belastbarkeit stieß.

Typisch für das gesellschaftspolitische Umdenken war eine Reform, die die Regierung Kiesinger auf den Weg brachte: die Gleichstellung der Arbeiter- und der Angestelltenversicherung. Diese hatte unter anderem zur Folge, dass die Arbeiter nun wie die Angestellten einen heute für selbstverständlich gehaltenen Anspruch auf Lohnfortzahlung bei Krankheit bekamen. Der Schritt war insofern folgerichtig, als die beiden großen Gruppen sich in ihren Lebensstilen und Lebensgefühlen einander immer mehr angenähert hatten. Der alte Graben zwischen Arbeitern und Angestellten verschwand allmählich, und die Gesetzgebung zog daraus die Konsequenzen.

Eines allerdings blieb bei allem sozialpolitischen Fortschritt und auch nach den Gesetzen zur Vermögensbildung in Arbeitnehmerhand erhalten: der beträchtliche Unterschied zwischen Arbeitnehmern und Selbstständigen. Ein junger Sozialpolitiker der Union namens Norbert Blüm hielt in einem Aufsatz von 1972 fest, dass in der zweiten Hälfte der Sechzigerjahre 1,7 Prozent der Bevölkerung über rund 74 Prozent des gesamten Vermögens verfügt hätten und dass diese ungerechte Verteilung sich immer noch weiter zuungunsten der Masse verändere. Der spätere langjährige Arbeits- und Sozialminister unter Helmut Kohl stand nicht an, das für skandalös zu erklären. Hier regiere, so Blüm, das Motto: »Wer hat, dem wird noch mehr gegeben.«

Das permanente Provisorium
Die Westdeutschen und die Gastarbeiter

Am 10. September 1964 saß ein Mann mit dem klangvollen Namen Armando Rodrigues de Sá in einem Sonderzug, der aus Portugal nach Köln fuhr. Als er nach strapaziöser Reise auf dem Bahnhof Deutz nichts ahnend ausstieg, stand da in feierlicher Robe und Pose eine offizielle Delegation, um ihn zu begrüßen und zu beglückwünschen. Der millionste Gastarbeiter erhielt eine Zündapp Sport Combinette. Die Bilder, die ihn zeigten, wie er sich auf das Moped schwang und etwas ratlos in die Menge schaute, gingen durch Deutschland und um die Welt. Für ein paar Tage war Rodrigues der berühmteste Ausländer der Bundesrepublik.

Der Portugiese Armando Rodrigues de Sá war der einmillionste Gastarbeiter in der Bundesrepublik am 10. September 1964.

Seit 1955 waren die westdeutschen Anwerbekommissionen in Südeuropa und später auch in der Türkei unterwegs. Ausländische Arbeiter sollten den überanstrengten deutschen Arbeitsmarkt entlasten. Die zumeist ungelernten Menschen wurden vor allem dort eingesetzt, wo den Einheimischen die Tätigkeit zu dreckig oder zu schlecht bezahlt erschien. Um das durch die Nationalsozialisten diskreditierte Wort Fremdarbeiter zu vermeiden, nannte man sie mit dem freundlicheren Wort Gastarbeiter. Allerdings konnten nur die wenigsten von ihnen den Eindruck gewinnen, willkommene Gäste zu sein.

Ohne Tränen weinen

Wie für viele Italiener ist das atemberaubende Gewühl auf dem Münchner Hauptbahnhof das Erste, was Bernadino di Croce von Deutschland kennenlernt, als er 1960 seine Heimat verlässt. Er ist 17 Jahre alt, hat keine Ausbildung, dafür ist er intelligent und besitzt einen gesunden Menschenverstand. Dank dieser Gaben wird er seinen Platz in der deutschen Gesellschaft finden, aber erst nach Enttäuschungen und Umwegen.

Der junge Mann, Dino genannt, stammt aus einem kleinen, armen Städtchen in den Abruzzen. Der Gedanke, sich im Ausland zu verdingen, beschäftigt die Menschen dort unablässig. Sie reden darüber, welche Chancen Australien, Amerika, Südafrika bieten könnten. Später kommen Frankreich, die Schweiz und Deutschland als Optionen hinzu. Begierig saugen die Einheimischen auf, was ihnen Heimkehrer oder Urlauber über ihr Leben da draußen in der weiten Welt berichten. Aus seiner Familie arbeiten schon Brüder in Frankreich; der Vater ist seit Kurzem in Deutschland, als Dino beschließt, ebenfalls den Lockungen der Ferne zu folgen. Die Mutter trauert und sagt: »Ich habe nicht sechs Kinder geboren, damit sie irgendwo in der Welt Knechte werden.« Dino lässt sich nicht beirren, obwohl er nicht einmal über eine Arbeitserlaubnis verfügt. Alle, die in Deutschland arbeiten wollen, müssen sich einer gemischten Ärztekommission stellen, die nicht immer rücksichtsvoll mit den Bewerbern umspringt. Er umgeht die Hürde, indem er behauptet, er wolle ja nur seinen Vater für ein paar Wochen besuchen.

Mit einer Gruppe von Landsleuten kommt er über München nach Württemberg, nach Geislingen an der Steige. Als er zu Fuß vom Bahnhof zur Unterkunft läuft, ist er angetan von den gepflegten Straßen, den kleinen Geschäften, den sauberen Vorgärten. Wie ein Schlag trifft ihn dann der Anblick des Quartiers, wo sein Vater schon wohnt und das nun sein Zuhause sein soll. Eine Ansammlung von Baracken, hoher Zaun, Kontrolle am Eingang. Dino kennt Fotos von Konzentrationslagern, und ihn überfällt das Gefühl: Hier kommst du nicht wieder raus. Unvermittelt wird ihm der Kontrast zwischen den fantasievollen Erzählungen und der Wirklichkeit klar.

Jede Baracke besteht aus drei Zimmern mit je vier Etagenbetten. Für seine Habseligkeiten steht jedem Bewohner ein kleiner Spind zur Verfügung. Zwischen den Wohnbaracken liegt eine Hütte mit Küche und Sanitäranlagen: zwei oder drei Toiletten für die 50 bis 60 Menschen und eine Dusche. Der Vater hat ihn hier untergebracht in der Hoffnung, nicht mehr allein zu sein. Auch ohne Genehmigung bekommt Dino gleich Arbeit. Am ersten Werktag heuert ihn eine Baufirma als Hilfsarbeiter an. Er weiß nichts über das Land, und er spricht kein Wort Deutsch. Allein an der jeweiligen Lautstärke erkennt er, ob die Vorgesetzten ihn loben oder tadeln.

Nach kurzer Zeit weiß Dino: Hier kann er nicht bleiben. Doch zuerst muss er die Sprache lernen. Schon bald versteht er, wenn Deutsche ihn Itaker nennen und fragen, warum er überhaupt hier ist und nicht nach Hause geht. Und er begreift, dass andere ihn verteidigen: »Lass ihn in Ruhe, ischt ein Mensch wie alle anderen.« Nach ein paar Monaten hat der junge Mann die Nase voll und fährt nach Hause. Sein Vater bestürmt ihn zurückzukehren. Der Arbeitgeber will dessen Vertrag nicht erneuern. Also macht sich der nicht einmal volljährige Dino wieder auf den Weg über die Alpen, bringt die Sache für den Vater in Ordnung und bleibt mit ihm dort.

Dieses Mal verschlägt es ihn in das beschauliche Villingen im Schwarzwald, wo er den früheren Rhythmus wieder aufnimmt: sechs Tage Arbeit, sonntags Leben in der Lagerunterkunft. Noch einmal kehrt er nach Italien zurück, um den Militärdienst zu absolvieren, aber 1962 ist ihm klar, dass er sich entscheiden muss, ob er in Deutschland so etwas wie Sesshaftigkeit anstreben will. Immer stärker fühlt er sich in Villingen zu Hause. Doch er will nicht mehr mit Schaufel, Pickel und Schubkarre die einfachsten und schwersten Arbeiten verrichten, die auf einer Baustelle zu vergeben sind. Er behauptet, dass er zu mauern gelernt hat, was sogar ein bisschen stimmt. Dino mauert und mogelt sich mit kleinen Tricks die Leiter höher, wird Zimmermann, besucht eine Schule und erwirbt ein Zeugnis als Polier. Später wird er sich zum Maschinenschlosser umschulen lassen.

Bernadino di Croce auf einer Baustelle 1960.

In der ersten Zeit schließt sich der junge Gastarbeiter dem Zug an, der sich sonntags in vielen deutschen Städten aus den Unterkünften zum Bahnhof bewegt. Zunächst begreift er gar nicht, warum seine Landsleute, später auch die Griechen, Spanier und Portugiesen, so früh aufstehen, sich fein machen, zum Bahnhof pilgern und dort stundenlang herumstehen. Dann merkt er, die pure Sehnsucht treibt die Menschen aus dem Bett. Die Eisenbahn ist gleichsam die Nabelschnur nach Hause. Obwohl Dino sich mehr als andere bemüht, in Deutschland

Wurzeln zu schlagen, sagt er heute noch: »Heimweh hat man immer.« Viele seiner Leute hätten sich gefühlt »wie Fische aus dem Wasser«. Darum hätten sie auch ständig von dem Provisorium geredet, in dem sie nun lebten.

Eines unterscheidet ihn: Dino ist neugierig auf das Gastland und seine Menschen. Und er will lernen. Dabei helfen ihm mehr als die Männer die deutschen Frauen. Zu Anfang glaubt er, sie würden in ihm vor allem den Casanova sehen, entsprechend verhält er sich. Dann lernt er, freundschaftlich mit ihnen umzugehen und es als eine Art Anerkennung zu empfinden, wenn sie einfach mit ihm einen Kaffee trinken und spazieren gehen. Er macht sich schick und gibt sich Mühe, ihnen zu zeigen, »dass wir nicht nur Barackenmäuse sind«. Ganz unmöglich findet er es, wenn deutsche Männer es zulassen, dass Frauen ihre Getränke selbst bezahlen. »Das ist eine Sünde«, glaubt er noch heute.

Die Frauen seien ihm und seinesgleichen unvoreingenommener begegnet. Sie hätten nicht über die Ausländer gespottet, sondern mit ihnen diskutiert, während die deutschen Männer ihn auf dem Bau angefrotzelt und dazu geneigt hätten, in ihm den Rivalen zu sehen. Der Italiener beobachtet genau und überprüft seine Vorurteile. So begreift er, dass es nicht stimmt, wenn seine Landsleute behaupten, die Deutschen seien geizig. Sie arbeiten langfristig für ein Ziel, sparen für ein Auto oder eine Reise: »Dafür legen sie zusammen; wir haben zusammengelegt, um uns einen neuen Anzug zu kaufen. Das ist der Unterschied.«

Viele Gastarbeiter verhalten sich nach dem Motto: Die Deutschen wollen nichts von uns, und wir wollen nichts von denen. So möchte Dino nicht leben, er möchte aus dem geistigen Getto heraus, sucht Kontakte und findet sie. 1963 kauft er sich ein Auto und benutzt es vor allem, um Deutsche, gerade auch deutsche Mädchen, irgendwohin mitzunehmen, etwa zum Tanzen oder zu Ausflügen. Oft hat er Probleme, die Raten für den Wagen und das Geld fürs Benzin zusammenzukratzen, aber das nimmt er ganz bewusst in Kauf, um beweglich zu bleiben. Amüsiert beobachtet er, wie deutsche Männer eine ganz andere Beziehung zu ihrem Auto entwickeln, dass für sie zum Beispiel der Samstag der Tag der rituellen Reinigung ist. Er sieht, wie sie scharenweise waschen und polieren. »Die haben«, sagt Dino di Croce, »das Auto besser gepflegt als die eigene Gattin.«

Trotz allem fühlt er sich oft einsam, als ob er »ohne Tränen weint«. Und dann, endlich, lernt er 1965 ein deutsches Mädchen kennen und lieben, und er will sie heiraten. Davon hat er geträumt. Doch das Vorhaben erweist sich als kompliziert. Die heutige Hilde di Croce kommt aus der tiefsten Provinz in Schleswig-Holstein, aus Dithmarschen. Der Vater ist im Krieg gefallen, die Mutter schlägt sich mit fünf Kindern als Eisverkäuferin durch. Hilde absolviert nach der Volksschule eine Lehre als Textilverkäuferin, bleibt danach noch ein Jahr in dem Lehrbetrieb, allerdings mit dem Gefühl, nur ein besseres Dienstmädchen zu sein. Die Menschen an der Küste hätten »im Quadrat gedacht«: Was da nicht reinpasste, kam in eine Schublade und fertig – nicht gerade die idealen Voraussetzungen für die Beziehung zu einem Ausländer.

Auch mit 22 Jahren hat sie als jüngstes Kind noch eine enge Bindung an die Mutter, trotzdem will sie weg. Für Norddeutsche ist Hamburg die große Welt, aber sie möchte von vornherein weiter. Es treibt sie in die Schweiz, wo sie als Zimmermädchen in einem Hotel arbeiten möchte, aber durch Zufall landet sie in einem Villinger Hotel. Der Tourismus im Schwarzwald boomt, Arbeit gibt es genug, Hilde holt zwei Freundinnen nach. Über eine von ihnen, Maria, lernt sie Dino di Croce kennen. Dessen Freund hat sich in Maria verliebt, spricht aber schlechter Deutsch und lässt darum ihn anrufen. Einmal fragt er Maria zum Schluss des Gesprächs, ob sie nicht mal zu viert tanzen gehen wollen. Dino tanzt mit Hilde und bringt sie nach Hause. Einige Tage später fragt er sie in dem Lokal, wo sie als Serviererin arbeitet, ob sie abends Zeit habe, er werde um acht Uhr da sein. Sie sagt Nein, und als er um acht kommt, steht sie vor der Tür.

Schon bald wollen beide mehr als eine unverbindliche Freundschaft. Aber Hilde schwankt. Einer, der weiß, was er will, sagt sie sich gleich am ersten Abend; dass er ein Ausländer ist, spielt für sie zunächst keine Rolle. Und doch bleibt sie nicht unbeeindruckt von dem, was andere sagen. Nicht nur die Familie warnt: Italiener nutzen die Mädchen nur aus. Wenn du von so einem ein Kind kriegst, lässt er dich sitzen. Italiener sind gute Liebhaber, aber nicht die besten Ehemänner und so fort. Sie spürt, dass manche Deutsche glauben: Die treibt sich mit Italienern herum, kriegt wohl keinen Deutschen ab.

Dino di Croce hört ebenfalls einiges an Ratschlägen. Freunde sagen in bester Macho-Manier: Ein deutsches Mädchen, das mit einem Ausländer geht, kann keine gute Frau sein. Er lässt sich davon ebenso wenig beeinflussen wie von seiner Mutter, die inzwischen mit dem Vater in Villingen wohnt und größte Vorbehalte pflegt. »Du fliegst mit dem Mädchen aus dem Fenster«, eröffnet sie ihm, als er ankündigt, abends mit Hilde vorbeikommen zu wollen. Als die beiden trotzdem auftauchen, hat sie Kaffee gekocht und Kuchen besorgt, und am nächsten Morgen fragt sie den Sohn nach den Lebensumständen der möglichen Schwiegertochter aus.

Dino will also heiraten, kommt aber nicht voran. Er hat das Gefühl: Du bist Italiener, du kannst dich anstrengen, wie du willst, du läufst immer vor eine Wand. Nur seine Drohung, nach Kanada auszuwandern, zeigt Wirkung: Es wird Verlobung gefeiert. Dann entschwindet er tatsächlich nach Kanada, findet dort Arbeit, richtet sich ein, und siehe da: Vier Monate später steht Hilde vor der Tür. Sie heiraten, bekommen einen Sohn und bald darauf eine Tochter. Sie leben zwei Jahre dort, immer mit der Sehnsucht nach Europa im Herzen. Dann beschließen sie, aus der Emigration zurückzuemigrieren.

Flüchtig überlegt er, mit der kleinen Familie nach Italien zu gehen, glaubt aber, seiner Frau das nicht zumuten zu dürfen. Sie lassen sich wieder in Villingen nieder, von wo er noch jahrelang mit dem Verdacht in die italienischen Ferien fährt, dort sei die Luft besser und alles andere auch. 1984 denkt er noch einmal ernsthaft über einen Umzug nach. Endlich merkt er, dass er das im Grunde gar nicht mehr will, dass nach all den Wirren Deutschland sein Zuhause ist.

Problemlösung durch Liegenlassen

1960 stellten die Italiener bei Weitem die Mehrheit der Gastarbeiter. Bis zum Ende des Jahrzehnts verschoben sich die Relationen, 1970 sah die Statistik so aus:

330 000 Italiener
297 000 Jugoslawen
272 400 Türken
206 800 Griechen
149 200 Spanier
32 000 Portugiesen

Seit der Begrüßung von Armando Rodrigues de Sá aus Portugal als millionstem Gastarbeiter sind noch einmal rund 300 000 Menschen hinzugekommen, vor allem die Gruppe der Türken ist stark angewachsen und wird bis zum Anwerbestopp im Jahre 1973 die Spitze der Liste übernehmen.

Berichte über die Zuwanderung erwecken oft den Eindruck, als wären damals ausschließlich Männer gekommen. Der weibliche Anteil gerät in den Hintergrund oder sogar in Vergessenheit. Aber schon zu der Zeit, als die ausländischen Arbeitskräfte in der Regel noch keine Familien nachholten, stellten die Frauen rund ein Drittel der Gastarbeiter. Die bundesdeutschen Unternehmen warben sie systematisch an, um sie im Niedriglohnsektor einzusetzen, wo einfache, sensible Handarbeit gefragt war, etwa in der Elektroindustrie. Dabei wies Deutschland diesen Frauen ein anderes Rollenmodell zu als den eigenen. Deutsche Frauen arbeiteten oft in Teilzeit, wenn überhaupt. Ihre Hauptaufgabe als Hausfrau und Mutter blieb dadurch ebenso erhalten wie die Dominanz der Männer im Wirtschaftsleben. Die ausländischen Arbeitnehmerinnen wurden hingegen immer als Vollzeitkräfte betrachtet. Eine »aktive Ausübung der Ehefrauen- und Mutterrolle war (für sie) nicht vorgesehen«, fand die Soziologin Monika Mattes in einer Untersuchung heraus. Das änderte sich erst, als die Männer ihre Ehefrauen nach Deutschland holten.

Auch sonst durchsetzten Widersprüche und Ungereimtheiten das Zusammenleben der Deutschen mit den Gastarbeitern. So war schon damals nicht recht klar, welche Art von Zuwanderung die Bundesrepublik eigentlich wollte. Die Deutschen verhielten sich, als blieben die Ausländer nur auf Zeit und würden dann wieder nach Hause gehen. Diese Sichtweise fiel umso leichter, als sehr viele der Betroffenen ähnlich dachten. Aber dann entwickelte sich eine Art Doppelexistenz. Im Hinterkopf hatten sie den Wunsch nach der Rückkehr, in Wirklichkeit versuchten sie, wie der ARD-Zeitzeuge Dino di Croce, sesshaft zu werden. Selbst in Zeiten wirtschaftlicher Schwäche wie 1966/67 oder später nach dem Ölschock von 1973 blieben sie. Arbeitslosigkeit in Deutschland war immer noch besser als Arbeitslosigkeit in Italien, Spanien oder der Türkei. Vielleicht würde man ja doch wieder gebraucht. Und die Deutschen sahen zu. Erst Mitte der Siebzigerjahre setzten Versuche ein, entweder die Rückkehr in die Heimat oder die Integration der Gastarbeiter in die deutsche Gesellschaft zu fördern. Viel Erfolg hatte beides nicht.

So entstand etwas Paradoxes, nämlich ein Provisorium in Permanenz. Dabei ließ die deutsche Seite in dem Glauben, das Problem würde sich bald irgendwie erledigen, oft schlichte Gebote des sozialen Umgangs außer Acht, zum Beispiel bei der Unterbringung. Immer wieder klagten Gastarbeiter, man habe ihnen viel mehr zugesagt, als sie dann vorfanden. Ein Jugoslawe erzählte (siehe *Klassenbuch 3: Ein Lesebuch zu den Klassenkämpfen in Deutschland 1920-1971*): »In Belgrad hatten sie uns versprochen, jeder bekommt ein Zimmer mit Dusche und so. Nur ein gemeinsamer Aufenthaltsraum mit Fernsehen. Aber das war Beschiss. Als wir ankamen, da war das Zimmer so ungefähr zehn Meter lang, ungefähr vier Meter breit. Und in diesem Raum wohnten zehn Mann ... Für 27 Mann war nur eine Badewanne da. Da kannst du dir vorstellen – nach der Arbeit, den ganzen Tag habe ich Schweißarbeiten gemacht –, da war ich dann ganz schön schwarz.«

Nur wenige Deutsche wollten diese Missstände wahrnehmen oder gar kritisieren, wie die Autorin Lieselotte Rauner aus dem Werkkreis Literatur der Arbeitswelt:

Die Tatsache
dass an ausländische Arbeiter
auch Komfort-Toiletten
als Wohnräume vermietet werden
halte ich für ein bösartiges Gerücht
denn sechs bis acht Schlafstellen
sind darin nicht unterzubringen

Derselbe jugoslawische Gastarbeiter beschwerte sich übrigens darüber, dass die Italiener eine bessere Behandlung genössen. In der Tat bildete sich schon früh so etwas wie eine Hierarchie heraus, an deren Spitze die Italiener standen, weil sie am längsten da waren und ihr Land den Deutschen von den Ferienreisen nicht nur bekannt, sondern auch lieb war. Am Fuß der Pyramide standen die Türken, weil sie den Deutschen als Muslime am fremdesten blieben. Mit all diesen Problemen der Ausländer tat sich die Bundesrepublik schon damals ähnlich schwer wie heute. Zu oft hieß die Devise von Anfang an: Problemlösung durch Liegenlassen.

Der flexible Ulbricht
und sein »kleines Wirtschaftswunder«
Aufschwung in der DDR

Otto braucht einen Gartenschlauch. Der Mann im HO-Laden fragt:
»Nanu, wie kommen Sie denn darauf?«
Otto: »Der alte ist hinüber, und weil doch nun bald Frühling wird ...«
HO-Verkäufer: »Na und? Dafür kann die HO doch nichts.«
Otto: »Ich brauch ja nur zehn Meter.«
HO-Verkäufer: »Auch noch nach Maß – haben wir schon gern.«

So geht es endlos weiter. Es gibt keinen Schlauch, und der HO-Mann fühlt sich genauso wenig zuständig wie der Mann vom Großhandelskontor (GHK) und der vom Hersteller-VEB ...

Das Karussell der organisierten Verantwortungslosigkeit rotierte im bekanntesten Kabarett der DDR, der Berliner Distel. Weil Engpässe in der Versorgung immer und überall auftauchten, enthielt so gut wie jedes Kabarettprogramm in der DDR eine ähnliche Nummer. Und da die Zensurbehörden darin ein Ventil für die Stimmung des Volkes sahen, ließen sie dies in der Regel durchgehen.

Anfang der Sechzigerjahre waren die Engpässe besonders groß. Statt den angekündigten großen Sprung nach vorn zu schaffen, schlitterte die DDR in eine erneute Krise. Der Aderlass an wichtigen Arbeitskräften durch die Massenflucht, die Schwerfälligkeit des zentral geführten Plansystems, die Kollektivierung der Landwirtschaft und andere Faktoren führten dazu, dass der Rückstand gegenüber der Bundesrepublik entgegen den Versprechen nicht kleiner, sondern größer wurde. 1961 war die Lage so prekär, dass der 1959 mit großem Aufwand verkündete Sieben-Jahres-Plan in der Versenkung verschwand, weil seine Ziele sich als Illusion erwiesen.

Wie sich Staat und Partei um wirtschaftliches Potenzial brachten, zeigt das Schicksal von Gisela Köhler, geborene Jacobi. Sie lebte in einem funktionierenden, für die Umgebung wichtigen Familienbetrieb, als das Ministerium für Staatssicherheit 1961 zuschlug.

Drei Tage nach dem Mauerbau hatte das Politbüro die SED-Bezirks- und Kreisleitungen in den Gebieten entlang der »Staatsgrenze West« angewiesen, eine Umsiedlungsaktion vorzubereiten. Kommissionen stellten Listen von Personen zusammen, die als Nazis oder aus anderen Gründen als »politisch unzuverlässig« galten. In den frühen Morgenstunden des 3. Oktober 1961 erschienen in vielen Grenzorten Kommandos, die mit diesen Listen in der Hand Menschen zusammentrieben, auf Lastkraftwagen oder in Busse verluden und in das Hinterland fuhren, wo sie Wohnungen von Flüchtlingen zugewiesen bekamen. Die Maßnahme trug den sinnigen Namen »Aktion Kornblume« und erfasste insgesamt 3 273 Menschen. Zu ihnen gehörte die Familie von Gisela Jacobi.

Begräbnis ohne Familie

Gisela Jacobis Heimatort Motzlar liegt unmittelbar an der innerdeutschen Grenze zwischen Thüringen und Hessen. Ihr Großvater und ihr Vater, energische und tüchtige Männer, betreiben mit der Großfamilie eine Kornmühle, zu der ein Sägewerk und Landwirtschaft gehören. Die beiden unternehmen alles, was möglich ist, um den Betrieb zu modernisieren. So haben sie früh einen eigenen Traktor angeschafft, zu dieser Zeit und unter DDR-Umständen keine Selbstverständlichkeit. Das Dorf liegt in der Fünf-Kilometer-Zone entlang der Grenze, die unter besonderer Aufsicht steht. Um 1960 verschärft sich die Situation. Die Dörfler benötigen einen Passierschein, um fort und wieder nach Hause zu gelangen; und wer in einem 500-Meter-Bereich an der Grenze landwirtschaftliche Arbeiten verrichten will, muss der allgegenwärtigen Polizei eine weitere Berechtigung nachweisen. Ein Bruder von Gisela Jacobi flüchtet gerade noch rechtzeitig über die bis dahin grüne Grenze, ehe sie 1961 mit Stacheldraht, Beobachtungstürmen und Warnschussanlagen befestigt wird.

Der 13. August 1961 schockiert die Familie, aber Eltern und Großeltern zeigen sich entschlossen, durchzuhalten und den reibungslos arbeitenden Betrieb weiterzuführen. Am 3. Oktober zerschlagen sich alle Pläne und Hoffnungen. Frühmorgens, Gisela Jacobi beginnt gerade mit den täglichen Stallarbeiten, rücken Polizei und Kampfgruppen an. Sie halten Feuerwaffen im Anschlag, als ein Führer verkündet, dass die gesamte zwölfköpfige Familie das Anwesen sofort zu räumen hat. Ein Trupp beginnt, wahllos Kleider und Schuhe der Familie in Säcke zu

Gisela Jacobi

stopfen. Jemand holt die kleineren Kinder aus der Schule. Gisela Jacobis älterer Bruder will davonlaufen, wird aber festgehalten. Eine Anordnung wird verlesen, wonach die Familie zu ihrem eigenen Schutz vor westlichen Provokationen den Ort verlassen müsse. Der Vater wird aufgefordert, eine Einwilligung zu unterschreiben, aber er weigert sich. Immerhin können so Haus und Grundstück nicht kollektiviert werden, weshalb die Familie beides Jahre später wieder übernehmen kann. Dass die Begründung für die Vertreibung ein Witz ist, weiß jeder der Anwesenden. In Wirklichkeit geht es darum, die politisch nicht genehmen Jacobis aus dem Grenzgebiet zu entfernen.

Gisela Jacobi trägt noch immer den Stallkittel und die Gummischuhe vom frühen Morgen, als gegen 15 Uhr ein Kleinbus vorfährt, in den die zwölf Mitglieder der Großfamilie steigen sollen. Vater und Großvater, die beiden sonst so durchsetzungsfähigen Männer, haben bisher völlig apathisch geschwiegen. Der Vater weigert sich jetzt einzusteigen, wird aber gezwungen. Auf der längeren Fahrt vermuten sie zeitweise, nach Sibirien zu kommen. Schließlich hält der Bus auf einem völlig heruntergekommenen Bauernhof. Von Nachbarn erfahren sie, dass sie in Sachsen gelandet sind, in einem Örtchen namens Trages nahe Leipzig. Das Dorf liegt in einer der von Umweltschäden am schlimmsten belasteten Gegenden der DDR. Vater und Großvater sind weiterhin wie versteinert und unfähig, irgendetwas zu organisieren. So müssen die Frauen allein die nötigen Nachtlager in dem verwahrlosten und erst vor Kurzem von einem flüchtenden Bauern verlassenen Haus herrichten. Der große Bruder belastet die Stimmung zusätzlich. Er droht, sich umzubringen.

Am nächsten Morgen teilen Abgesandte der Kreisverwaltung mit, wo die Erwachsenen sich Arbeit besorgen sollen. Doch die Jacobis weigern sich, sie wollen das selbst in die Hand nehmen. Mit einem Bruder und dem Vater sucht Gisela Jacobi ein Kraftfahrtunternehmen in der Nachbarstadt auf. Dort heißt es nur: Mit solch arbeitsscheuen Elementen möchte man nichts zu tun haben! Schließlich weist die Behörde neue Arbeitsplätze an. Der Vater muss in die Landwirtschaftliche Produktionsgenossenschaft (LPG), der Bruder in eine Maschinen- und Traktorenstation (MTS) und Gisela Jacobi als Bürokraft in ein Werk. Zu Hause hat sie als Hilfskraft in dem elterlichen Betrieb Stenografie und Schreibmaschine gelernt, was ihr jetzt zugutekommt.

Vor allem die Fähigkeiten des Vaters liegen brach. Der erfolgreiche Kaufmann fährt nun einen Traktor. Die ständige Unterforderung und die schlechte Behandlung führen zu psychischen Leiden. Jacobi wird depressiv, obwohl die vor allem von der Mutter zusammengehaltene Familie ihn immer wieder aufzurichten versucht. Aus der Heimat hören sie, dass ihr Betrieb nicht mehr besteht. Einen Teil der Einrichtung haben Nachbarn geplündert, und in das Haus ist eine Schwesternstation eingezogen. Besonders hart trifft den Vater, dass sich irgendjemand seine über alles geliebten Bienenstöcke gesichert hat. 1968 wechselt er zu einer Chemiefabrik, wieder nur als Fahrer. Zumindest anfangs fühlt er sich dort wohler, zumal er mehr Geld bekommt. Da der ehemalige Unternehmer von Betriebsführung mehr versteht als andere, macht er immer wieder Vorschläge für Modernisierungen, stößt indes auf wenig Interesse und gilt bald als Querulant. Trotzdem wird er bis zum 75. Lebensjahr dort arbeiten, zuletzt als eine Art guter Geist, der auf dem Hof für Ordnung und Sauberkeit sorgt.

Die Familie hält Distanz zu allem, was nach Staat und Partei aussieht. Gisela Jacobi schafft es immerhin, als Krankenschwester in einer Klinik unterzukommen. Nebenbei beginnt sie 1968 eine Ausbildung als Industriekauffrau an der Volkshochschule. Noch später will sie Ingenieurin werden, das aber lehnen die Behörden ab. Die Jacobis leben kärglich, versuchen aber, das sehr primitive Anwesen, in das es sie verschlagen hat, leidlich herzurichten. Als ein nach Amerika ausgewanderter Onkel hört, was geschehen ist, schaltet er sich ein und sorgt dafür, dass die Familie Pakete bekommt, auch mit Geld hilft er aus. 1964 stirbt der Großvater. Sein letzter Wunsch: Er will im Heimatdorf begraben werden. Ein Bestattungsunternehmer fährt die Leiche dorthin und überwindet die Sperren an der Fünf-Kilometer-Grenzzone. Die Familie darf diese Zone nach wie vor nicht betreten, die Beerdigung findet ohne sie statt.

Ein »Neues ökonomisches System der Planung und Leitung der Volkswirtschaft«

In der DDR brauchte Anfang der Sechzigerjahre niemand zu hungern oder zu frieren, auch wenn diese Kunde nicht überall im Westen ankam. So schmunzelten die Ostberliner über Westberliner, die bei Besuchen im Rahmen des Passierscheinabkommens vom Dezember 1963 mit Kartoffeln anrückten. Auch Altkleidung, die manche aus dem Westen an die Verwandten schickten, löste nicht immer die erwartete Dankbarkeit aus. Der Grundbedarf war gesichert, allerdings war es oft mühsam, Artikel des täglichen Bedarfs gerade dann zu bekommen, wenn sie benötigt wurden. Dafür waren sie billiger als in der Bundesrepublik. Was fehlte, war ein bisschen Luxus: Butter, Delikatessen wie gute Wurst, schöne Seife, Parfüm oder die begehrten nahtlosen Nylonstrümpfe. Moderne Haushaltsgeräte wurden zwar produziert, aber in zu kleinen Mengen, sodass in vielen Familien die Wünsche nach einem Fernseher oder einem Radio offenblieben. Für Autos bestanden schon um diese Zeit Wartefristen. So mancher behalf sich, indem er ein Uralt-Modell aus der Vorkriegszeit, etwa einen Opel P 4 oder einen DKW-Zweitakter, mit einfachsten Mitteln immer wieder reparierte. Und katastrophal war nach wie vor die Lage auf dem Wohnungsmarkt.

Nach dem Mauerbau am 13. August 1961 vergrößerte sich zunächst der Mangel, und die Stimmung verschlechterte sich noch mehr. Carola Stern schrieb in ihrer Ulbricht-Biografie, nach der Abriegelung der Grenzen und der Kollektivierung der Landwirtschaft habe die SED wirtschaftliche und politische Misserfolge nicht länger mit der offenen Grenze oder »kapitalistischen Überresten« entschuldigen können. Die Staats- und Parteiführung wusste, dass sie etwas unternehmen musste. Um die offensichtlichen Engpässe der Planwirtschaft zu beseitigen und die Konsumwünsche der Menschen zu befriedigen, erfand sie das »Neue ökonomische System« (NÖS), das mit vollem Titel »Neues ökonomisches System der Planung und Leitung der Volkswirtschaft« hieß: Vom Juli 1963 an galt eine Richtlinie, hinter deren für Laien meist unverständlichen Formeln sich Veränderungen verbargen, die nicht lange zuvor als klassenfeindliches Teufelszeug gegolten hatten.

Marion Gräfin Dönhoff sprach nach ihrem DDR-Besuch 1964 von einer »Entstalinisierung der Wirtschaft«. In der Tat entsprach die neue offizielle Politik dem, was Nikita Chruschtschow einige Zeit zuvor in der Sowjetunion eingeführt hatte. Das »Neue ökonomische System« hatte keinerlei Ähnlichkeit mit der Marktwirtschaft westlichen Zuschnitts, aber immerhin verdammte der neue Kurs die Stalin'sche Wirtschaftspolitik als zu bürokratisch, zentralistisch und von »starkem Misstrauen in die Fähigkeiten der Volksmassen« geprägt. Weniger Planung und mehr Eigenverantwortung würden in die Betriebe einziehen, so hieß es. Ein zentraler Begriff war die »materielle Interessiertheit«, und es war von »ökonomischen Hebeln« die Rede. Gemeint waren Faktoren wie Umsatz, Preise, Kosten, leistungsabhängige Löhne, Prämien oder Sonderurlaub als Belohnung für die Normerfüllung. Sogar Gewinne als Anreiz für die Produktivitätssteigerung in den Unternehmen wurden nicht mehr verteufelt.

Mit diesen Zugeständnissen an die finanziellen Interessen der Beschäftigten hofften die Führungsorgane in Partei und Staat die Leistung so zu erhöhen, dass mehr Güter sowohl für den Export wie für den Verbrauch entstanden. Gegen dieses Konzept erhoben einige Betonköpfe in den zentralen

Gremien Einwände, weil sie zu Recht Machtverluste fürchteten. Aber besonders Ulbricht erwies sich in diesem Fall als so flexibel, wie es ihm im Westen kaum jemand zutraute. Er stellte sich eindeutig auf die Seite der Manager und Technokraten, von denen er folgerichtig auch einige ins Politbüro der SED holte, zum Beispiel den später so einflussreichen Günter Mittag.

Den Erfolg des »Neuen ökonomischen Systems« konnten nur Ignoranten bestreiten. Manche Experten sprachen in Anlehnung an die Bundesrepublik sogar von einem »kleinen Wirtschaftswunder«. Die DDR stieg zum zweitgrößten Industriestaat unter den sozialistischen Bruderländern auf und gehörte zu den zehn wichtigsten Industrieländern weltweit. Für die Menschen erfüllten sich die Wünsche nach einem höheren Lebensstandard zumindest teilweise, wie allein dieser Vergleich zeigt: 1960 gaben die Ostdeutschen gut 45 Milliarden Mark für den privaten Verbrauch aus, 1970 waren es, bei gleichbleibenden Preisen, fast 63 Milliarden. Beispiel Bohnenkaffee: Der kostete bei nicht gerade toller Qualität 80 bis 90 Mark das Kilo. Trotz dieses horrenden Preises verdoppelte sich der Verbrauch in den folgenden zehn Jahren auf 2,2 Kilo pro Kopf und Jahr. Und auch bei Konsumgütern, die in Ost wie West in den Sechzigern als Statussymbole galten, zeigte sich ein Aufschwung, der bei manchen Artikeln gegen Ende des Jahrzehnts den westdeutschen Verhältnissen nur wenig nachstand (Anzahl je 100 Haushalte):

	1960	1970
Kühlschränke	6	56
Fernsehgeräte	19	74
Waschmaschinen	6	54
Pkw	3	16
Krafträder	25	42

Aber Lücken im Sortiment und Lieferstörungen gehörten weiterhin zum Alltag. So traf das Angebot an Kleidung und Schuhen oft nicht die Ansprüche der Bevölkerung. Die Wartezeit für ein Auto hatte sich verlängert statt verkürzt. Standen der Trabant oder der Wartburg dann endlich vor der Tür, entdeckten die stolzen Besitzer bald Schäden, die sie in die Verzweiflung treiben konnten, weil es an Ersatzteilen und an Arbeitskräften im Handwerk fehlte. Das alles verlangte von den Menschen Geduld, Fantasie, ge-

genseitige Hilfe und jenen ausgedehnten Tauschhandel, der nachgerade zum Kennzeichen der DDR-Gesellschaft werden sollte.

Dabei war es ein geringer Trost, dass die DDR als das Land mit dem höchsten Lebensstandard in der sozialistischen Familie galt. Die Ostdeutschen sahen beim Konsum nach Westen; sie verglichen sich mit den Landsleuten in der Bundesrepublik, über die sie auch nach der Mauer noch genug erfuhren – über Verwandte, über die Medien und andere Kanäle. Und alle diese Informationen zeigten: Der Abstand zum Westen verringerte sich nicht nur nicht; er vergrößerte sich trotz allem. Die Bundesrepublik mit ihrer Marktwirtschaft, die sich nach einer kleinen Rezession schnell wieder erholt hatte, war der Maßstab, nach dem die Ostdeutschen ihre eigene Lage beurteilten.

Und doch gab es am Ende des Jahrzehnts im DDR-Wirtschaftsbiotop Dinge, die wie absoluter Luxus anmuteten und das Leben dort so manches Mal bunter erscheinen ließen, als der Westen es für möglich hielt – zum Beispiel ein Rennauto. 1969 baute der Rennfahrer Heinz Melkus in Handarbeit den ersten, nach ihm benannten Wagen, auf den 100 weitere folgten: den Melkus RS 1000. Den Import solcher Gefährte konnte sich das Land nicht leisten, aber auch hier gab es Menschen, die gern schnell und sportlich fuhren, und es gab andere, die dabei zuschauen wollten. Die meisten Teile des Melkus stammten von dem ostdeutschen Mittelklassewagen Wartburg. Um das Rennauto zu erwerben, musste man den »Nachweis einer rennsportlichen Betätigung« beibringen. Der Sohn des Konstrukteurs baute den RS 1000 vor wenigen Jahren nach, und eine Redakteurin der *Zeit* testete das heute so gar nicht in die Zeit passende Vehikel. Sie schrieb: »Ein Auto für Männer, deren Jugendliebe nach drei Jahrzehnten endlich in Erfüllung geht.«

Im Zwielicht der Verlogenheit
Jugend in der DDR

»Es ist wie das Austreten einer Zigarette mit zwei Füßen bei gleichzeitigem Abrubbeln des Rückens mit einem Handtuch – zum Takt der Musik.« Der Twist, wie ihn sein Erfinder beschrieb, war Anfang der Sechziger der Modetanz schlechthin – im Westen und im Osten. Daran konnten auch die volkseigenen Erfindungen Lipsi und Humpa nichts ändern, die nach dem Willen der DDR-Obrigkeit das ungeheuerliche Treiben in den Tanzschuppen in geordnete sozialistische Bahnen lenken sollten. Sie scheiterte damit ebenso wie mit dem Bemühen, die »dekadente« Röhrenhose oder den damals populären Bürstenhaarschnitt zu vertreiben.

Die meisten Jugendlichen lagen mit der DDR über Kreuz. Schon vor dem Bau der Mauer war jeder zweite Flüchtling jünger als 25 Jahre gewesen. Damit lag ihr Anteil an der Fluchtrate wesentlich höher als an der Gesamtbevölkerung. Die Abneigung gegen das System war bei dieser für das wirtschaftliche und gesellschaftliche Wohlergehen des Systems so wichtigen Altersschicht besonders stark. Viele junge Menschen lehnten sowohl die Politik wie auch das Personal der SED rundheraus ab. Die DDR schwebte in der Gefahr, die Jugend vollends an die Bundesrepublik und nach dem Mauerbau an eine Art innere Emigration zu verlieren. Bei allem Unverständnis der alten Kader für die merkwürdigen, so gar nicht sozialistischen Vorlieben der Jungen: Die Staats- und Parteiführung konnte sich das nicht leisten. Sie musste Rücksicht auf die Bedürfnisse der Jugendlichen nehmen und versuchte, über einen schmalen Grat zwischen offener Repression und begrenzter Duldsamkeit zu gehen. Die Obrigkeit machte Zugeständnisse, wo sie sich das erlauben zu können glaubte, und sie zog die Zügel an, wenn ihr die Sache nicht mehr geheuer erschien. Der SED-Funktionär Albert Norden formulierte es gegenüber bundesdeutschen Journalisten in schöner Offenheit: »Die Jugend hat das Recht auf jede Art von Verrenkungen außer geistigen Verrenkungen.«

Mit 16 in den Knast

In der Bundesrepublik wäre Gerhard ein Jugendlicher wie viele gewesen, in der DDR hatte so einer schnell den Ruf des Gammlers. Vor allem waren es die Haare und die Musik, die ihn in Konflikt mit der Umwelt und dem System brachten. Die Auseinandersetzung endete mit einem naiven und von vornherein zum Scheitern verurteilten Fluchtversuch. Und mit dem Knast.

Gerhard Pötzsch ist 1960 neun Jahre alt. Die Familie, der Vater Tischler, die Mutter Arbeiterin, lebt in einer Leipziger Vorstadt. Die um eineinhalb Jahre ältere Schwester muss, anders als in vielen Familien, das Zimmer nicht mit ihm teilen, da die Eltern eine vergleichsweise große Wohnung von der kinderreichen Familie eines Großvaters übernommen haben. Auch sonst genießt Gerhard eine Kindheit ohne Komplikationen. Er lernt leicht, spielt mit den Nachbarskindern in einem nahen Wald und bastelt sich ein Rad zusammen, mit dem er kleine Rennen fährt.

Die Eltern engen ihn nicht ein, prägen aber sein Verhältnis zur Umwelt auf eine wenig systemkonforme Weise. Die Mutter stammt aus einer sozialdemokratischen Familie und hält die Ideale der alten SPD hoch. Der Vater hat im Krieg viel erlebt und will den Sohn zum Pazifisten erziehen. »Bevor du mal zur Armee gehst, reiße ich dir den rechten Arm ab«, kündigt er ihm an. Auf dem Rummelplatz darf Gerhard nicht mit dem Gewehr schießen, und auch sonst bekommt er einen Grundekel vor allem Militärischem mit auf den Lebensweg. Vom Staat ist der Vater enttäuscht. Nach dem Krieg war er bei der Polizei schon eingestellt, als eine neue Anordnung herauskam. Leute, die wie er in den USA kriegsgefangen gewesen waren, durften keine Polizisten werden. Die DDR-Führung befürchtete, sie könnten Spione des imperialistischen Feindes sein. Tief frustriert musste sich Gerhards Vater einen anderen Beruf suchen.

Sein Sohn hat bei den Pionieren noch keine Probleme. Die fangen erst an, als er mit 14 Jahren wie üblich von der FDJ übernommen wird, denn nun merkt er, wie schwer es ihm fällt, die dort verlangte Linie einzuhalten. Er beginnt, sich abzusondern. In der Schule hat es schon früher angefangen. Bei 40 Kindern in der Klasse langweilt sich Gerhard, wenn andere nicht so schnell schalten wie er. Die Mädchen beginnen ihn zu interessieren, was die bis dahin vorbildlichen Betragensnoten verschlechtert. Schon bald kann er nur noch einen Lehrer als Autorität anerkennen, während die anderen seinen Respekt verlieren. Immer häufiger fragt er sich, warum er dieses tun und jenes lassen soll und warum er keine Begründungen hört, wenn andere etwas anordnen.

Gerhard Pötzsch

Wie bei vielen Jugendlichen spielt die Musik bei dieser Entwicklung wesentlich mit. Wo und wann es irgend geht, versucht Gerhard Beatmusik zu hören, zum Beispiel im Westfernsehen, das seine Familie wie alle ringsum sieht, oder auf Radio Luxemburg über die Kurzwelle, auf der es schrecklich knackst und rauscht. Die englischen Texte versteht er nicht, und sie interessieren ihn auch wenig. Aber die Musik trifft ihn ins Mark. Darum nutzt er jede Gelegenheit, die in Leipzig und Umgebung spielenden Bands zu sehen und zu hören. Alle schwärmen für die Band des Leipzigers Klaus Renft, die Butlers. Gerhard macht sich Gedanken, ob es richtig ist, mit den anderen in Reih und Glied zu marschieren, oder ob er nicht verpflichtet ist, sich wie diese Musiker einen eigenen Kopf zu machen, auch wenn er damit aneckt.

Er kauft sich eine Gitarre. Aber bei einem erotischen Getümmel in seinem Zimmer liegt sie im Wege, worauf der Hals abbricht. Weil er inzwischen sowieso zu dem Schluss gelangt ist, eher unmusikalisch zu sein, bricht er die autodidaktischen Versuche bei dieser Gelegenheit ab. Wie andere lässt sich auch Gerhard die Haare wachsen, was die Umwelt mit harschen Schimpfwörtern quittiert. Er gehöre wohl zu diesen schrecklichen Gammlern! Dabei ist er alles andere als das. Da sein Haar in Wellen liegt, versucht er es mithilfe eines über Nacht getragenen Damenstrumpfes zu glätten, damit es länger erscheint. Eines Nachts schleichen sich die ansonsten duldsamen, aber im Fall der Haare gleichfalls entsetzten Eltern in das dunkle Schlafzimmer des Sohnes, um sein Haar zu stutzen. Da er wieder mal den Strumpf übergezogen hat, endet der Versuch mit einem Tumult, aus der die Mähne ungeschoren hervorgeht.

Es ficht ihn nicht an, wenn Menschen auf der Straße wegen der Haare vor ihm ausspucken, im Gegenteil: Er hat Spaß daran, mal ein bisschen zu provozieren. Allerdings ärgert er sich, wenn er wegen der Haare an den Saaltüren abgewiesen wird und ein Konzert verpasst: »Geh mal erst zum Friseur, dann kommst du hier auch rein.« Wie die Jugendlichen im Westen meidet Gerhard Schlips und Kragen und trägt die nur ungern gesehenen Jeans und Turnschuhe. Ein Schuster verziert normale, durch Batik-Arbeiten geschmückte Unterhemden, die er und seine Freunde tragen, zusätzlich mit Ösen, durch die sie dann Bindfäden ziehen. Ein Bekannter trägt chinesische Badehandtücher als Halstücher, was viele brave Bürger in Wallung bringt.

Die Distanz zur staatlich gewünschten Ordnung wächst, als die Behörden eine ganze Reihe von Bands verbieten, unter anderem die von Klaus Renft. Die Begründung ist zu offenkundig an den Haaren herbeigezogen: Die Musiker sollen Steuern hinterzogen haben. Von einer Protestdemonstration gegen diese Willkür ist überall die Rede. Gerhard hat noch nie an einer Demo teilgenommen, auch nicht an einer offiziellen. Er möchte nicht als Rädchen in einer Masse mitmarschieren und er findet es verlogen, wenn Menschen einerseits Westfernsehen gucken und über die DDR schimpfen und dann lachend und jubelnd regimetreue Veranstaltungen mitmachen.

Die Lehrer warnen vor der Teilnahme, weil da nur Gammler, Asoziale, arbeitsscheue Elemente herumlaufen würden und im Übrigen das ganze Unternehmen sowieso verboten sei. Am 31. Oktober 1965 geht Gerhard trotzdem los. Auf dem Platz stehen schon mehrere Hundert Menschen herum, die sich nicht recht entscheiden können, was sie tun sollen, weil sie nicht wissen, wie eine Demonstration gegen die Obrigkeit geht. Als die Menge auf ungefähr 2 000 Menschen angewachsen ist, warnt ein Lautsprecher die Masse vor der als ungesetzlich bezeichneten Aktion, dann rückt ein Wasserwerfer an, zusammen mit Hundertschaften von Polizei. Gerhard nimmt die Beine unter den Arm und kommt rechtzeitig davon. 107 Jugendliche wandern in Haft, darunter auch Freunde von Gerhard, und müssen mehrere Wochen in der Braunkohle arbeiten, ehe sie, mit kurz geschnittenen Haaren, wieder freikommen.

In der Stadt hat er kaum noch eine Chance, die Musik zu hören, an der sein Herz hängt. Also fährt er mit dem Rad aufs Land, wo privat geführte Gasthöfe mit Bands aus dem Leipziger Raum Geld verdienen. Bei solchen Konzerten geht es friedlich zu, obwohl der Konsum an Bier und Schnaps erheblich ist. Drogen tauchen hier nicht auf.

Das Schlimmste für Gerhard ist der Mangel an Freiheit. Nicht einmal nach Polen kann er ohne Visum reisen. Er möchte so gern das Meer sehen, richtige Ebbe und Flut erleben, aber er darf nur an die Ostsee, wo die Tide gering ist. Dabei interessiert ihn der Westen als Konsumparadies wenig. Von dem einzigen Onkel, den die Familie in der Bundesrepublik hat, kommt manchmal ein Paket. Die MAOAM-Würfel, die er darin findet, diese klebrige süße Masse, findet er eklig. Auch Schokolade und andere Westwaren reizen ihn nicht. Er will einfach nur mehr erleben, und die Chiffre dafür ist Australien. Seit der Kindheit fasziniert ihn der Kontinent am anderen Ende der Welt.

Mit zwei Freunden beschließt er 1968 zu flüchten. Angeblich ist die Grenze zwischen der ČSSR und Westdeutschland nur lasch bewacht. Also kommt es darauf an, durch das Land an die Grenze zur Bundesrepublik zu gelangen. Wenn sie einander auf dem Weg verlieren, werden sie sich in München an der »Friedenseiche« treffen, versprechen sie. In Wirklichkeit gibt es einen solchen Baum gar nicht, aber er steht für ihren Traum von Freiheit. Ohne ein Wort zu Hause zu sagen, gehen die Freunde zum Bahnhof und steigen in den Zug nach Plauen, marschieren dort in Richtung Grenze und laufen, noch auf DDR-Gebiet, russischen Posten in die Arme, die überall im Grenzbereich liegen, denn die beiden haben sich ausgerechnet den 20. August für ihre Flucht ausgesucht. Die DDR-Behörden übernehmen die drei, setzen sie in Haft, und nach drei Tagen scharfen Verhörs geben sie zu, was sie geplant hatten. Nach vier Monaten U-Haft ist der Prozess. Dort nimmt das weltfremde Fluchtunternehmen ungeahnte Dimensionen an. Staatsanwalt und Gericht reden so, als hätten die Jugendlichen mit ihrer Tat den 3. Weltkrieg auslösen können. Seine Lehrerin berichtet als Zeugin, der Schüler Pötzsch habe die Jeans des imperialistischen Klassenfeinds getragen. Der Pflichtverteidiger verliert während der ganzen Verhandlung kein Wort. Erst als sich der Angeklagte erhebt und mitteilt, dass er das Urteil, 15 Monate, annehme, sagt der Mann: »Jetzt sind Sie mal ruhig.« Während die Mutter nach dem Urteil weint, protestiert der Vater lautstark im Gerichtssaal, aber die Wachen drängen ihn ab. In der Jugendstrafanstalt Ichtershausen sitzt Gerhard mit Sexualtätern, Scheckbetrügern, Totschlägern und politischen Häftlingen zusammen. Die Zellen messen etwa sechs Quadratmeter, auf denen je sechs Gefangene in drei Doppelstockbetten hausen. Besuch einmal im Vierteljahr für 40 Minuten. Meist kommt der Vater auf dem Moped aus Leipzig. Im Nachhinein hat Gerhard das Gefühl, während der Haft »in sehr kurzer Zeit erwachsen geworden« zu sein.

Das 17. Lebensjahr verbringt er im Knast. Als er herauskommt, hat er 79 Mark in der Tasche, den Lohn für die regelmäßige Arbeit im Gefängnis. Der Vater holt ihn ab und geht mit ihm in die HO-Gaststätte am Bahnhof, wo er ein fettes Schnitzel isst und ein Bier trinkt, was zum unmittelbaren Erbrechen führt. Zu Hause heißt ihn der Großvater willkommen. Er ist schwer krank und hat sich so sehr gewünscht, den Enkel noch einmal zu sehen. Der kommt freitags, am Samstag stirbt der Opa. Der junge Mann geht zunächst viel allein spazieren, weil ihm der Kontakt mit anderen Schwierigkeiten bereitet. Aber dann setzt er eine Lehre als Elektriker fort, die er vor dem Fluchtversuch parallel zur zehnten Klasse gestartet hat. Ihm fällt auf, dass die Ausbilder durchaus Rücksicht auf seine mentale Situation nehmen, und zu seiner Verblüffung tut das sogar der Offizier der Nationalen Volksarmee (NVA), auf den er bei der Musterung stößt. Gerhard verkündet, er werde auf keinen Fall zum Militär gehen. Der Mann fragt ihn aus und sagt schließlich: »Pass mal auf, mein Junge, ich lege jetzt deine Karte zur Seite, du hörst später von uns.« Sechs Jahre hat er Zeit, bis er dann doch noch in die Kaserne zieht.

Einmal versuchen ihn Mitarbeiter der Staatssicherheit anzuwerben, doch auch hier verweigert er sich. Nach einigen erfolglosen Erpressungsversuchen verschwinden sie wieder. Einige Wochen lang steht unübersehbar ein Wartburg vor der Tür, unschwer als Stasi-Auto zu erkennen. Irgendwann verläuft die Sache im Sande. Ein erheblicher Nachteil seines Verhaltens ereilt ihn eines Tages aber doch: Er möchte an der Volkshochschule das Abitur nachholen, aber er bekommt keine Erlaubnis. Den Grund dafür kann er sich leicht ausrechnen. Trotzdem weiß er, dass er nicht noch einmal zu flüchten versuchen wird, denn er hat für sich beschlossen: »Die müssen dich jetzt aushalten.«

Eine Gratwanderung zwischen Beat und FDJ

Gerhard Pötzsch unterhielt keinen Kontakt zu Jugendlichen in der Bundesrepublik oder in anderen westlichen Ländern. Und doch spiegelt sich in seiner Biografie jene Sehnsucht nach Freiheit, nach Unabhängigkeit, nach einem anderen Leben, die viele junge Menschen in dieser Zeit ergriff und die in den Staaten des Ostblocks noch weit mehr als im Westen mit den Konventionen und Zwängen in Konflikt geriet. Auch wo die direkten Beziehungen fehlten, wanderten die Ideen gleichsam unterirdisch rund um die Welt, und fast immer hatten sie, wie im Fall des Leipzigers, mit Musik zu tun.

Nach dem Mauerbau setzte zunächst eine Phase der größeren Toleranz in der DDR ein. Eine eigene Jugendkommission beim Politbüro sorgte dafür, dass Jazz, Beatmusik, experimentelle Lyrik und andere Bestandteile westdeutscher Jugendkultur nicht mehr verpönt wurden. »Der Jugend Verantwortung und Vertrauen«, hieß zeitweise das offizielle Motto. Musikgruppen wie die Sputniks oder die Theo Schumann Combo, die seit 1961 Tanzmusik und DDR-Beat spielten, durften nun in offiziellen Kulturhäusern auftreten, der staatliche Musikverlag AMIGA brachte eine Platte der Beatles auf den Markt, die auf dem Umschlag die zuvor mit Verachtung gestraften Pilzköpfe zeigte. Zum »Deutschlandtreffen der Jugend« 1964 in Berlin strahlte der Berliner Rundfunk ein Programm mit dem Titel *Sonderstudio DT 64* aus, das die Jugendlichen begeisterte, weil es viel Beatmusik brachte. Wegen des Erfolges blieb die Sendung bestehen und überlebte sogar die Verschärfung des Kurses nach dem 11. Plenum des SED-Zentralkomitees im Dezember 1965. Damit die Verwestlichung nicht gar zu weit ging, galt für solche Radiosendungen wie für alle Musik- und Tanzveranstaltungen der bekannte 60-40-Schlüssel, nach dem höchstens zwei Fünftel der Musik aus dem westlichen Ausland stammen durften. Und Walter Ulbricht machte sowieso keinen Hehl daraus, wie groß die Kluft zwischen den Jugendlichen und der Staatsführung trotz alledem blieb. Auf einem Kongress versuchte er, das »Yeah Yeah Yeah« der Beatles lächerlich zu machen. Am lächerlichsten machte er sich jedoch selbst, da er die englische Aussprache nicht kannte.

Gleichzeitig bemühten sich Staat und Partei, die Jugendlichen auf die ideologisch einwandfreie Linie einzuschwören. Bei Kindern bis zu 14 Jahren hielt sich die Indoktrination noch in Grenzen. Neun von zehn Schülern waren zwar bei den Pionieren organisiert, einer Unterorganisation der »Freien Deutschen Jugend« (FDJ), aber Spaß und Sport dominierten das Programm. In den Jugendclubs versammelten sich die Pioniere zum Basteln, Tischtennis, Singen und Spielen. Rund 220 Clubs gab es in dieser Zeit in den Städten, dazu kamen die Dorf- und Betriebsclubs. Beliebt bei den Kindern – und den Eltern – waren die jährlichen Ferienlager im Sommer, bei denen entgegen einer im Westen verbreiteten Meinung nicht Wehrsport und Ideologie die Hauptbeschäftigung waren. Der DDR-Forscher Ernst Richert sprach von einem »anarchischen Element«, das sich aus der alten Arbeiterjugend erhalten und das den Mädchen und Jungen gefallen habe.

Doktrinärer ging es bei den 14- bis 24-Jährigen zu. Nach dem Statut der SED von 1963 sollte die FDJ in dieser Altersschicht ausdrücklich als »Kaderreservoir« dienen; entsprechend starken Druck übten die Führungskräfte aus. In den Schulen entschied oft genug nicht die Leistung, sondern die politisch tadellose Haltung über das Zeugnis und die weiteren Bildungschancen. Eine Potsdamerin ging 1969 zum Beispiel in der achten Klasse von der »Allgemeinbildenden polytechnischen Oberschule« ab und bekam zum Abschluss bescheinigt, dass ihre »Freizeitbeschäftigungen und Ansichten mit den Zielen und Anliegen einer sozialistischen Schule nicht übereingestimmt« hätten. A. müsse eine »positivere Stellung im Kollektiv einnehmen«. Mit diesem Zeugnis hätte das Mädchen keine Aussicht auf irgendwelche Förderung gehabt, aber zu ihrem Glück hatte sie schon die Lehrstelle, die sie wollte.

Anpassung war gefragt. Wer sich konform verhielt, durfte weiterführende Schulen besuchen. Schon 1964 hielt Richert fest: »Der Gesamtbereich

politischen Meinens gerät in das Zwielicht der Verlogenheit und bestenfalls des unverbindlichen Rituals. Was Wunder, wenn sich Charaktere verbiegen, was Wunder, wenn Autorität generell als unsauber empfunden wird.«
Als ein Druckmittel ideologischer Pädagogik diente die Jugendweihe, die der Staats- und Parteiapparat systematisch förderte, um die Rituale der Kirche, vor allem die Konfirmation, zu konterkarieren. Mitte der Fünfziger-

Auch bei der DDR-Jugend war die Niedergeschlagenheit groß,
als am 21. August 1968 sowjetische Panzer in Prag einrollten und die Hoffnung
auf demokratische Veränderungen begruben.

jahre hatte sich jeder sechste 14-Jährige an der Jugendweihe beteiligt, bei der die Jugendlichen gelobten, gute Staatsbürger im sozialistischen Sinne zu werden. Anfang der Sechziger hatte sich diese Art der rituellen Aufnahme in die Gesellschaft flächendeckend durchgesetzt, denn nun beteiligten sich schon neun von zehn Jugendlichen daran (1983 würden es fast 100 Prozent sein). Gleichzeitig verringerte sich die Zahl der Konfirmanden, obwohl die protestantische Kirche nach anfänglicher Härte nun beides erlaubte, um die Familien nicht zu sehr in Konflikte zu stürzen und die Jugendlichen nicht ganz zu verlieren.

Wer an diesem Initiationsritus nicht teilnahm, hatte erhebliche Nachteile zu gewärtigen. Konrad Weiß, der spätere Filmemacher, Bürgerrechtler und Bundestagsabgeordnete, ging als Sohn einer Familie von aktiven Katholiken nicht zur Jugendweihe. »Das reichte, dass ich dann auch nicht zum Abitur zugelassen wurde«, erzählte Weiß nach der Wende in einem Interview. Er musste einen größeren, fünf Jahre dauernden Weg über die Volkshochschule gehen, um die Reifeprüfung doch noch ablegen und danach studieren zu können.

Weil die FDJ so viel Druck ausübte, zeigten sich viele Jugendlich nur so lange loyal, wie sie auf die Mitgliedschaft angewiesen waren. Vor allem in den produzierenden Betrieben klagten die FDJ-Führer daher häufig über einen Mangel an Nachwuchs. Insgesamt waren in der Gruppe der 14- bis 24-Jährigen während der Sechziger nur sechs von zehn Jungbürgern Mitglied in der FDJ. Erst in den Siebzigerjahren sollte sich diese Zahl erhöhen. Wer aber auf die FDJ angewiesen war und dennoch einen eigenen Weg suchte, der konnte, wie die Geschichte von Gerhard Pötzsch zeigt, zwischen die Mahlsteine geraten, vor allem, wenn er sich auch noch äußerlich von der Mehrheit unterschied.

Trotzdem hofften die Menschen immer wieder, in der DDR könnten ähnliche Zustände entstehen wie in der Bundesrepublik. Vor allem während des Prager Frühlings, als die Kommunistische Partei unter Alexander Dubček in der Tschechoslowakei versuchte, ein Liberalisierungs- und Demokratisierungsprogramm durchzusetzen, erreichten die Erwartungen bei den DDR-Bürgern ein Ausmaß, das sich nur die wenigsten im Westen vorstellen konnten. Umso größer war die Niedergeschlagenheit gerade bei der Jugend, als die sowjetischen Panzer am 21. August 1968 in Prag einrollten und die Hoffnung auf demokratischere Zeiten zunichtemachten. 1300 Menschen sind im Zusammenhang mit den Ereignissen in der Tschechoslowakei straffällig geworden, 70 Prozent davon waren Jugendliche.

Alte und neue Nazis
Über den Umgang mit dem Erbe der Barbarei

Das Gedächtnis neigt dazu, Unangenehmes zu verdrängen und Angenehmes zu speichern. Im Falle des nationalsozialistischen Erbes verfuhr Deutschland anders herum. »Die Hitlerzeit entfernte sich nicht. Sie rückte im Gegenteil immer näher, je größer der zeitliche Abstand wurde«, schreibt der Historiker Eberhard Jäckel. Während der Fünfziger hatten viele Deutsche in West und, wenngleich aus anderen Motiven, auch in Ost die Vergangenheit wegzuschließen versucht. Vordergründig brachte das Erfolg, aber eben nur vordergründig: Die Frage nach der Schuld kam nun umso bedrängender zurück. Der Prozess in Israel gegen Adolf Eichmann 1961 und der erste Auschwitz-Prozess in Frankfurt am Main 1963-65 konfrontierten die Massen mit den Taten der Deutschen. Und dann waren da die Jungen, die immer unnachsichtiger fragten, was die Elterngeneration sich hatte zuschulden kommen lassen.

Im Grunde war längst alles bekannt, was nötig war, um das Dritte Reich sachkundig zu beurteilen. Den Zugang zu den Fakten erleichterte neben den Filmen, Büchern und Artikeln eine Einrichtung, die diese Informationen aufbereitete und verbreitete: die von der Bundesregierung unterhaltene »Bundeszentrale für politische Bildung« (die bis 1963 den heute kurios anmutenden Titel »Bundeszentrale für Heimatdienst« trug). Man musste sich diese Informationen nur beschaffen und zur Kenntnis nehmen, doch genau daran mangelte es. Viele aus der Elterngeneration, auch solche, die sich keine unmittelbare Schuld zurechnen mussten, hatten viele Jahre lang die Verbrechen zwar nicht geleugnet, sie aber auch nicht als Teil der eigenen Biografie und als Ergebnis des eigenen Nichtstuns vor 1933 beziehungsweise vor 1945 akzeptiert. Diese Art des Verdrängens wurde nun schwieriger.

Adolf Eichmann war, wie es manchmal hieß, der »Fahrdienstleiter des Holocaust« gewesen; er hatte den Massenmord als maschinelle Leistung organisiert. Nach dem Krieg gelang ihm die Flucht nach Argentinien, wo ihn die Israelis aufspürten und von wo sie ihn entführten, um ihm im eigenen Land den Prozess zu machen. Aus der ganzen Welt, auch aus der Bundesrepublik und der DDR, reisten Kompanien von Berichterstattern nach Israel, um das Unverständliche zu verstehen und zu schildern. So saß auch die Historikerin Hannah Arendt im Gerichtssaal und beschrieb später Eichmann als einen Mann, der die »Banalität des Bösen« verkörperte. Viele empfanden es ähnlich: Das Ausmaß des von ihm zu verantwortenden Verbrechens stand in einem grotesken Missverhältnis zur Kleinbürgerlichkeit des Täters. Am 1. Juni 1962 endete Eichmann am Galgen. Sein Tod und die breite Berichterstattung über den Prozess rückten die NS-Verbrechen auf eine neue Weise ins allgemeine Bewusstsein.

Das erste Auschwitz-Verfahren begann dann 1963 in Frankfurt und dauerte 20 Monate. Der hessische Generalstaatsanwalt Fritz Bauer, Sozialdemokrat, Jude und Bürgerrechtler, hatte gegen offene und verdeckte Widerstände dafür gesorgt, dass Anklage gegen zunächst 22 Mitglieder des Auschwitz-Dienstpersonals erhoben wurde. Eichmann war ein typischer Schreibtischtäter gewesen, hier saßen nun Menschen im Gerichtssaal, die im größten Vernichtungslager persönlich gemordet und gequält hatten. Auch dieser Prozess erregte in Deutschland und weltweit große Aufmerksamkeit. Es waren vor allem die Details des Lagerbetriebs, die viele Menschen entsetzten; auch das ganze Ausmaß des tödlichen Räderwerks wurde nun so manchem erst klar. 360 Zeugen sagten aus, davon 260 aus dem Ausland. Viele von ihnen kamen voller Angst und Beklemmungen in das Land der Täter und in dieses Gericht. Der Student Peter Kalb erlebte daher den Prozess aus einer ganz besonderen Perspektive: Er hatte die heikle Aufgabe, diesen Gästen im Auftrag der Justiz die Zeit in Deutschland so erträglich wie möglich zu machen.

Lachen vor dem Lagerfoto

Peter Kalb, Jahrgang 1942, erlebt eine durch und durch unspektakuläre Jugend. Die Kleinfamilie, Eltern mit Kind, wohnt in einer Siedlung am Rande von Frankfurt am Main, er besucht die Grundschule und dann ein altsprachliches Gymnasium in der Innenstadt. Der Vater pflegt sein recht konservatives Weltbild, während der Sohn linken Ansichten zuneigt, ohne radikal zu sein. Daraus ergeben sich manchmal Spannungen, aber im Gegensatz zu anderen Familien sind die beiden weit entfernt von einem Bruch, zumal die Mutter sich immer wieder bemüht zu vermitteln. Manchmal fragt er den Vater nach der Weimarer Republik oder nach dem Dritten Reich, erfährt allerdings nicht viel. Wenn frühere Kameraden aus der Wehrmacht zu Besuch kommen, wird auch über Kriegserlebnisse geredet, aber die interessieren den Jungen nicht. Später, als er tief in die Geschichte der Judenverfolgung einsteigen muss, wird er erkennen, dass er auf der Schule ebenso wenig über die NS-Zeit erfahren hat wie zu Hause. Die Schüler lernen einige Daten, aber wenig über die Zusammenhänge. Ein Lehrer ist bei der SS gewesen und macht daraus kein Hehl. Dies löst bei den Schülern noch nicht einmal Diskussionen aus. Sie sind und bleiben unpolitisch, das Gymnasium und die Eltern unterstützen sie darin.

Nur einmal erlebt Peter eine Szene, die haften bleibt. Ein Mitschüler sagt am Beginn der Stunde, ohne sich viel dabei zu denken, etwas, das wie »Heil Hitler« klingt. Der Lehrer rastet geradezu aus, und als er sich wieder beruhigt, hält er der Klasse spontan einen Vortrag über das Dritte Reich und seine eigenen Erfahrungen. Er ist in Italien eingesetzt gewesen, bei der berüchtigten Schlacht um den Monte Cassino, und er leidet noch unter einer Verletzung, die er davongetragen hat. Wenigstens der hat was gelernt, registriert Peter für sich.

Nach dem mit Mühe geschafften Abitur überlegt er 1963, was er nun tun soll. Zeitweise möchte er Journalist werden, dann Theologe. Er hört Lehrveranstaltungen, ohne sich auf einer Kanzel zu sehen, ihn interessiert dieses Fach wegen seiner geisteswissenschaftlichen Inhalte. Peter landet schließlich im Frankfurter Institut für Sozialforschung, das später für die Studentenrevolte eine so große Bedeutung erlangen wird. Zunächst sagen ihm Namen wie Theodor W. Adorno oder Max Horkheimer wenig, aber er erkennt das Charisma und das Format dieser Professoren, auch wenn er Mühe mit den vielen Fremdwörtern hat, deren sich vor allem Adorno bedient.

Als der erste Auschwitz-Prozess beginnt, kommt er über das Institut in Kontakt mit Stellen, die sich um die vor allem aus Polen und Israel anreisenden Zeugen kümmern, und zu seiner Überraschung sagt ihm der Vater, er solle da mal hingehen. Der junge Student übernimmt den Auftrag, diese Menschen, alle überlebende Opfer des Holocaust, in den

Gerichtssaal zu begleiten, ihnen beim Einkaufen zu helfen, mit ihnen Restaurants oder Kulturveranstaltungen zu besuchen und sich als Fremdenführer zu betätigen, wenn die Zeugen touristische Ziele sehen wollen. Seine Freundin, mit der er seit Jahren zusammen ist und die er 1967 heiraten wird, unterstützt ihn bei dieser Tätigkeit, die nicht nur

Peter Kalb mit drei Zeugen des Auschwitz-Prozesses.

Zeit kostet, sondern ihn auch immer wieder mental belastet. Er ist empört darüber, dass die Deutschen nicht stärker auf das reagieren, was da an die Öffentlichkeit dringt.
Was er mit den Gästen unternimmt, bleibt ihm weitgehend überlassen. Auch bereitet ihn niemand auf das vor, was er erleben wird. Genauso wenig gibt es ein psychologisches Angebot für die meist unter starker Spannung stehenden Zeugen. Am einfachsten ist es für ihn, wenn jemand sagt, er wolle gern Heidelberg, die Drosselgasse in Rüdesheim oder die Bergstraße sehen. Peter arrangiert die kleinen Ausflüge, und

im Normalfall gibt es keine Komplikationen. Manchmal jedoch lösen scheinbar harmlose Unternehmungen überraschende Erfahrungen aus. Einmal begleitet er einen Gast nach dessen Zeugenaussage in eine der beliebten Wienerwald-Hähnchenbratereien. Beim Essen beobachtet er bestürzt, wie dem Gegenüber der Schweiß in Strömen über das Gesicht läuft, und schlagartig wird ihm der Grund klar: Der Mann hat unversehens beim Zerteilen des Hähnchens kleine Knochen in der Hand gehalten, und das hat schreckliche Assoziationen heraufbeschworen. Zum ersten Mal in seinem Leben bezahlt Peter Kalb schon während des Essens und verlässt hastig mit seinem Besucher das Lokal. Die beiden gehen spazieren, bis der Mann seine Ruhe wiederfindet.

Mit dem Zeugen Stanislaw Kaminski aus Polen freundet er sich so an, dass er ihn sogar eine Zeit lang bei sich wohnen lässt. Mit ihm gerät er einmal in eine für ihn und die Umstehenden groteske Situation. Als die beiden in Frankfurt eine Ausstellung mit Fotos aus Auschwitz besuchen, bricht der Pole in helles Gelächter aus. Auf einem Bild, das Pritschen in einer Baracke zeigt, hat er einen Mann entdeckt, den er gekannt hat. Er muss so herzhaft lachen, weil er sich erinnert, dass dieser Mann die Häftlinge mit seiner Komik unterhalten hat. Die anderen Besucher sind unangenehm berührt, sogar empört: Wie kann man angesichts dieser Fotos lachen! Aber der ehemalige Häftling, der am meisten betroffen sein könnte, befindet sich in diesem Moment auf einer anderen Zeitebene und verhält sich nur darum so scheinbar unangemessen.

Ein andermal geht Kalb mit seinem Freund durchs Gerichtsgebäude. Im Aufzug treffen sie auf zwei Frauen, die der Deutsche nicht erkennt, wohl aber der Pole. Es handelt sich um die Frau des brutalen, nach dem Krieg hingerichteten Auschwitz-Kommandanten Rudolf Höß und dessen Tochter. Kaminski droht in Ohnmacht zu fallen, später erzählt er seinem Begleiter, warum er so heftig reagiert hat: Um in Auschwitz zu überleben, hat er sich dort als Feinmechaniker ausgegeben. Eines Tages hat er mit anderen im Hause von Höß etwas reparieren müssen, und die Frau, die jetzt wie unbeteiligt neben ihm im Aufzug steht, hat ihnen damals gedroht: »Wenn ihr nicht spurt, geht ihr durch den Kamin.«

Nach einiger Zeit gewinnt Kalb im Umgang mit den Zeugen Sicherheit. Er weiß, wann und wie er mit ihnen am leichtesten ins Gespräch kommt und wann Schweigen angebracht ist. Manchmal verlässt er mit ihnen nach ihrer Aussage das Gericht und läuft stundenlang schweigend durch

Frankfurt, bis sie leidlich ihr Gleichgewicht wiederfinden. Die Zeugen erleichtern ihm seine Aufgabe dadurch, dass sie nie Neid auf die Deutschen äußern, die ihnen so viel angetan und die den Krieg verloren haben und die trotzdem jetzt viel komfortabler leben als sie selbst.

Viele bereiten sich gründlich auf ihre Aussage vor. Manche ängstigen sich, ob sie die Erwartungen erfüllen können, ob sie auch korrekt aussagen werden. Andere plagen sich mit einem schlechten Gewissen, weil sie Auschwitz im Gegensatz zu anderen überlebt haben. Der Auftritt vor dem Gericht wird oft zu einer Zäsur in ihrem Leben. Sie sind froh, wenn sie die Vernehmung geschafft haben, ohne zusammenzubrechen. Mit einigen bleibt Kalb noch lange in Kontakt, so mit zwei israelischen Frauen. Mit einer wechselt er viele Briefe, was zu einem großen Bestand an jüdischen Witzen führt, da die Briefpartnerin ihm jedes Mal ein Exemplar im PS dediziert.

Was er im Gerichtssaal erlebt, belastet ihn und seine Freundin. Scheinbar biedere Frauen und Männer sitzen da auf der Anklagebank, »Verwalter und Funktionäre des Massentodes«, wie der Journalist Horst Krüger schreibt. Solange er mit den Zeugen seine Zeit verbringt, ist er nicht fähig, das alles zu verarbeiten, was er hört und sieht. Später versucht Peter Kalb seine Erfahrungen durch Aufzeichnungen zu bewältigen, aber es hilft ihm wenig. Als der erste Prozess endet, ist er geneigt, möglichst hohe Strafen zu befürworten. Doch wichtiger ist ihm, dass der Prozess Fakten geklärt und gesichert hat, die nun »unverrückbar« sind. Ein Thema, das ihn in diesem Zusammenhang immer wieder beschäftigt, ist der Befehlsnotstand, auf den sich viele Täter hinauszureden versuchen. Es hat SS-Männer gegeben, die Befehle verweigerten, und er kennt keinen Fall, in dem ein solcher Mann deswegen bestraft wurde, es sei denn, man kommandierte ihn ab an die Front.

So lässt ihn das Thema Auschwitz nie wieder los. Später wird er, auf Anregung seines Mentors Horkheimer, im Archiv des Auschwitz-Museums forschen, um eine Dissertation über den Widerstand in dem Vernichtungslager zu schreiben (zu der es dann nicht kommt). Wenn das polnische Personal überlastet ist, bittet es ihn, Führungen zu übernehmen. Aus den Prozessen kennt er die Verhältnisse im Lager so gut, dass er aus dem Stand dazu in der Lage ist.

Manchmal beschäftigt ihn noch heute die Frage, wie man ein normales Leben führen kann nach all den entsetzlichen Erlebnissen. Er weiß:

Diese Jahre der Auseinandersetzung mit Auschwitz haben seine Wahrnehmung der deutschen Gesellschaft verändert, und vieles ist nicht so wichtig, wie es scheint.

Der eigenen Geschichte stellen

Der zweite Auschwitz-Prozess folgte 1965/66; in den Siebzigerjahren erlebte die Öffentlichkeit eine Reihe von Nachfolgeprozessen. Das erste und wichtigste Auschwitz-Verfahren endete am 19. August 1965 mit der Verurteilung von 17 der ursprünglich 22 Angeklagten. Drei sprach das Schwur-

12 der 22 Angeklagten des Auschwitz-Prozesses: Robert Mulka, Karl Hoecker, Wilhelm Boger, Hans Stark, Perry Broad, Franz Hofmann, Bruno Schlage, Stefan Baretzki, Klaus Dylewski, Oswald Kaduk, Viktor Capesius und Emil Bednarek. Aufnahmen während der Urteilsverkündung am 18./19. August 1965.

gericht aus Mangel an Beweisen frei, zwei waren während des Verfahrens ausgeschieden, der eine wegen Krankheit, der andere durch Tod. Sechs Mal verhängte das Gericht lebenslange Haft, die anderen erhielten Freiheitsstrafen zwischen dreieinhalb und 14 Jahren. Bis auf einen hatten alle bis zuletzt die Taten bestritten oder stark beschönigt. Die eine Ausnahme war Hans Stark, der in seinem Schlusswort sagte: »Ich habe an der Tötung vieler Menschen mitgewirkt. Ich habe mich nach dem Krieg oft gefragt, ob ich zum Verbrecher geworden bin, weil ich als gläubiger Nationalsozialist Menschen umgebracht habe. Ich habe keine für mich gültige Antwort gefunden ... Ich bedaure meinen Irrweg sehr, aber ich kann ihn nicht mehr ungeschehen machen.« Hans Hofmeier, der Vorsitzende Richter, hinterließ einen tiefen Eindruck, als er in seiner zweitägigen Urteilsbegründung auch an die Kinder erinnerte: »Es wird wohl mancher unter uns sein, der auf längere Zeit nicht mehr in die frohen und gläubigen Augen eines Kindes sehen kann, ohne dass ihm im Geist die angsterfüllten Augen der Kinder auftauchen, die in Auschwitz den letzten Weg gegangen sind.«

Viele Deutsche verlangten nach dem Urteil noch mehr Aufklärung und Strafverfolgung, manche empörten sich über die nach ihrer Ansicht zu milden Urteile; aber insgesamt änderten die Prozesse, wie auch Peter Kalb befürchtete, wenig an einer weitverbreiteten Grundeinstellung. Wie Umfragen zeigten, nahm die Zahl derer, die einen Schlussstrich befürworteten, eher zu als ab. Schließlich war da noch jene Minderheit, die unbeirrt von den Ergebnissen der Frankfurter Verfahren den Völkermord schlicht leugnete. Allerdings fiel das jetzt schwerer angesichts der Urteile, zumal das Gericht ausgiebigen Gebrauch von dem Rechtsgrundsatz »Im Zweifel für den Angeklagten« gemacht hatte. Es musste schon jemand sehr verbohrt oder sehr weltfremd sein, wenn er die Rechtsstaatlichkeit dieser Verfahren bezweifeln wollte.

Dass die bundesdeutsche Justiz, nach vielen fragwürdigen Urteilen und Prozessverschleppungen, doch noch die Kraft für ein solches Verfahren fand, unterschied sie von der Rechtsprechung der beiden anderen Staaten, die auf dem Gebiet des ehemaligen NS-Reiches entstanden waren. Sowohl Österreich wie die DDR hatten nach dem Krieg das Problem der deutschen Schuld der Bundesrepublik zugeschoben und sich so verhalten, als hätten sie damit nichts zu schaffen. Darum gab es in der DDR auch während der Sechzigerjahre keine nennenswerte Verfolgung von NS-Verbrechen, obwohl solche Fälle den Behörden durchaus geläufig waren. Sobald sich das anzubieten schien, dienten die vorhandenen Akten vor allem der »Entlarvung« von führenden Persönlichkeiten der Bundesrepublik. Dabei benutzte die Staatssicherheit auch Mittel der Fälschung. So kam Bundespräsident Lübke zeitweise in den Geruch, er habe als Architekt am Bau von Konzentrationslagern mitgewirkt. Es brauchte längere Zeit, ehe es gelang, die als Beleg verbreiteten Akten als Falschmünzerei aus Ostdeutschland zu enttarnen.

In einem Fall allerdings stellte auch die DDR einen ausgewiesenen NS-Täter vor Gericht, jedoch mehr aus politischen als aus juristischen Gründen. Das geschah nicht zufällig bald nach dem Ende des ersten Auschwitz-Prozesses. Angeklagt und zum Tod durch Enthaupten verurteilt wurde der DDR-Bürger und ehemalige SS-Arzt Horst Fischer, weil er in Auschwitz unter anderem an der Selektion von Häftlingen für die Gaskammer verantwortlich gewesen war. Das Verfahren verlief rechtsstaatlich einwandfrei, diente aber der Stasi vor allem zur politischen Agitation im Kalten Krieg: Fischer wurde als Kompagnon jener Menschen dargestellt, die Hitler an die Macht verholfen hatten und nun angeblich weiter ihr böses Spiel in der Bundesrepublik trieben (siehe Seite 126).

Im Westen interessierten sich nur wenige für solche Winkelzüge im Kalten Krieg der Worte. Hier ging es um jene, denen es gelungen war, »die ehemaligen Nazis zu integrieren und zugleich die politische und ökonomische Verfassung des Bundesrepublik zur Negation des Nationalsozialismus zu erklären«, wie der Soziologe Helmut König später schrieb. Die Kritiker wollten wissen, was denn die Menschen vor 1945 getan oder unterlassen hatten. Dabei stand oft gar nicht die unmittelbar juristische Schuld zur Diskussion, sondern die schwer messbare moralische Mithaftung.

Allen, die den Betroffenen keine demokratische Läuterung zutrauten, lieferte der westdeutsche Alltag immer wieder tatsächliche oder scheinbare Belege für das Überdauern der NS-Traditionen. Das in dieser Zeit berühmteste und einflussreichste ehemalige Mitglied der NSDAP war Kanzler Kiesinger, der mit seiner Vergangenheit denn auch 1968 die berühmteste Ohrfeige der Nachkriegszeit auslöste: Auf einem Parteitag in Berlin stürmte die 29-jährige Jüdin Beate Klarsfeld auf das Podium und versetzte dem Regierungschef einen kräftigen Backenstreich. Dabei rief sie: »Kiesinger Nazi.« Noch am selben Tag erhielt sie im Schnellverfahren eine Haftstrafe von einem Jahr ohne Bewährung. Allerdings durfte sie ausreisen, als sie darauf hinwies, dass sie auch französische Staatsbürgerin sei. Sie kehrte an ihren

Wohnort Paris zurück und bekam dort einen Strauß roter Rosen zugeschickt. Auf der Karte stand: »Dank – Heinrich Böll.«

Immer neue Belege für fragwürdige NS-Restbestände lieferten die Medien. Da veröffentlichte die viel gelesene Illustrierte *Quick* die Memoiren von Emmy Göring, die in einer von gekonnter Heuchelei geprägten Einführung als »Erste Dame des Reiches« vorgestellt wurde. Da folgte der *Stern* mit den Erinnerungen des gerade freigelassenen »Reichsjugendführers« Baldur von Schirach. Da berichteten die Zeitungen, dass ein Münchner Weihbischof als Offizier etwas mit der Erschießung von Zivilisten in Italien zu tun gehabt hatte. Viel Aufsehen und Empörung erregte der Freispruch für einen Mann namens Hans-Joachim Rehse in Berlin. Rehse hatte am Volksgerichtshof zuerst unter Roland Freisler und dann als dessen Nachfolger viele Todesurteile verhängt. In dem Urteil über ihn hieß es, der Volksgerichtshof sei eine normale juristische Instanz gewesen, in der Rehse seinen Beruf als Richter in der üblichen Weise ausgeübt habe.

Ein permanenter Stein des Anstoßes war die Tatsache, dass Adenauer bis zu seinem Abschied Hans Globke als Kanzleramtschef beschäftigte, obwohl dieser einen wichtigen juristischen Kommentar zu jenen Nürnberger Gesetzen geschrieben hatte, die das Unrecht gegen die Juden auf scheinbar rechtsstaatliche Füße gestellt hatten. Auf solche und andere Fälle war eine Parodie des Satirikers Dieter Höss, nach der Melodie von *Schwarzbraun ist die Haselnuss* zu singen, gemünzt:

> Schwarzbraun ist das ganze Amt,
> Schwarzbraun bin auch ich,
> (warum auch nicht, denn)
> schwarzbraun wird mein Richter sein
> gerade so wie ich.

Mit dem Kabarettisten sahen viele Leitartikler, Wissenschaftler und Politiker den Nationalsozialismus nicht als überwundene Ära, sondern als latente Gefahr. Bestätigt fühlten sie sich durch die Wahlerfolge der »Nationaldemokratischen Partei Deutschlands« (NPD) in der zweiten Hälfte des Jahrzehnts, die allerdings bei der Bundestagswahl 1969 schon wieder scheiterte und auch in den Bundesländern zunächst Episode blieb.

Quälend und zugleich fruchtbar wurde die Auseinandersetzung mit dem NS-Erbe dadurch, dass die Jungen sich nicht einfach von der Elterngeneration abwandten, was eine denkbare Option gewesen wäre, sondern dass sie auf Streit bestanden. Diese Einstellung zwang viele Eltern, das Thema nicht länger wegzuschieben, und verschaffte vielen Jungen gleichzeitig ein Gefühl der moralischen Überlegenheit. Das wiederum verschärfte den Konflikt und erzeugte Widerstand selbst bei denen, die sich keinerlei direkter Schuld bewusst waren. Am Familientisch, aber auch sonst entlud sich die Spannung regelmäßig in der wütenden Behauptung der Älteren, die anderen hätten ja nicht die geringste Ahnung, wie es damals gewesen sei, was die Jüngeren als billige Ausrede werteten. So schaukelte sich der Streit zu immer größerer Aggressivität hoch. Mit welcher polemischer Konsequenz zum Beispiel die Studenten dabei vorgingen, zeigt ein Flugblatt aus dem Jahre 1967, das verlangte: »Holen wir nach, was 1945 versäumt wurde..., machen wir endlich eine richtige Entnazifizierung.« Es folgte eine Aufzählung, wer alles im Visier stand: »Nazi-Richter, Nazi-Staatsanwälte, Nazi-Gesetzgeber aller Couleur, Nazi-Polizisten, Nazi-Beamte, Nazi-Verfassungsschützer, Nazi-Lehrer, Nazi-Professoren, Nazi-Pfaffen, Nazi-Journalisten, Nazi-Propagandisten, Nazi-Bundeskanzler, Nazi-Kriegsgewinnler, Nazi-Fabrikanten, Nazi-Finanziers.« Zum Schluss riefen die Verfasser zum großen Rundschlag auf: »Organisieren wir den Ungehorsam gegen die Nazi-Generation ...«

Der Konflikt vertiefte einerseits die Gräben, andererseits klärte er so manches und leistete einen nicht messbaren Beitrag zur Verarbeitung des gesamten Komplexes NS-Vergangenheit. Dass das Thema auch juristisch auf der Tagesordnung blieb, dafür sorgte der Bundestag. Nach geltendem Recht wären vom 8. Mai 1965 an, also 20 Jahre nach dem Erlöschen des Dritten Reiches, NS-Verbrechen wegen des Prinzips der Verjährung straffrei geblieben. Die Aussicht, dass alsbald Massenmörder aus den Verstecken kommen und unbehelligt bleiben würden, fanden viele sowohl außerhalb wie innerhalb des Parlaments ungeheuerlich. In letzter Minute reagierte die Politik auf das Dilemma.

Am 25. März, also nur ein paar Wochen vor dem Stichtag, führte das Parlament eine der leidenschaftlichsten und stilvollsten Debatten in der Geschichte des deutschen Parlamentarismus. Die Fronten gingen quer durch die Fraktionen. Die einen wollten keine Schonung für Täter, verfochten aber auch unter diesen Umständen das Prinzip der Rechtssicherheit, das nicht ausgehebelt werden dürfe. Die anderen konnten sich nicht vorstellen, schrecklichste Verbrechen ungesühnt zu lassen. Diese Strömung gewann, allerdings nur dank eines Kompromisses: Der Bundestag verschob das Stichdatum vom Tag der Kapitulation auf den 31. Dezember 1949, als die Bundesrepublik schon bestand. Damit waren zunächst einmal mehr als vier Jahre gewonnen, in denen es möglich war, weitere Ermittlungsverfahren in Gang zu bringen. 1969 hob dann das Parlament die Verjährung für Völkermord ganz auf, wiederum zehn Jahre später für Mord überhaupt.

In Erinnerung bleibt die Ernsthaftigkeit, mit der die Politik im März 1967 signalisierte: Wir stellen uns dem unseligen Erbe.

Die Politik der weißen Weste
Das Bild vom antifaschistischen Musterland DDR

In Ostberlin, in Kahme (Kreis Brandenburg-Land) und in Treuenbrietzen (Kreis Jüterbog) tauchten am Jahresbeginn 1960 Hakenkreuze und antisemitische Schmierereien auf. Im Kraftwerk Lübbenau (Cottbus) erlebte später im Jahr ein junger Mann, dass ihn Kollegen als »Judenlümmel« beschimpften. In Karl-Marx-Stadt ritzten Schüler der Gewerblichen Berufsschule III die Parole »Juden raus« in eine Mauer, weil bei einer dort tätigen Maurerkolonne ein Mann jüdischer Abstammung arbeitete. Auf eine längere Reihe solcher Vorfälle aus den Sechzigerjahren stieß eine Arbeitsgruppe von ostdeutschen Schülern, als sie für die Amadeus Antonio Stiftung Material zum Thema Juden in der DDR sammelten. In einer Ausstellung dokumentierten sie 2007 etwas, was es in der DDR nicht hatte geben dürfen und was es darum offiziell auch nicht gegeben hatte. Die DDR stellte sich Zeit ihres Daseins gern als antisemitismusfreie Zone dar. Die Wirklichkeit war anders, vor allem komplizierter.

Der Mythos von der DDR ohne Judenfeindlichkeit konnte sich schon darum bilden und halten, weil Informationen über antisemitische Vorfälle nie in den Medien erschienen. Solche Ereignisse existierten allenfalls in Geheimberichten oder vom Hörensagen. Dabei zeigt sich ein weiteres Mal, dass es Judenfeindschaft ohne Juden geben kann. Der Antisemitismus der Sechziger hatte so gut wie nichts mit Juden zu tun, die in der DDR lebten. 1946 wohnten auf dem Gebiet des späteren Staates etwa 3 100 Menschen, die den Holocaust überlebt hatten und sich als Juden registrieren ließen. Diese Mini-Minderheit schrumpfte ständig – bis zum Jahre 1974 auf gerade mal 700 Bürger.

Zu dieser Minorität gehörte Vincent von Wroblewsky. Als ein in jungen Jahren aus der Emigration zugewanderter Jude verfügte er über besonders feinnervige Antennen für die Zusammenhänge und Widersprüche rund um das Thema Antisemitismus. Der ARD-Zeitzeuge erkannte besser als andere die gleitenden Übergänge und Grauzonen zwischen (offiziell nicht existierender) Judenfeindlichkeit und dem (zur offiziellen Außenpolitik gehörenden) Antizionismus.

Die Kluft zwischen Prinzip und Kalkül

Nur seine Mutter, sein Bruder und er selbst sind dem Holocaust entgangen, und das auch nur, weil sie 1933 nach Frankreich emigriert sind. Der Vater kämpft in der Résistance und kommt 1944 ums Leben. Die Nazis verschleppen auch aus Frankreich Juden in die Konzentrationslager, aber die Mutter und ihre beiden Söhne bleiben verschont, vermutlich weil die Polizei in dem kleinen südfranzösischen Ort, wo sie wohnen, mit dem Widerstand sympathisiert und die Familie nicht verrät. Alle anderen Angehörigen kommen in den Lagern um. Trotzdem will Vincents Mutter zurück nach Deutschland, sie hängt an der Sprache und der Kultur des Landes, in dem sie geboren ist. Sie möchte 1950 allerdings nicht nach Westdeutschland übersiedeln, sondern in die DDR, weil sie glaubt, dass sich dort eine gerechte Gesellschaft entwickeln kann. Sie kommt mit großen Hoffnungen nach Ostberlin, aber sie bleibt dort fremd und misstrauisch, findet nur wenig Kontakt, und wenn sie doch Deutsche trifft, fragt sie sich wie viele Juden ihrer Generation bei Menschen eines bestimmten Alters: War der beteiligt an der Ermordung meiner Familie?

Auch Vincent von Wroblewsky wird nie ganz heimisch in dem Land, das die Mutter für ihn ausgesucht hat. Stets wird er zwischen Anpassung und Auflehnung, zwischen Skepsis und der Hoffnung schwanken, dass die DDR sich doch als der »bessere Entwurf« erweist. Dabei genießt er mehr Freiräume als die meisten seiner Altersgenossen. Schon in der Schule gilt er wegen seiner Herkunft aus Frankreich als ein Exot, der sich mehr erlauben kann als die anderen. Von 1960 an studiert er Romanistik und dann Philosophie. Wegen seiner perfekten Französisch-Kenntnisse ist er ein gefragter Dolmetscher und kann sich schon als Student Geld mit dem Übersetzen verdienen. Die staatlichen Stellen, die ihn anfordern, lassen Vincent bei Einsätzen auch ins Ausland reisen, weil sie ihn brauchen. Er kommt viel in der Welt herum

und sammelt einen Vorsprung an Erfahrungen gegenüber den meisten
DDR-Bürgern. Schließlich erfreut er sich auch deshalb größerer Freiheiten als viele andere, weil er nach dem Studium Angestellter der
Akademie der Wissenschaften wird. Hier greift die Partei manchmal

Vincent von Wroblewsky

weniger konsequent durch als andernorts, sondern erlaubt den Wissenschaftlern eine spezielle Art des Nischendaseins.
Wie seine Mutter ist Vincent von Wroblewsky kein religiös aktiver
Jude, aber er stellt sich in die jüdische Tradition, ist sich seiner jüdischen
Wurzeln bewusst und fühlt eine besondere Beziehung zu Israel. So fallen ihm schon als Schüler und Student Dinge auf, die anderen entgehen. Er ist schockiert, wenn er in der Wohnung von Freunden die Bilder ihrer Väter in Uniform mit Hakenkreuz sieht. In der Schule

registriert er aufmerksamer als andere, dass sich hier die Geschichte der Konzentrationslager weitgehend auf den kommunistischen Widerstand reduziert. Die Verfolgung der Juden kommt allenfalls am Rand vor. Umso mehr fällt ihm die Ähnlichkeit bestimmter Formen und Symbole auf, wie sie in der NS-Zeit zum Alltag gehört haben und die sich nun wieder großer Beliebtheit erfreuen: die Fahnenappelle, die schmetternden Fanfaren, die Trommeln. Und auch das entgeht ihm nicht: Einige Lehrer sind in der Nazizeit aktiv gewesen, und sie schämen sich dessen nicht.

Im Laufe der Sechziger stößt Vincent von Wroblewsky auf viele Widersprüche zur offiziellen Version von der antifaschistischen DDR. Alte Nationalsozialisten haben durchaus ihre Chancen bekommen, zum Beispiel als Richter, Polizeiführer oder Offiziere der Nationalen Volksarmee (NVA). In einem Karlshorster Haus, in dem er zeitweise wohnt, lernt er einen Major der Armee kennen, der schon Offizier im Dritten Reich gewesen ist. Die kommunistische DDR braucht ihn als Fachmann für Gaswaffen. Der junge Jude kann in diesem Fall noch akzeptieren, dass eine Armee solche Spezialisten benötigt. Richtig empören kann er sich jedoch darüber, dass der Protokollchef der Akademie der Wissenschaften sehr früh in die NSDAP eingetreten ist und eine führende Rolle im Reichskolonialamt gespielt hat. Auf weitere Fälle stößt er, als er im offiziellen Auftrag einen Journalisten der französischen Zeitschrift *Paris Match* in Ost- und Westdeutschland begleitet und Einblick in Akten erhält, die er übersetzen soll.

Mit großer Anteilnahme verfolgt er die Ereignisse während des Sechstagekrieges 1967 und hofft auf einen guten Ausgang für Israel. Gleichzeitig muss er zur Kenntnis nehmen, wie die DDR-Regierung sich voll mit der arabischen Seite identifiziert. Dieses Mal hält er in der Akademie mit seiner Enttäuschung nicht hinter dem Berg; zu seinem Erstaunen schadet ihm diese Abweichung von der offiziellen Linie nicht. Er erklärt sich so viel Duldsamkeit damit, dass die DDR zwar die offizielle Linie des Ostblocks einhalten, aber gleichzeitig nicht den Eindruck von Antisemitismus erwecken will.

Fragwürdig findet der junge Mann das Verhalten der DDR in Fragen des Eigentums. Alles, was die Nationalsozialisten den Juden geraubt haben, ist dem jungen Staat zugefallen – der sich nun weigert, diese Werte den Beraubten oder deren Erben zurückzugeben. Das verletzt

Vincent von Wroblewskys Gerechtigkeitsempfinden. Direkte antisemitische Angriffe oder Äußerungen erlebt er nicht, wohl aber Menschen, die gedankenlos und dümmlich daherreden. So versichert einmal eine Frau ausgerechnet seiner Mutter, dass sie ihr »keine jüdischen Preise« machen werde. Öfter hört er auch Formeln wie »bis zur Vergasung«. Er weiß, dass sich so etwas nicht unmittelbar gegen ihn oder überhaupt gegen die Juden richtet, aber es trifft ihn doch jedes Mal.
Seiner Mutter wirft er einmal vor: »Womit habe ich es verdient, dass du mich lebenslänglich in dieses Land verschleppt hast?« Sie versucht, ihre damalige Entscheidung zu rechtfertigen, obwohl auch sie nicht nur die Mauer skandalös findet. Aber die Bundesrepublik lehnt sie in den Sechzigerjahren immer noch als »Nachfolgestaat des Dritten Reiches« konsequent ab. Vincent selbst hätte bei seinen Reisen in den Westen genügend Gelegenheiten, sich abzusetzen, und manchmal ist er versucht, den Schritt zu tun. Und doch kehrt er jedes Mal zurück. Die Familie hält ihn ebenso wie die Hoffnung, die Verhältnisse würden sich »zum Besseren wenden«. Zudem findet er die Zustände in der Bundesrepublik nicht so überzeugend, dass er begeistert überlaufen könnte.
Eine Rolle spielt sicher, dass er mit den abweichenden Ansichten bei seinem Arbeitgeber, der Akademie, besser geschützt ist als andere in ihren Positionen. Zweimal allerdings setzt die SED auch ihm zu. Vincent soll in die Partei eintreten, weigert sich länger, merkt aber, wie er sich unter den Kollegen isoliert, und unterschreibt darum am Ende doch. In eine noch schwierigere Situation gerät er 1968 nach dem Einmarsch der Warschauer-Pakt-Truppen in die Tschechoslowakei. Die SED fordert von den Beschäftigten der Akademie wie von vielen anderen Ergebenheitsadressen. Der junge Mann ringt lange mit sich, ob er als Geste des Protests diese Erklärung verweigert. Dann aber unterschreibt er und nimmt die Scham, nicht genügend Mut zum Widerspruch zu haben, in Kauf.
Am Ende des Jahrzehnts beginnt Vincent von Wroblewsky mit einer Dissertation über Jean-Paul Sartre und genießt die begrenzten Freiräume, die ihm die Arbeit an der Akademie bietet. Seine Beziehung zur DDR ist weiterhin zwiespältig, wie er zum Beispiel merkt, wenn er als Dolmetscher in den Westen reist und dort Menschen trifft, die Kritik an der DDR üben. Wenn solche Kritik von rechts kommt, verteidigt er den Staat. Wenn sie von links kommt, kritisiert er seinerseits die DDR

Und kann dann zu seiner Verblüffung erleben, dass westdeutsche Gesprächspartner ihn plötzlich einen Feind der DDR nennen, was er nun mal definitiv nicht ist.

DDR gleich Sozialismus gleich Antifaschismus?

Was dem Zeitzeugen an Besonderheiten und Merkwürdigkeiten im Verhältnis der DDR zu den Juden auffiel, waren die Folgen einer ideologisch vereinfachten Sicht auf die deutsche Geschichte und Politik. Es gehörte zum Gründungsmythos der DDR, dass sie Kapitalismus und Imperialismus mit »Stumpf und Stiel ausgerottet« habe. DDR gleich Sozialismus gleich Antifaschismus gleich Ende des Antisemitismus. Im Umkehrschluss der Ostberliner Propaganda lautete die entsprechende Formel für die Bundesrepublik: Westdeutschland gleich Kapitalismus gleich Faschismus gleich Antisemitismus.

Diese Logik erlaubte eine Politik der weißen Weste, weil die Verantwortung für das NS-Erbe gleichsam an den Westen delegiert war. Auch der Genozid an den Juden und der weiter bestehende Antisemitismus waren allein Sache der in Bonn herrschenden Klasse, die mit den Mördern verbündet sei und die Täter in ihre Reihe aufgenommen habe. So bestand im politischen Denken Ostberlins nicht einmal die Möglichkeit eines Antisemitismus im eigenen Land, weshalb der Völkermord an den Juden in der offiziellen Erinnerungskultur der DDR eine noch geringere Rolle spielte als in der Bundesrepublik. Zwar gehörte der Besuch von Konzentrationslagern, vor allem von Buchenwald bei Weimar, zum Pflichtprogramm für Schulausflüge. Dort aber stand, wie es auch Vincent von Wroblewsky erlebt hat, weniger die Rolle der Juden als die der Kommunisten im Vordergrund. Sie hätten in diesen Lagern, hieß es im *Kleinen politischen Wörterbuch*, die »unbesiegbare Kraft des politischen Internationalismus« demonstriert und einen »mutigen und opferreichen Widerstand« entwickelt, in den auch andere antifaschistische Häftlinge einbezogen gewesen seien.

Unter diesen Umständen fiel es vergleichsweise leicht, den Holocaust und den Antisemitismus gegen die Bundesrepublik zu instrumentalisieren, wie es exemplarisch am Beginn des Jahrzehnts während des Eichmann-Prozesses geschah. Beim Zentralkomitee der SED bestand in dieser Zeit, schreibt Joachim Käppner in seinem Buch *Erstarrte Geschichte*, eine eigene

Arbeitsgruppe, die einen publizistischen Feldzug gegen die angeblich in Westdeutschland weiterhin tätigen Hintermänner der NS-Verbrecher koordinierte. Einen schon absurden Höhepunkt erreichte diese Kampagne durch das Auftreten des Ostberliner Anwalts und ZK-Beraters Karl Kaul. Er nahm an dem Eichmann-Prozess als Beobachter teil und erklärte, das Verfahren sei nichts anderes als ein zionistisch-nazistisches Manöver, um vom Faschismus in der Bundesrepublik und in Israel abzulenken.

Die Begriffe Zionismus und zionistisch tauchten in solchen Zusammenhängen fast so häufig auf wie der des Imperialismus. Aus der Sicht des Ostblocks und damit auch Ostberlins war Israel ein imperialistischer Staat, der auf der Basis der zionistischen Ideologie entstanden war und von einer Achse kapitalistischer Staaten gestützt wurde, zu denen neben anderen die USA, England und eben auch die Bundesrepublik gehörten. Der Antizionismus kämpfte dagegen für die Palästinenser. Das war eine politische Haltung, keine rassistische. Es gab in der DDR keinen vom Staat in irgendeiner Form geförderten Antisemitismus. Im Gegenteil, auf judenfeindliche Äußerungen standen theoretisch sogar Strafen.

Aber bei ungenügender Trennschärfe im Gebrauch der Begriffe bildeten sich, wie in anderen Gesellschaften auch, Grauzonen, in denen der Antizionismus den Antisemitismus fördern konnte, weil Menschen das eine vom anderen nicht zu unterscheiden vermochten. Deshalb aber deutete nicht jede antisemitisch klingende Äußerung gleich schon auf einen realen Rassismus. So berichtet nicht nur Vincent von Wroblewsky, dass ständig Menschen Ausdrücke benutzten wie »bis zur Vergasung« oder »Wir sind hier nicht in einer Judenschule«. Dahinter stand meistens mehr Leichtfertigkeit und Unkenntnis im Umgang mit der Alltagssprache als ein bewusster Angriff. Der äußerte sich eher indirekt, unterschwellig sozusagen. Salomea Genin, aus Australien über Westberlin zugewanderte Journalistin, sagte 2007 über ihre ersten Jahre in der DDR: »Offenen Antisemitismus habe ich nicht erlebt. Es war subtiler. Die Leute haben sich vor mir zurückgezogen. Da hieß es, ach, aus Australien. Jüdin. Und dann dieser Blick und dann die Körpersprache.« Erst in den Achtzigerjahren sollte sich bei der schleichenden Auflösung der DDR auch öffentlich zeigen, dass ein Bodensatz an Judenfeindlichkeit existierte.

Als die Tabus reihenweise fielen
Die »sexuelle Revolution«

Im März 1968 veröffentlichte die linksliberale, aber doch auch bürgerliche *Zeit* ein Plädoyer für den Ehebruch. Die Autorin schrieb unter dem Pseudonym Leona Siebenschön und glaubte, die Menschheit sei »dem Postulat der strengen Einehe entwachsen«. Damit nicht genug. Ausgerechnet eine Frau verteidigte hier das Recht des Mannes auf Untreue! Er sei nun mal in seiner Lust ein Nomade; darum sollten die Frauen »tunlichst darauf verzichten, dem Mann die Hölle heißzumachen, wenn er fremdgegangen ist«. Ein solcher Artikel wäre zehn Jahre zuvor undenkbar gewesen. Nun aber, Ende der Sechziger, strebte das, was bald die »sexuelle Revolution« hieß, ihrem Höhepunkt entgegen.

Manche bekommen heute noch glänzende Augen, wenn sie davon erzählen, wie die Tabus und die Hüllen reihenweise fielen, wie die Sexualität in kurzer Zeit angeblich befreit wurde und das Leben schon darum mehr Spaß machte. Allerdings vereinfacht und glorifiziert sich da manches in der Rückschau. Auch der erotische Fortschritt war oft genug eine Schnecke, die komplizierte Wege kriechen musste. Denn bis weit in das Jahrzehnt hinein funktionierte noch die Repression der Adenauer-Zeit. Wer im Elternhaus oder in der Schule eine wirkliche Aufklärung genoss, konnte von Glück sagen. Heimlichkeit grassierte, ebenso die Angst vor der Schwangerschaft oder vor der Entdeckung durch Eltern und Nachbarn. Überall in den Behörden wachten strenge Menschen über die Moral, der Kuppeleiparagraf bedrohte nach wie vor Vermieter und Eltern, die den Geschlechtsverkehr zwischen unverheirateten Paaren unter ihren Dächern duldeten.

1965 musste eine Münchner Schülerin sechs Tage lang in einem Altersheim putzen, weil sie im Bikini durch die Innenstadt gelaufen war. In Passau waren noch 1968 zweiteilige Badeanzüge, vulgo Bikinis, in öffentlichen Bädern verboten. Der Minirock endete zunächst noch eine Handbreit über dem Knie (siehe Seite 213), entfachte aber sofort heftige Diskussionen über die moralische Zulässigkeit eines solchen Kleidungsstücks. Ein seriöser Berliner Kinobesitzer erhielt Besuch von der Sittenpolizei, als er Aufklärungsfilme zeigte. In einem seiner kleineren Theater mussten die Kinogäste wie Kirchenbesucher in manchen katholischen Gegenden nach Geschlechtern getrennt sitzen. Die Westberliner Staatsanwaltschaft beschlagnahmte 1963 zwei später sehr bekannte Ölbilder von Georg Baselitz. Sie hießen *Die große Nacht im Eimer* und *Der nackte Mann*, und sie galten den Anklägern als obszön, weil darauf Penisse zu sehen waren. Der Vatikan forderte, dass Sexualität in erster Linie, wenn nicht ausschließlich, der Fortpflanzung zu dienen habe. Und Alois Hundhammer, bayerischer CSU-Landwirtschaftsminister und bekannter Tugendhüter vom rechtskatholischen Flügel, gab kund, dass mit der Einnahme der Pille die Grenze zwischen Gut und Böse überschritten werde.

Ein besonders schnödes Beispiel für die Doppelmoral jener Jahre spielte sich im Sommer 1965 in dem angeblich so weltoffenen und liberalen Hamburg ab. Als die englische Königin zum Staatsbesuch kam, weigerte sich die Frau des Ersten Bürgermeisters, Paul Nevermann (SPD), mit ihm zusammen die üblichen repräsentativen Pflichten zu übernehmen. Ihre Begründung: Er habe eine Freundin und lebe mit ihr. Das Stadtoberhaupt trat erst allein auf und dann ab, weil es sich von den Medien verfolgt und von der Partei alleingelassen fühlte. Die Genossen hätten sich »ehrpusselig« aufgeführt, fand Nevermann, und in der Tat war der eigentliche Skandal die moralische Aufregung, die wegen der Zustände im Hause Nevermann entstand.

Fünf Jahre später wäre die Affäre Nevermann wohl anders verlaufen, weil die Anschauungen sich rasch geändert hatten. Gleich schlecht blieb indes die Situation der Homosexuellen, weil die Liberalisierung des öffentlichen Sittenkodexes zunächst einen Bogen um sie schlug. Auch die rebellischen Studenten, die sich für viele Minderheiten engagierten, zeigten kein Interesse an der Situation der Schwulen, wie zwei Zeitzeugen berichten, die schon damals zusammenlebten.

Aber die Nachbarn ...

Hans Stempel und Martin Ripkens sind in Heimlichkeiten geübt, aber eines Tages entgleitet ihnen die Situation. Die Zeitungsredaktion, in der sie beide arbeiten, nimmt an einem Betriebsausflug teil. Auf der Rückfahrt sind sie müde und ein bisschen betrunken. Sie sitzen nebeneinander und rutschen immer enger zusammen, bis die Köpfe aneinanderlehnen. So etwas spielt sich bekanntlich auf hundert Betriebsausflügen ab, aber in diesem Fall ist eine Grenze überschritten. Es dauert nur kurze Zeit und der Verlag legt ihnen sehr nahe, die Redaktion zu verlassen. Sie dürfen weiter mitarbeiten, allerdings nicht als Angestellte. Die Redaktion steht links und fürchtet vielleicht gerade darum, Anfragen oder gar Erpressungen ausgesetzt zu sein, wenn sie ein schwules Paar beschäftigt.

Das ist das Klima, in dem sich die Homosexuellen in den Sechzigern immer noch bewegen. Jeder weiß, dass es sie in Scharen gibt, doch am liebsten möchte man sie nicht wahrhaben. Martins Vater zum Beispiel, Beamter und eigentlich ein duldsamer Mensch, trifft es hart, als er von anderen hört, sein Sohn sei schwul. Er bietet dem Jungen an, eine Frau für ihn zu bezahlen, wenn es daran liege ... Ripkens schwankt zwischen Lachen und Erstarrung, und er antwortet ironisch: »Dazu ist es wohl ein bisschen zu spät.« Der Vater hat sein ganzes Leben an der Veranlagung seines Jungen zu kauen. Später wird er zwar dessen Partner akzeptieren, aber dass es so etwas wie gleichgeschlechtliche Liebe gibt, wird er nie begreifen.

Ripkens' Freund ist Journalist und kommt nicht in die Verlegenheit, sich zu Hause zu outen oder erklären zu müssen, weil seine Eltern früh gestorben sind. Er glaubt, dass sein Vater wohl ähnlich reagiert hätte wie Ripkens senior, wenn er von der sexuellen Orientierung des Sohnes erfahren hätte – ein Ausdruck übrigens, den zu dieser Zeit noch niemand verwendete, so wie auch das Wort Schwuler noch nicht gebräuchlich war, es sei denn als Schimpfwort.

Die beiden Männer beherrschen das Versteckspiel vor der Öffentlichkeit und vor dem Auge des Gesetzes. Sie kennen die dunklen Ecken in den Parks, die »Klappen« genannten öffentlichen Toiletten und die schummrigen Lokale. Sie wissen alles über die Razzien der Sittenpolizei und über die Prozesse, in denen Homosexuelle wegen Verstoßes gegen den Paragrafen 175 verurteilt werden, weil sie miteinander geschlafen haben. Sie genießen es, ab und zu nach Amsterdam oder nach Berlin zu fahren, wo die Zustände liberaler sind, wo es zum Beispiel frei zugängliche Clubs gibt.

Sie lernen einander in einem Düsseldorfer Vorortzug kennen. Ripkens liest, wie immer, wenn er Eisenbahn fährt, ein Buch, und darüber kommen sie ins Gespräch. Vom Bahnhof in Oberkassel gehen sie zu seiner Wohnung, heftig in eine Diskussion vertieft. Dort geht das Gespräch weiter und endet im Bett. Stempel und Ripkens empfinden das als extrem schnell, aber sie haben auch das Gefühl: »Da ist vielleicht mehr als in den Beziehungen, die wir vorher hatten.« Tatsächlich gibt Ripkens seinem Freund nach einer Woche den Wohnungsschlüssel, nach einem Monat legen sie die Konten zusammen und ziehen gemeinsam in die Wohnung.

Nach einiger Zeit merkt der Hauswirt, was da los ist, und er liefert eine Szene, die beide als ein starkes Beispiel für die zu dieser Zeit übliche Doppelmoral empfinden. Der Mann erklärt: »Wenn Sie eine Frau hätten, dann müssten Sie jetzt auch mehr zahlen, also zahlen Sie mal.« Wenn's ums Geld ging, gerieten die Vorbehalte schon mal ins Rutschen. Ripkens ist Buchhändler in einem angesehenen katholischen Verlag, sattelt aber mithilfe seines Freundes auf dessen Beruf um, damit sie zusammen in seiner Redaktion arbeiten können. Als sie diese wegen der nächtlichen Kuschelei im Bus verlassen müssen, etablieren sich Stempel und Ripkens als freiberufliche Journalisten, Spezialthema Film. Da sie in seriösen Medien als Autoren auftauchen, wird der Münchner Filmehändler und spätere TV-Zar Leo Kirch auf einen von beiden aufmerksam und will ihn engagieren, aber sie sagen, dass sie nur im Doppelpack zu haben seien. Kirch geht darauf ein und beschäftigt sie, allerdings nicht fest angestellt.

Als sie nach München umziehen, glauben sie, in eine Stadt zu kommen, die liberaler als Düsseldorf ist, aber sie irren sich. Als männliches Paar haben sie große Probleme, eine Wohnung zu finden. Eine Vermieterin meint: »Ob zwei Männer oder zwei Frauen – das gibt nur Ärger.« Eine andere beruft sich auf die Sauberkeit, die doch besser gewährleistet sei, wenn eine Frau zu den Mietern gehöre. Eine dritte, finden sie beide, erklimmt den Gipfel der Heuchelei: »Ich habe ja nichts dagegen, wenn zwei Männer zusammenziehen, aber die Nachbarn ...« Bis sie schließ-

lich, nach vielen Fehlschlägen, eine Ärztin treffen, die sagt: »Kommt rein, ich kann euch gut gebrauchen. Ich habe viele Feste und Einladungen zu besuchen, zu denen ihr mich begleiten könnt.«
Stempel und Ripkens interessieren sich sehr für Politik, aber sie glauben, sich nicht engagieren zu können. Die deutschen Parteien sind nach ihrer Beobachtung nicht reif für die Mitarbeit von Schwulen. Sie denken dabei unter anderem an Franz Josef Strauß, der zu lästern pflegt, er sei »lieber ein kalter Krieger als ein warmer Bruder«, womit er eines der gängigen Schimpfwörter zitiert. Auch die SPD erleben sie als »restriktiv und machomäßig« gegenüber Homosexuellen. Sogar die Studentenbewegung hat nach ihrer Erfahrung Probleme mit ihnen als Außenseitern: »Das war eine Männerbewegung, da hatten auch Frauen keinen Platz, und Schwule schon gar nicht.« So gibt es so gut wie keinen Kontakt zwischen den rebellischen Jungakademikern und den kleinen schwulen Zirkeln, die sich in manchen Städten bilden. Die Homosexuellen melden allerdings auch selbst keine Ansprüche an. Kaum jemand von ihnen wagt, öffentlich Farbe zu bekennen, und dass zwei Betroffene wie sie offen Wohnung und Bett miteinander teilen, ist auch in der zweiten Hälfte des Jahrzehnts noch eine rare Ausnahme. Wer sich so etwas leistet, riskiert eine Vorladung der Sittenpolizei.
Nach der ersten Reform des Paragrafen 175 im Jahre 1969 (weitere Reformen folgten 1973 und 1994) durften Männer, die älter als 21 und damit nach dem damaligen Recht volljährig sind, Sex miteinander haben. Aber auch das sei eine halbherzige Reform gewesen, sagen Hans Stempel und Martin Ripkens heute mit einer Portion Sarkasmus, denn wer noch nicht 21 Jahre alt war, durfte als Schwuler »entweder kein Sexualleben haben oder er verhielt sich kriminell«. Die wirkliche Reform im Gesetz und in den Köpfen kam nach ihrer Erfahrung erst nach den Siebzigerjahren. In den Sechzigern lebten und liebten die beiden unter Bedingungen, die der Satiriker Dieter Höss im Lied vom Anderssein beschrieb:

> Doch wenn sie sich lieben,
> so sperrt man sie ein,
> denn das größte Verbrechen ist:
> anders zu sein.

Der Sex, »das unbekannte Wesen«

Für die heterosexuelle Mehrheit war Oswalt Kolle Ende der Sechzigerjahre der »Prophet der sexuellen Revolution« oder schlicht der »Aufklärer der Nation«. Jahrzehnte später schrieb er in einem durchaus als Lob für sein eigenes Wirken gedachten Artikel: »Aus der verlogenen und menschenfeindlichen Sexualmoral der Fünfzigerjahre ist eine ehrliche Moral geworden. Menschen können sich frei entfalten, entspannt genießen, offen reden, auch über Negatives (Vergewaltigung, Inzest).« Was Wissenschaftler damals in endlosen, oft schwer verständlichen Texten über Sexualität zu sagen versuchten, fasste der Journalist Kolle in leicht zugängliche Sätze. In Illustrierten und in Kinofilmen klärte er in einer Weise über Liebe und Erotik auf, die vielen Menschen half, ihr Liebesleben ohne schlechtes Gewissen anders zu sehen und möglicherweise zu verändern. Allerdings haben weder er noch andere Aufklärer die sogenannte Sexwelle erfunden, sie haben die Bewegung nur gespürt und verstärkt, die da nicht nur in Sachen Erotik im Gange war. Viele Menschen wollten mehr Freiheit, mehr Selbstbestimmung, mehr Autonomie, mehr Hedonismus, wenn man so will, und dazu gehörte eben auch der Versuch, die Erotik von Konventionen zu befreien.

Kolles Karriere begann 1962, als er in einer Illustrierten eine Serie über »Dein Kind, das unbekannte Wesen« schrieb. Die nach späteren Maßstäben völlig harmlosen Texte erregten Aufsehen, weil sie Worte wie Penis und Vagina enthielten, was unter anderen den CDU-Bundesfamilienminister Franz-Josef Wuermeling mächtig in Harnisch brachte. Es folgten Serien über die »unbekannten Wesen« Mann und Frau, wo der Autor noch deutlicher wurde. Von 1968 an produzierte er unter denselben Titeln Filme mit den entsprechenden Inhalten, was natürlich noch mehr Aufsehen erregte, weil Kolle leibhaftig sich bewegende Menschen als Geschlechtswesen auftreten ließ. Das war zum Beispiel für die Wächter von der Freiwilligen Selbstkontrolle der deutschen Filmwirtschaft (FSK) gewöhnungsbedürftig. Als zum ersten Mal im Film ein erigierter Penis auftauchte, seien sie zu harten Schnitten entschlossen gewesen, berichtet Kolle. Aber dann habe die einzige Frau in dem Gremium die Szene gegen die männlichen Mitglieder durchgesetzt: »Der Schwanz bleibt drin.«

Freie Liebe, freie Sexualität. Angeblich sahen insgesamt mehr als 140 Millionen Menschen auf der ganzen Welt die sieben Filme des Aufklärungspapstes. Den größten Erfolg erntete der 1968 gestartete Streifen *Das*

Wunder der Liebe; acht Millionen Menschen erlebten allein in Mitteleuropa, wie Kolle verschiedene Stellungen im Liebesspiel zeigte. Auf heutige Besucher würde seine Aufklärung hölzern und trocken wirken, für das dama-

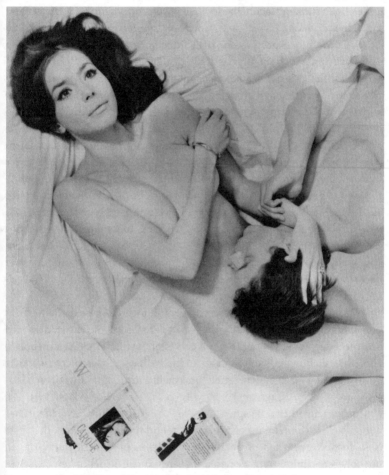

Szene aus dem Aufklärungsfilm *Wunder der Liebe* von Oswalt Kolle.

lige Publikum waren die Darstellungen sensationell. Nun klinkte sich auch der Staat in die Aufklärung ein. Käte Strobel, SPD-Gesundheitsministerin der Großen Koalition, ließ einen Film herstellen und vertreiben, dessen

Titel genauso wenig wie der Inhalt heute noch jemanden hinter dem Ofen hervor- und in die Kinos locken würde, der aber damals große Beachtung fand. *Helga – Vom Werden des menschlichen Lebens* hatte allein in Deutschland sechs Millionen Zuschauer, 40 Millionen auf der ganzen Welt. Offenkundig gab es einen starken Nachholbedarf, auch wenn es in dem Film, wie jemand sagte, mehr um den Eisprung als um das Kamasutra ging.

Im Oktober 1968 beschlossen die Kultusminister der Länder, dass auch sie etwas tun müssten. Ergebnis des Nachdenkens war die flächendeckende Einführung des Sexualkundeunterrichts an den Schulen. Konservative Kräfte bestritten den Ministern das Recht, auf diese Weise in das Erziehungsrecht der Eltern einzugreifen, und auch ein Sexualkundeatlas, den die Bundesregierung 1969 veröffentlichte, fand nicht nur Beifall: Da werde ein mechanisches Bild von Sexualität vermittelt, und von Gefühlen sei zu wenig die Rede, hieß es von mehreren Seiten.

Auch den linken Studenten war Sexualität ein wichtiges Thema, aber sie sahen es vor allem aus einer politischen Perspektive. Aus den Lehren ihrer akademischen Vorbilder wie Wilhelm Reich und Herbert Marcuse bastelten sie sich eine Theorie zurecht, die sexuelle Befreiung als einen Teil des gesamtgesellschaftlichen Kampfes für die »Selbstbestimmung« der Menschen sah. Nach der damals häufig zu hörenden Doktrin, dass alles Private auch politisch sei, war der befreite Eros dazu bestimmt, die bürgerliche Gesellschaft insgesamt in Bewegung zu bringen (siehe S. 269).

Wie und in welchem Maße solche Bemühungen die »sexuelle Revolution« vorangetrieben haben, lässt sich schwer messen. Sicher ist, dass sich das Verhalten vor allem der Jugendlichen stark veränderte. Die Ergebnisse von Untersuchungen kann man so zusammenfassen: Geschlechtsverkehr findet häufiger statt, zudem früher, mit mehr Partnern und weniger Skrupeln, aber ohne Absage an Werte wie Liebe, Treue, Zuverlässigkeit. Die Umfragen zeigten zum Beispiel, dass die Jugendlichen 1970 zwei Jahre eher mit sexuellen Kontakten begannen als zehn Jahre zuvor. Auch der erste Geschlechtsverkehr fand früher statt, vor allem bei Mädchen und Jungen mit höherer Schulbildung. Generell stießen sexuelle Beziehungen zwischen Unverheirateten mehr und mehr auf Toleranz.

Viele ältere Menschen glaubten und fürchteten jedoch, die bisherigen Normen vermeintlicher Sitte und Ordnung würden in einer Welt anarchischer »freier Liebe« untergehen. Vor allem was die Medien über die Zustände in den WG-Kommunen seit 1968 meldeten und was die Kommunarden teilweise selbst der Öffentlichkeit mitteilen zu müssen glaubten, löste mehr als Stirnrunzeln aus, nämlich die Furcht vor dem Ende des Abendlandes. Aber abgesehen von den Übertreibungen auf allen Seiten ging es hier um einen winzigen Ausschnitt der Gesellschaft. Insgesamt zeigten sich die alten Werte durchaus stabil, auch wenn die Jungfernschaft nicht mehr so mythisch überhöht wurde und immer mehr Menschen es fortan als völlig normal betrachteten, schon vor der Ehe die eine oder andere Liebesbeziehung zu haben.

Wie groß der Sprung am Ende der Sechzigerjahre war, zeigte der weitere Verlauf der »sexuellen Revolution«. Im Grunde war dieser komplexe Vorgang Anfang der Siebziger fast abgeschlossen. Danach kam nicht mehr so viel Neues, es sei denn, man hält die damals begonnene und immer weiter voranschreitende Kommerzialisierung der Sexualität in Form der Pornografie für einen Teil des Wandels.

Zwischen Kinderkriegen und Selbstverwirklichung
Auf dem Weg in die Frauenbewegung

Mit der Einstellung zur Sexualität veränderte sich die Rolle der Frau. Oft sieht man diesen Prozess so dargestellt, als sei es allein die Pille gewesen, die den Frauen mehr Selbstbestimmung erlaubte. Aber nur die Empfängnisverhütung war noch kein Garant für die Emanzipation. Die Rolle der Pille wird meist überschätzt (siehe S. 55), denn auch andere Faktoren spielten mit. Bis weit in die Sechzigerjahre hinein galt die Ehe in vielen Kreisen als die eigentliche Lebensperspektive und auch als Lebensversicherung für die Frauen. In der Regel blieben sie materiell abhängig von ihrem Mann, denn eine Ausbildung, ein eigener Beruf und folglich ein eigenes Gehalt waren nicht selbstverständlich. Vor allem in der Bundesrepublik bestand das höchste Maß der ehelichen Toleranz in der Teilzeitarbeit der Ehefrau, die sich ansonsten um die Kinder und das Haus zu kümmern hatte. Diese Aufgaben- und Machtverteilung änderte sich im Laufe des Jahrzehnts nur langsam. Und so zerrieben sich viele Frauen, die Familie und außerhäusliche Selbstverwirklichung unter einen Hut zu bringen versuchten. Sie saßen zwischen allen Stühlen, weil die Konventionen noch so stark wirkten. Auch Adelheid Burkardt fühlte sich zeitweise wie in einer Falle, weil sie beides wollte: Kinder und Familie *und* einen Beruf.

»Die unglücklichste Zeit meines Lebens«

> Geboren ist sie 1944, über den Vater weiß sie wenig. »Ihn hat der Krieg verschluckt.« Adelheid vermisst ihn so sehr, dass sie mit vier Jahren einen Handwerker fragt: »Willst du nicht mein Vater sein?« Die Mutter, eine Hebamme, erzählt wenig über ihren verschollenen Mann. Sie zieht allein drei Kinder groß, Adelheid ist die jüngste und bekommt be-

sonders viel Liebe. Die beiden größeren Geschwister sind Anfang der Sechziger schon aus dem Haus. Mutter und Tochter wohnen in einem Wiesbadener Schwesternheim. 1960 besteht Adelheid die Mittlere Reife und geht vom Gymnasium ab, um eine hauswirtschaftliche Schule zu besuchen und Kindergärtnerin zu werden. Sie möchte eigenes Geld verdienen und der Mutter nicht mehr auf der Tasche liegen. Das große Thema ihres Lebens ist die Liebe. Mit zwölf Jahren hat sie Guy kennengelernt, einen vier Jahre älteren, hübschen Franzosen. Mit 16 darf sie den inzwischen in Paris lebenden Jungen besuchen, aller-

Adelheid Burkardt mit ihrem französischen Freund Guy.

dings erst, nachdem die Mutter sich vergewissert hat, dass ihre Tochter in einem eigenen Zimmer schlafen wird, das hinter dem Schlafzimmer von Guys Eltern liegt. Trotzdem bläut sie dem Mädchen ein, auf keinen Fall schwanger nach Hause zu kommen. Adelheid genießt die Ferien in Paris in vollen Zügen, aber bald darauf muss Guy als Soldat nach Algerien ziehen, wo der Unabhängigkeitskrieg tobt. Die beiden schreiben einander viele Briefe und schicken Fotos, was Adelheid allerdings nicht davon abhält, sich in Wiesbaden zu amüsieren. Zu ihrer Clique gehört ein junger Mann namens Konrad, genannt Conny, der sie anhaltend und heftig umwirbt. Er ist sehr dünn, trägt eine große Brille und hat

Segelohren. Keine Chance! Adelheid lässt ihn abblitzen, aber Conny bleibt hartnäckig, und eines Tages sind sie doch ein Paar. Als Guy nach Deutschland kommt und ihr einen offiziellen Heiratsantrag macht, sagt sie Nein, was die Mutter lebhaft bedauert. Sie hätte den Guy so gern als Schwiegersohn gehabt.

»Komm mir nicht mit einem Kind nach Hause«, warnt die Mutter beständig. Adelheids ältere Schwester ist schon ungewollt schwanger geworden, und der Bruder hat ebenfalls eine »Muss-Hochzeit« gefeiert, weil seine Freundin ein Kind erwartete. So viele Freiheiten sie sonst von ihrer Mutter bekommt, in dieser Hinsicht steht sie ständig unter Druck. Das Thema Verhütung ist entsprechend dringlich. An die Pille kann sie noch nicht herankommen, Kondome sind ihr fremd. Sie weiß, dass viele den Coitus interruptus praktizieren, aber sie verlässt sich lieber darauf, die empfängnisfreien Tage zu berechnen. Mit den Freundinnen redet sie öfter über das Thema »Was, wenn?« Junge Frauen in ihrem Alter, die ungewollt schwanger werden, fahren nach Holland oder England, wenn genügend Geld dafür da ist, weil eine Abtreibung in Deutschland mit bis zu fünf Jahren Gefängnis bestraft werden kann. Unter der Hand wandern auch deutsche Adressen herum. Adelheid weiß, dass manche schwangere Frauen bei Pfuschern landen und später keine Kinder mehr bekommen können. Auch davor fürchtet sie sich.

Conny und sie bewerben sich in die Schweiz, er in seinem gelernten Beruf als Gärtner, sie als Kindermädchen. Sie wollen einfach raus aus dem gewohnten Milieu, sie wollen beruflich weiterkommen und zusammen sein. Adelheid stellt sich vor, wie sie in einer kleinen Dachgeschosswohnung mit rotweiß karierten Gardinen leben. Und dann, 1965, ist sie schwanger – trotz aller Vorsicht. Sie durchlebt schreckliche Tage voller Verzweiflung und voller Fragen. Was soll sie nun tun? Auf keinen Fall abtreiben! Sie ist mit Conny seit Jahren befreundet, und die beiden sind sich einig, dass sie Kinder haben wollen, aber doch nicht in diesem Moment, da die große Freiheit winkt. Ihr Freund tröstet sie: »Wir schaffen das«, aber Adelheid glaubt nicht daran. Wie sollen sie zu dritt leben können, wenn sie ihre Stelle als Kindergärtnerin aufgeben muss und er zu wenig verdient? Sie klagt: »Wir haben nichts, wir haben nichts!«

Die Mutter schreit und tobt. Eine Welt bricht für sie zusammen, da nun auch ihr Lieblingskind ungewollt »in anderen Umständen« ist, wie das damals noch hieß. Sie schimpft auf den Freund, diesen katholischen

Nichtsnutz, der nichts hat und nichts kann und der ihr sowieso missliebig ist, weil sie sich noch immer den jungen Mann aus Frankreich als Schwiegersohn vorstellt. Doch die beiden halten das aus und bekommen umso mehr Beistand von seinen Eltern. Die reagieren freundlich-gelassen und bieten an, den Speicher ihres Hauses als erste Ein-Zimmer-Bleibe für die junge Familie auszubauen. Auch die Freunde, die alle solche Situationen kennen, stehen zu dem Paar. Es wird eine große Hochzeit gefeiert, und Adelheid geht nun mit Zuversicht, aber auch Naivität in das Abenteuer Ehe. Einerseits ist sie frühreif, andererseits etwas weltfremd. Sie träumt vom trauten Heim, Glück allein und malt sich die große Liebe aus, die ewig halten wird, weil sie ja gleichberechtigte Partner sind.

Die erste Zeit scheint die hoch gespannten Erwartungen zu erfüllen. Matthias kommt zur Welt, und die junge Mutter fühlt sich wohl in der Großfamilie ihres Mannes. Sie leben in dem einen Raum, ausgestattet mit Tisch, Doppelbettcouch, zwei kleinen Schränkchen und dem Babykorb. Die ans Zupacken gewöhnte Schwiegermutter übernimmt weitgehend die Versorgung des Kleinen, was Adelheid die Möglichkeit verschafft, nach sechs Wochen wieder zu arbeiten. Sie leitet eine Vorschulklasse und tut damit genau das, was sie tun möchte. Für ihre Verhältnisse verdient sie gut, sodass sie entgegen ihrer früheren Sorge keine finanziellen Probleme haben, zumal die Großfamilie sich aus dem großen Garten mit Gemüse und anderen Naturalien selbst versorgt. Sie können sich sogar ein kleines Auto leisten.

Eigentlich könnte sie nun zufrieden, vielleicht sogar glücklich sein. Aber ein seelisches Gleichgewicht will sich nicht einstellen. Adelheid empfindet große Zuneigung zu ihrem Mann, aber die eigenen Wünsche und Sehnsüchte lassen sich kaum unterdrücken. 1968 kommt der zweite Sohn, Klemens, zur Welt, und Adelheid bleibt drei Jahre zu Hause, weil sie glaubt, der Schwiegermutter die Versorgung von zwei Kindern nicht zumuten zu können. Immer stärker hat sie das Gefühl, in eine Falle getappt zu sein. Der Haushalt füllt sie nicht aus, nur das Zusammensein mit den Kindern genießt sie. Draußen sieht sie das Leben toben. Am liebsten möchte sie mit den Studenten auf der Straße demonstrieren. Keine Diskussion mit Rudi Dutschke im Fernsehen verpasst sie. Sie könnte mithelfen, die Welt zu verändern, aber sie sitzt zu Hause.

Dabei ist ihr durchaus nicht alles, was die Studenten verkünden, geheuer. So hält sie nichts von der nun öfter zu hörenden Losung: »Wer zweimal mit derselben pennt, gehört schon zum Establishment.« Sie hat einen zärtlichen Mann und neigt, trotz gelegentlicher Zustände des Verliebtseins, nicht dazu, sich aushäusig zu amüsieren. Wenn sie die wilden Rocksongs von Janis Joplin im Radio hört, singt sie mit. Martin Luther King, den amerikanischen Bürgerrechtler, verehrt sie wie ein Idol, und sie marschiert im Geiste mit, wenn die Schwarzen in Amerika demonstrieren. Sie kümmert sich um die neuen Lehren von der antiautoritären Erziehung und versucht, den eigenen Kindern möglichst viel Freiraum zu lassen. Mit ihrer schönen Stimme singt sie einem Opernsänger vor, weil sie gern zum Theater möchte, aber der Traum von einer Karriere auf der Bühne zerfließt.

Unglücklich fühlt sie sich auch, weil sie finanziell abhängig ist von dem zudem noch kargen Lohn ihres Mannes. Das führt zu Spannungen in der Ehe. Der Mann braucht das Auto, um damit morgens um 7 Uhr zur Arbeit zu fahren, und abends kommt er erst um 18 Uhr zurück. Dann entlastet er sie zwar im Haushalt, aber sie leidet unter dessen karger Ausstattung. Mit Abneigung schaut sie auf die abgenutzten Möbelstücke, die sie umgeben.

Zeitweise träumt sie davon, alles hinter sich zu lassen. Die »Aktion Sühnezeichen« sucht Handwerker, die in Israel arbeiten wollen. Seit Langem glaubt sie, dass die Deutschen wegen ihrer Verbrechen an den Juden für das Wohlergehen des Staates Israel mitverantwortlich sind, und nun scheint sich eine Gelegenheit zu bieten, durch Arbeit in einem Kibbuz einen Beitrag dazu zu leisten. Aber ihr Mann will die Eltern nicht verlassen. Sie fügt sich und fühlt sich wie auf einer Insel in ihrer kleinen Wohnung. Was sie bewegt, zeigt ihre Lieblingssendung im Fernsehen. Die ARD sendet jeden Freitagabend *Auf der Flucht*, eine amerikanische Serie, in der »Dr. Kimble« flieht und flieht und flieht, weil er angeblich einen Mord begangen hat. Adelheid fiebert mit dem unglücklichen Mann und denkt: Irgendwann wird es ihm gelingen, seine Unschuld zu beweisen.

»Es war die unglücklichste Zeit meines Lebens«, wird sie später über diese drei Jahre am häuslichen Herd sagen. Die Phase endet mit den Sechzigerjahren, als die Schulbehörde ihr eine Honorarstelle in einem Kindergarten anbietet, den sie in einer Wohngegend für arme Menschen einrichtet. Diese Aufgabe kann sie mit ihren häuslichen Pflichten gut vereinbaren, zumal sie Studentinnen als Hilfskräfte zugewiesen bekommt. Die Arbeit ist hart, aber sie fühlt sich, als hätte sie einen Kokon verlassen.

Kinder, Küche, Freiheit

Von dem, was wir heute als Emanzipation verstehen, waren die damaligen Zustände in der BRD noch wesentlich weiter entfernt als heute. Vollzeitjobs blieben selten, solange die Frauen die Kinder erzogen. Die Regel war Teilzeitarbeit, etwa als Verkäuferin, Bürogehilfin oder Lehrerin. Vielen Männern fiel es leicht, solchen Tätigkeiten zuzustimmen, da die Frauen in typischen Frauenberufen arbeiteten und sie daher keine Konkurrenz befürchten mussten: Die Frauen waren auch damals schlechter bezahlt als die Männer, und eine berufliche Karriere war bei weniger als einer ganzen Stelle ausgeschlossen.

Dennoch sind sich die Sozialwissenschaftler einig, dass während der Sechzigerjahre Bewegung in die Sache der Frauen geriet. Die Mechanisierung des Haushalts erleichterte und verkürzte die Arbeit. Schon allein deshalb konnten die Frauen, selbst wenn sie Kinder hatten, eher als zuvor an eine berufliche Tätigkeit denken. Kinderkrippen oder Kindertagesstätten gab es noch nicht; nur ein Teil der Mädchen und Jungen ging in die Kindergärten, die meisten wurden zu Hause von ihren Müttern versorgt. Dabei hatten viele Frauen genug von Küche und Kindern und wollten sich zusätzlich außerhalb des Hauses betätigen und bestätigen. Andere gingen arbeiten, weil sie den Lebensstandard der Familie erhalten oder erhöhen wollten. Schließlich wechselten immer mehr junge Frauen von der Schule in die Ausbildung mit der Absicht, den gelernten Beruf dann auch auszuüben und ihn nicht wegen der Familie irgendwann aufzugeben. Dass es sich bei all dem nicht um Glasperlenspiele handelte, zeigte die Demoskopie. 1964 glaubten bei einer repräsentativen Umfrage noch drei von vier Männern und Frauen, Letztere gehörten ins Haus. Elf Jahre später waren es nur noch 42 Prozent der Männer und 35 Prozent der Frauen, die so dachten.

Doch die eigentliche Frauenbewegung entstand erst in den Siebzigerjahren. Sie bündelte alles, was es an Trends gab und vertrat die Forderungen der Frauen immer offensiver und teilweise auch aggressiv. Die Frauengruppen, die dann entstanden, die Buchläden und Zeitschriften, die Frauenkneipen und Frauenhäuser – das alles hatte sich, sozusagen noch im Untergrund, in den Sechzigern leise vorbereitet.

Mann ohne Penis
Wie die DDR-Frauen um ihre Gleichstellung kämpften

Im Dezember 1961 diskutierte das Politbüro der SED über das Thema Frauen. Nach den üblichen Floskeln zur Bedeutung der Frau beim »Aufbau des Sozialismus« zählte das wichtigste Beschlussgremium der Partei in seinem Kommuniqué erstaunlich offen Defizite der Männer im Verhältnis zum anderen Geschlecht auf. Da hieß es: »Oftmals werden Frauen, die bereits leitende Funktionen ausüben, ohne Rücksicht auf ihre Pflichten als Mutter und Hausfrau mit einem Übermaß an Arbeit belastet. Man verlangt von ihnen oft mehr als von einem Mann in der gleichen Funktion ... Anstatt den Frauen und Mädchen zu helfen, mit ihrer größeren Belastung fertig zu werden, erfinden (die Männer) Argumente, die beweisen sollen, dass der Einsatz von Frauen in mittleren und leitenden Funktionen nicht möglich sei.« All das und noch andere Versäumnisse widersprachen, so das Politbüro, »dem Wesen des Staates«. Zu diesem Wesen gehöre Gleichberechtigung, und diese bedeute nicht nur gleicher Lohn für gleiche Arbeit, sondern auch Höflichkeit gegenüber den Frauen. Nach zwölf Jahren DDR mangelte es offensichtlich nicht nur am Willen der Männer, Frauen gleichzustellen, sondern auch am Sinn für angemessene Umgangsformen. Der Psychotherapeut Hans-Joachim Maaz, der bald nach der Wende von 1989 viel Aufsehen mit seinem Buch *Der Gefühlsstau* erregte, schrieb darin, die Emanzipationsideologie des Staates sei »verlogen« gewesen. Sie habe niemals eine wirkliche Gleichstellung der Frau ermöglicht, sondern stets ihre Unterwerfung unter ökonomische Zwänge und ihre »Vermännlichung« erwartet.

Unbestreitbar ist, dass die Frauen zumindest der Papierform nach kaum irgendwo so gut gestellt waren wie in der DDR. Stärker als zum Beispiel in der Bundesrepublik war der Anspruch auf Gleichberechtigung in Gesetzen verankert. Nach der marxistischen Lehre sollten nicht nur die Klassenschranken, sondern auch die Ungerechtigkeiten zwischen den Geschlechtern fallen. Wirkliche Emanzipation bedeutete danach ökonomische Unabhängigkeit vom Mann, und diese war nur möglich über die Berufstätigkeit der Frau. Solche Grundsätze ließen sich vom Staat auf das schönste mit ökonomischen Bedürfnissen verzahnen. Die ostdeutsche Wirtschaft brauchte dringend Arbeitskräfte, und die größte Reserve lag bei den Frauen, von denen viele zunächst noch nicht berufstätig waren. Hehre Prinzipien und Mobilisierung von Frauenpower standen einander nicht im Weg.

Anfang der Sechzigerjahre herrschte jedoch ein erklecklicher Widerspruch zwischen Theorie und Praxis, zwischen Ideal und Alltag. Um die wirtschaftlichen Reserven auszuschöpfen, erklärte der Staat einerseits die berufstätige Mutter zum gesellschaftlichen Leitbild. Im Blaumann oder am Zeichenbrett, auf dem Kran oder an der Stanzmaschine gehörte die Werktätige zum ständigen Personal von Plakaten, Fotos und Kunstwerken. Die meisten dieser Frauen waren jung und hübsch, dass sie Kinder hatten, war sozusagen vorausgesetzt. Anders als in der Bundesrepublik war dieses Bild wenig umstritten, zumal ohne Frauen die Wirtschaft, ob vor oder nach dem Mauerbau, schlicht zusammengebrochen wäre. So erhöhte sich die Zahl der berufstätigen Frauen laufend, 1964 hatten zwei Drittel der Frauen im arbeitsfähigen Alter eine Stelle, 1967 waren es schon 76 Prozent.

Andererseits wuchs das Bewusstsein der Männer nicht mit. Zwar hatten sie noch weniger moralische und rechtliche Vorwände als in anderen Ländern, die Frauen bei der Arbeit und beim beruflichen Aufstieg zu behindern. Aber sie saßen, wie das Politbüro zutreffend analysiert hatte, an vielen Schalthebeln, die es ihnen erlaubten, Gleichberechtigung zu propagieren und die eigenen Geschlechtsgenossen vorzuziehen.

Der 13. August 1961 läutete eine neue Phase im Verhältnis zwischen den Geschlechtern ein. Die ökonomische Stabilisierung in der Zeit danach erzeugte ein »neues Qualifikationsfieber«, schreibt die 1980 in die Bundesrepublik gewechselte Irene Böhme in ihrem Buch *Die da drüben – Sieben Kapitel DDR*. Viele Menschen hätten zum ersten Mal oder von Neuem ein Studium angefangen, andere Berufe ergriffen und ihre Kenntnisse erweitert. Bei dem großen Bedarf an Arbeitskräften öffneten sich mehr Tore für die Karrieren. Von der Partei offiziell ermutigt, wollten die Frauen nicht hintanstehen. Sie forderten einen angemessenen Anteil an den Chancen und versuchten, sich genauso weiterzuqualifizieren wie die Männer. Oft erwiesen sie sich fleißiger und ehrgeiziger als diese. Dadurch verschärfte sich die Konkurrenzsituation zwischen den Geschlechtern, woraufhin die Männer die bewährten Mittel einsetzten: Sie verlangten von den Frauen ganz besondere Leistungen. Irene Böhme über diese Zeit: »Will eine Frau die gleichen Chancen haben wie ihre männlichen Altersgenossen, muss sie den Anschein erwecken, sie sei ein Mann ›ohne Penis‹.« Zu den Frauen, die sich weiterentwickeln wollten, gehörte die Zeitzeugin Käthe Linge.

Die Frau auf dem Mähdrescher

Schon mit 19 Jahren hat Käthe Linge 1953 einen jungen Bauern aus Golm bei Angermünde (Brandenburg) geheiratet, ohne zu ahnen, was sie sich damit auflud. Das Paar lebt auf einem Hof zusammen mit seinen Eltern in vier Zimmern, eines davon ist das gemeinsame Wohnzimmer, wo sie abends beisammensitzen. Ein Bad existiert nicht, die Toilette steht auf dem Hof. Morgens um fünf Uhr ist Zeit zum Melken. Danach arbeiten die Männer auf dem Feld, die Frauen helfen oder erledigen den Haushalt.

An diesem Rhythmus ändert sich wenig, als zwischen 1953 und 1961 drei Kinder kommen. Zeitweise nehmen die Eltern den Kinderwagen mit in den Stall oder aufs Feld. Die jungen Leute haben Essen und Kleidung, aber nie einen Pfennig Geld. Käthe fühlt sich wie eine unbezahlte Magd. Aber nicht einmal diese für sie ungewohnten ärmlichen Verhältnisse sind es, die der aus einem Berliner Vorort stammenden jungen Frau am meisten zusetzen. Es ist die Kälte, die von ihrer Schwiegermutter ausgeht. Nie ein Wort des Dankes, nie ein freundliches Gespräch. »Wenn ich meinen Mann nicht geliebt hätte, wäre das nie gut gegangen«, sagt sie heute.

Seit dem Ende der Fünfzigerjahre läuft überall in der DDR die Kampagne zur Kollektivierung der Landwirtschaft. Viele Bauern wehren sich mit Händen und Füßen dagegen, ihre Selbstständigkeit zu opfern. So mancher hält den Druck nicht aus und verschwindet über Nacht gen Westen. Auch in Golm setzt die SED die Daumenschrauben an: »Entweder ihr unterschreibt, oder die Männer müssen ins Gefängnis.« Käthe will nicht in die Bundesrepublik gehen, wegen der Kinder und überhaupt. Auch ihr Mann und die Schwiegereltern bleiben und geben schließlich den Widerstand auf. Darum ist der Bau der Mauer kein so wichtiges Ereignis in ihrem Leben. Zu diesem Zeitpunkt hat sich schon entschieden, dass sie die DDR nicht verlassen wollen und künftig in der Landwirtschaftlichen Produktionsgenossenschaft (LPG) arbeiten werden.

Käthe Linge mit Arbeitskollegen.

Für Käthe beginnt ein neues und, wie sich herausstellt, ein besseres Leben. Sie genießt die geregelten Arbeitszeiten und das Zusammenarbeiten mit anderen, nachdem sie bisher meistens hat allein vor sich hin werkeln müssen. Die Frauen der LPG feiern auf dem Feld gemeinsame Geburtstage und machen sich auch sonst so manchen Spaß. Endlich hat sie eigenes Geld, und nach einiger Zeit kann die Familie zum ersten Mal Urlaub machen. Nie wird Käthe den Tag vergessen, an dem sie mit ihrem Mann von den selbst verdienten Prämien eine Trockenschleuder, den ersten größeren Haushaltsgegenstand, kauft. Bei drei Kindern fällt eine Menge Wäsche an, die bisher ewig hat trocknen müssen, und nun scheint es wie ein Wunder: Am nächsten Morgen können sie wieder anziehen, was am Nachmittag zuvor noch schmutzig gewesen ist.
Aber eines Tages hat sie genug vom Einerlei der Feldarbeit. Ihr Mann, inzwischen Brigadier in der LPG, rät ihr, die Fahrerlaubnis für große

Wagen und Geräte zu erwerben, er werde dann dafür sorgen, dass sie im Maschinenpark arbeiten kann. Sie verfügt über ein ungewöhnliches Talent im Umgang mit Technik, macht den vom Betrieb bezahlten Kurs und schafft tatsächlich die Prüfung. Die erste Maschine, die Käthe bedient, hackt auf dem Feld die Rüben, dann zieht sie mit einem russischen Traktor eine Egge. 1965 stellt sich die Frage, warum sie nicht auch einen Mähdrescher fahren soll. Mit einem Heidenrespekt steht sie vor dem Monstrum, und ihr Mann spricht ihr wie stets Mut zu: »Das kannst du.« Als er sie anlernt, steht er hinter ihr, aber als sie sich nach einiger Zeit umdreht, ist er verschwunden. Sie erschrickt, merkt aber, dass sie das Riesending beherrscht, und fährt einfach weiter.

Käthe Linge ist die einzige Frau in diesem Arbeitsbereich der LPG, und sie bekommt das zu spüren. Manchmal sitzt sie am Wegrand und heult, weil die körperliche Arbeit eigentlich über ihre Kraft geht. Die Kollegen demonstrieren Härte: »Wenn du das gleiche Geld verdienen willst wie wir, dann musst du auch die gleiche Arbeit leisten.« Als sie sich trotz allem durchzubeißen versucht, drücken sie das eine oder andere Auge zu und helfen ihr. Nach etwa zwei Jahren ist sie als gleichwertig akzeptiert. Das stärkt ihr Selbstbewusstsein. Eines Tages im Jahre 1968 delegiert ihre LPG sie zu einem Lehrgang in Mecklenburg. Dort steht ein neuer Mähdrescher zur Auslieferung bereit, noch größer, noch leistungsstärker. Und wieder ist sie die einzige Frau in der aus mehreren Orten zusammengekommenen Gruppe, die sich mit der Riesenmaschine vertraut machen soll. Am Ende des Lehrgangs steuert sie den Mähdrescher langsam über die Landstraßen bis nach Hause. Unterwegs müssen sie übernachten. Da der Gastwirt nicht mit einer Frau gerechnet hat, schläft sie in der Badewanne.

Nun ist sie endgültig anerkannt, Käthe Linge fühlt sich so gut wie nie zuvor. Als die Ernte unter Dach ist, wird sie im ganzen Bezirk Frankfurt/Oder als Vorbild herumgereicht, das Werbung für Frauenarbeit machen soll. Sie selbst wird etwa zwölf Jahre auf dem Mähdrescher stehen. Das Einkommen ist nicht üppig, aber ihr Mann arbeitet ja gleichfalls in der LPG, und gemeinsam verdienen sie so viel, dass sie sich einen gewissen Lebensstandard leisten können. Die Schwiegereltern wohnen die ganze Zeit im selben Haus. Um nicht ständig mit ihnen zusammen sein zu müssen, baut sich das Paar ein eigenes Wohnzimmer aus, außerdem richtet es das so lange vermisste Bad ein. Eines Tages steht auch ein Wartburg vor der Tür, allerdings nicht selbst gekauft, sondern von ihren Eltern geschenkt. Das Leben mit der Schwiegermutter ist weiterhin mühsam, weil diese keine Gelegenheit auslässt, der jungen Frau zu zeigen, wie ungeliebt sie ist. Aber sie hat einen großen Vorteil: Sie kümmert sich gern und gut um die Kinder, wenn beide Elternteile arbeiten oder aus anderen Gründen unterwegs sind. Auch können diese ihre Schichten jetzt oft so einrichten, dass zumindest einer von ihnen zu Hause ist. Insgesamt erleichtert die LPG das Familienleben, und Käthe hat einen Mann, der anders als viele im Haushalt jederzeit mit anpackt.

Eine solch starke und unabhängige Frau muss nach den Vorstellungen der lokalen Parteioberen in die Partei eintreten. Zweimal sitzt Käthe Abgesandten gegenüber, die sie anwerben wollen, doch sie bleibt stur. »Wenn ihr mich so nicht haben wollt, wie ich bin, dann könnt ihr es lassen.« Zeitweise fühlt sie sich im Visier der Staatssicherheit, aber auch das ficht sie nicht an. Nach ihrer Erfahrung geschieht denen, die sich verweigern, nichts Ernstes, wenn sie sich gleichzeitig bemühen, gute Arbeit zu leisten. Ihr Mann zum Beispiel hat schon Ende der Fünfziger seine Mitgliedschaft in der SED gekündigt. Damals hat er geglaubt, ihm bliebe nur noch die Flucht in den Westen übrig. Als sie sich dann geweigert hat mitzukommen, ist auch er geblieben – ohne größeren Nachteil.

An anderen Stellen engagiert sie sich, zum Beispiel im Demokratischen Frauenbund Deutschlands (DFD), einer der Partei nahestehenden Organisation, oder im Elternbeirat und im Vorstand des örtlichen Konsumvereins. Auch die LPG holt sie in ihr Leitungsgremium, was der Vorsitzende bedauert, wenn sie gegen ihn aufmuckt. Zur Belohnung für gute Arbeit darf sie nach Moskau und Kiew fahren und 1969 in Berlin als offizieller Gast an den Feiern zum 20-jährigen Bestehen der DDR teilnehmen. Es gibt allerdings auch Gelegenheiten, bei denen das gebremste politische Engagement ihr doch zum Nachteil gereicht. So bekommt einmal eine andere Frau als Sonderprämie 6 000 Mark, Käthe hingegen nicht, obwohl sie die gleiche Leistung gebracht hat. Der einzige Unterschied: Die andere ist Mitglied der SED.

Aber auch solche Erfahrungen beirren sie nicht in ihrer positiven Grundeinstellung. Dabei macht sie sich keine Illusionen über die Nachteile und Probleme des Systems. Die Frau sieht die Engpässe in der Versorgung, wenn zum Beispiel für den Wartburg Ersatzteile nötig sind. Dann muss sie schon mal den Kopf einer Ente oder den Hals einer Schnapsflasche aus der Tasche lugen lassen, damit das Gegenüber das gewünschte Teil hervorzaubert. Auf der anderen Seite würdigt sie die sozialpolitischen Leistungen, die sie mit ihren drei Kindern genießt. Das Stillgeld, am Beginn zehn Mark, erhält sie, solange sie nachweisen kann, dass sie Kinder an die Brust legt (»ich habe jeden Tropfen herausgedrückt«). Aus der Stadt kommen jeden Monat Vertreter des staatlichen Gesundheitswesens, um die Kinder zu wiegen, zu messen und kostenlos zu untersuchen, bis sie ein Jahr alt sind. Die Kinder werden immer rechtzeitig geimpft und jedes halbe Jahr kontrolliert ein Zahnarzt das Gebiss der Schüler.

Während der ganzen Sechzigerjahre (und auch danach) denken die Linges nie darüber nach, ob es besser wäre, im Westen zu sein. Auch als ihr Lieblingsbruder mit einem Paddelboot über die Ostsee flüchtet, ändert Käthe Linge ihre Haltung nicht. Sie vermisst den Kontakt zu den Verwandten im Westen, fühlt sich ansonsten aber zufrieden mit ihrem Leben. Noch nach der Wende wird sie sich, trotz ihrer Distanz zur Partei, als DDR-Bürgerin fühlen. Heute sagt sie: »Wir konnten uns ja nicht den Kopf verrückt machen, weil wir in der DDR gelebt haben. Und wer bei uns gearbeitet hat, dem ging es nicht schlecht.«

Eine »gesamtgesellschaftliche Aufgabe«

Schon die Verfassung der DDR von 1949 hatte die Gleichberechtigung von Mann und Frau dekretiert und viele Regelungen diesem Prinzip angepasst. Der 1968 erneuerte Verfassungstext ging noch weiter und erklärte die »Förderung der Frau, besonders der beruflichen Qualifizierung«, zu einer »gesamtgesellschaftlichen Aufgabe«.

Um den von der Wirtschaft dringend benötigten Frauen die Berufstätigkeit zu erleichtern, versuchte das 1961 erlassene »Gesetzbuch der Arbeit« die Doppelbelastung abzubauen, unter anderem durch die Verpflichtung, Kinderkrippen für die Kinder bis zu drei Jahren und Kindergärten für die Drei- bis Sechsjährigen zur Verfügung zu stellen. Das Familiengesetzbuch von 1965 bekräftigte die Forderung nach Gleichberechtigung und stellte die ehelichen und die unehelichen Kinder gleich. Ein Paragraf verpflichtete

Eheleute zu »kameradschaftlicher Rücksicht und Hilfe« bei der Hausarbeit und bei der Kindererziehung. Das sollte vor allem gelten, wenn ein Partner sich weiterbilden oder sich »gesellschaftlich« in Partei oder Gewerkschaft engagieren wollte.

Die DDR verpflichtete sich bereits 1961, Frauen die Berufstätigkeit durch staatliche Kinderbetreuung in Kinderkrippen und Kindergärten zu ermöglichen.

Das alles bedeutete noch längst nicht, dass die Männer sich im Ernstfall wirklich an die Grundsätze hielten, konnte aber doch Folgen haben, wenn sie es nicht taten. Behauptete zum Beispiel ein Ehepartner, der andere hindere ihn an seiner Entwicklung oder er sei überhaupt »gesellschaftlich« zurückgeblieben, dann konnte das ein Scheidungsgrund sein.

Frauenbrigaden sollten die Frauenrechte durchsetzen. Sie entstanden in Betrieben oder in Betriebsbereichen, wo vorwiegend Frauen arbeiteten, etwa in der Textilindustrie oder in den Glühlampenfabriken. Die Brigaden nahmen nicht nur besondere Rücksicht auf die Frauen, sondern boten ihnen auch sonst oft versperrte Aufstiegschancen, weil logischerweise Männer sie nicht führten. Die Männer im selben Betrieb waren mithin gezwungen, mit den hierarchisch gleichgestellten Frauen zusammenzuarbeiten. Wie das im Alltag oft funktionierte, beschrieb Irene Böhme so: »Gestärkt durch die Gemeinsamkeit gebrauchen die Frauen ihr Mitspracherecht. Betriebsleiter und Parteisekretäre haben gehörigen Respekt – manchmal archaische Ängste – vor der geballten Kraft dieser Frauenbrigaden, denn diese benutzen auch unfaire Methoden, starten beispielsweise persönliche Angriffe auf Funktionäre, um etwas durchzusetzen.« Es waren also nicht immer die feinsten Methoden, doch unbestritten erreichten sie damit beachtliche Fortschritte: vom Kosmetiksalon im Betrieb über ein Ferienlager für die Kinder bis zu betriebseigenen Kindergärten. Meistens waren es handfeste Projekte, um die sich die Brigaden kümmerten. Ihr Feld war die Basis, wo der »Kleinkrieg um Geld, Baukapazität, Arbeitskräfte« (Böhme) konkrete Ergebnisse brachte.

Gleichwohl führte der hinhaltende Widerstand von Männern dazu, dass Frauen selten in hohe Führungspositionen gelangten. Sie schafften es vielleicht noch auf der mittleren Ebene, aber an der Spitze von Kombinaten und Volkseigenen Betrieben (VEB) standen fast immer Männer, die sich bemühten, wieder Männer nachzuziehen und so ihre Sphären gegen Frauen abzuschirmen. Ähnlich sah es im politischen und »gesellschaftlichen« Leben aus. Frauen konnten auf allen Ebenen, bis hin zur Volkskammer, in den gewählten Gremien einen gewissen Anteil an Mandaten übernehmen. Wo wirklich die Entscheidungen fielen, waren sie jedoch äußerst spärlich vertreten, so auch im Politbüro, das 1961 so vollmundig für die Emanzipation eingetreten war. Typisch war das Schicksal des Demokratischen Frauenbunds Deutschlands (DFD), der zwar mächtig an Mitgliedern (etwa 1,3 Millionen), aber arm an Einfluss war. Der DFD gehörte zu jenen Organisationen, die als Kulisse und als Beweis dafür dienten, dass die Partei das öffentliche Leben kontrollierte. Mitzureden hatte er so gut wie nichts.

Die Härteproben für die realen Beziehungen zwischen den Geschlechtern spielten sich in den Familien und Partnerschaften ab. Schon die finanzielle Unabhängigkeit verschaffte den Frauen eine bessere Position. Sie fielen bei Trennungen nicht ins Leere, sondern konnten sich und die Kinder notfalls auch allein ernähren. Das erleichterte Scheidungen, zumal das (in der Bundesrepublik erst in der zweiten Hälfte der Siebzigerjahre eingeführte) Zerrüttungsprinzip galt. Niemand musste Untreue nachweisen. Alleinerziehende Mütter waren sowohl rechtlich wie auch weitgehend gesellschaftlich gleichgestellt. Die »Wunschkindpille«, wie das hormonelle Verhütungsmittel in der DDR hieß, war von 1965 an zugelassen und stand von 1968 an für alle zur Verfügung (von 1972 an kostenlos). Abtreibung war seit 1965 bis zur zwölften Woche für alle möglich. Von all dem waren die Frauen im Westen damals noch weit entfernt.

Unter solchen Umständen tauchten in den Ehen und Partnerbeziehungen Fragen auf, die in der Bundesrepublik fast undenkbar waren. Irene Böhme führt als Beispiel auf: »Wessen Arbeitskraft ist gesellschaftlich wertvoller, wessen Beruf wichtiger, wessen Qualifizierung vorrangig?« Der schwächere Teil war dabei nicht von vornherein die Frau. Viele fochten ihre Interessen in langwierigen Konflikten aus. Am Ende stand dann oft genug die Scheidung – oder die Dreifach-Belastung durch Arbeit, Haushalt und Kinder.

Auch in der DDR war die Gleichstellung somit oft genug nur dem Buchstaben nach verwirklicht, aber unter dem Strich marschierte der Fortschritt hier schneller als im Westen. Das galt übrigens auch für die Anbahnung von Liebschaften. Da ergriffen die Frauen immer häufiger die Initiative; sie waren freizügiger (was viele Westdeutsche nach 1989 verblüffte), suchten aus, statt sich aussuchen zu lassen, und gingen dabei, so Böhme, »möglicherweise sogar rigoroser und entscheidungsfreudiger vor als die Männer« – eben emanzipierter.

Der ausgebremste Fortschritt
Die Situation der Kirchen

Die Pille brachte es an den Tag. In der ersten Hälfte der Sechziger hätte man meinen können, die katholische Kirche beginne sich zu modernisieren. Das Zweite Vatikanische Konzil von 1962 bis 1965 hatte mit seinen Neuerungen die Zuversicht genährt, die progressiven Kräfte würden sich durchsetzen. Aber dann, 1968, veröffentlichte Papst Paul VI. die Enzyklika »Humanae Vitae« und predigte darin eine enge Sexualmoral. Vor allem bekräftigte er das Verbot der Empfängnisverhütung mit anderen als natürlichen Mitteln. Viele deutsche Katholiken waren tief enttäuscht, dass die Kirchenspitze sich dem pharmazeutischen Fortschritt in Gestalt der Pille und den sich wandelnden Vorstellungen von einer zeitgemäßen Norm in den Weg zu werfen versuchte. Die Reaktionen waren heftig. Sogar die deutschen Bischöfe sahen sich veranlasst, dem Papst zu widersprechen, indem sie den Gebrauch der Pille dem Gewissen der einzelnen Gläubigen überließen – für die Verhältnisse des Vatikans ein Akt der Insubordination. Und die jungen Katholiken spotteten offen über »Pillen-Paule«.

Rom sandte die Signale des Reformunwillens in einer Periode aus, in der die beiden großen christlichen Kirchen, vor allem aber die katholische, sich in einem Erosionsprozess befanden. Viele Darstellungen der Nachkriegszeit vernachlässigen diese Entwicklung oder behandeln sie nur kursorisch. Dabei war es für die Gesellschaft von großer Bedeutung, dass eine für die geistig-moralischen Grundlagen so wichtige Institution einen Säkularisierungsschub erlebte und an Bindekraft verlor. Zudem kam der Prozess zumindest in der Bundesrepublik aus der Mitte der Gesellschaft, von den Menschen, und war nicht, wie in der DDR, von oben gelenkt und teilweise erzwungen.

Die Haltung des Vatikan zur Pille war nur eines von mehreren Symptomen. Weder die Öffentlichkeit noch die Kirche im Besonderen interessierten sich zum Beispiel für die Zustände in den rund 3 000 Erziehungsheimen, die es Anfang der Sechziger in der Bundesrepublik gab. Jugendämter überwiesen ihnen Kinder und Jugendliche, die als schwer erziehbar galten, die von ihren Eltern vernachlässigt wurden oder die Waisen waren. Vier von fünf dieser Heime befanden sich in kirchlichen Händen, und da waren es vor allem die katholischen Männer- und Frauenorden, die sie betrieben und für die Zustände dort verantwortlich waren. Zu denen, die eine längere Zeit in einem solchen Heim verbracht haben, gehört die Berlinerin Rena Sander-Lahr.

Strafkleider aus den Zwanzigerjahren

Als der Erzeuger von der Schwangerschaft erfährt, outet er sich als verheiratet und verschwindet. So wächst die 1952 geborene Rena mit dem Makel der Unehelichkeit heran, was zu dieser Zeit wesentlich mehr bedeutet als heute. Zudem ist die Mutter von ihrer Vergangenheit belastet. Sie ist bei Kriegsende für zwei Jahre in sowjetische Gefangenschaft geraten, sieben Russen haben sie vergewaltigt. Solche und andere Erfahrungen haben ihr eine Abneigung gegen alle Männer eingeimpft, weshalb sie der Tochter einbläut, dass eine Frau vor ihnen Angst haben müsse.

Die beiden leben am nördlichen Stadtrand von Westberlin in einem kleinen Haus, das einer alten Dame gehört. Sie ist gelähmt, Renas Mutter pflegt sie Tag und Nacht und hat darum wenig Zeit; aber als gebrochener Mensch ist sie sowieso wenig geeignet, der Tochter eine wirkliche Erzieherin zu sein. Die erzieht sich weitgehend selbst. Rena ist ein temperamentvolles, wissbegieriges und eigenwilliges Kind, als sie 1958 in die Schule kommt. Die erste Lehrerin ist eine liebevolle Frau, die das Mädchen versteht. 1960 erhält die Klasse eine neue, sehr strenge Lehrkraft, mit der Rena nicht zurechtkommt.

Weil ihr das Lernen Spaß macht, hält sich Rena noch an die Regeln, aber immer häufiger fühlt sie sich in ihrem Gerechtigkeitsdenken herausgefordert. Stimmt das eigentlich, was die Frau und überhaupt die Erwachsenen sagen? Muss man sich nicht wehren, wenn man den Eindruck hat, dass sie unrecht haben? Warum darf sie zum Beispiel in der Schule keine langen Hosen tragen? Sie besorgt sich eine »Twisthose«, schwarz, scharfe Bügelfalte, unten ausgestellt, und setzt durch, dass sie mit dieser Hose und einem schwarzen Blazer dazu zwischen all den Röcken sitzen darf. Mit der Pubertät wachsen der Hunger nach Freiheit und die Bereitschaft, Regeln notfalls zu verletzen. Da lockt die Westberliner City, für Rena ist das Zentrum rund um den Kurfürstendamm so gut wie das Ausland, weil sie nie dorthin kommt. Eines Morgens geht sie nicht in die Schule, sondern besteigt mit einer Freundin den Bus 62 Richtung Bahnhof Zoo. Dort geraten die beiden jungen Mädchen in eine Welt, die sie fasziniert. Da sitzen an der Gedächtniskirche Gammler in ihrer schrägen Kleidung und lassen sich von den schimpfenden Bürgern nicht beirren. »Jesus war der erste Gammler«, pflegen sie zu antworten. Das ist die Art von Freiheit, die Rena in ihrer kindlichen Fantasie für erstrebenswert hält. In diesem Milieu fühlt sie sich wohl, weil es ihr das Gefühl verschafft, »zu schweben«.

Als die Eltern der Freundin von dem Ausflug hören, fährt Rena das nächste Mal allein. Aber sie braucht für die Schule eine Entschuldigung der Mutter. Nach einer Beichte und einem großen Streit bekommt sie die auch – wie sie immer bekommt, was sie will. Dann die Katastrophe. Eines Tages lädt das Jugendamt die beiden vor. Die Frau, die sie dort empfängt, löchert sie mit Fragen, bis sie das Schulschwänzen zugeben. »So geht das nicht weiter. Wir haben beschlossen, dass du in ein Heim kommst«, sagt die Beamtin. Ein Lehrer hat das Mädchen bei den Gammlern an der Gedächtniskirche sitzen sehen und das Amt alarmiert. Die Behörde glaubt, dass die Mutter das Kind vernachlässigt, und entzieht ihr vorläufig das Sorgerecht. Die beiden sind ratlos, Rena kann sich unter einem Heim nichts vorstellen. Am nächsten Tag kann sie es. Die Mutter bringt sie zu der angegebenen Adresse, einem Übergangsheim, einer Art Quarantänestation. Mit einem anderen Mädchen zusammen sitzt sie in einem einfachst ausgestatteten Zimmer, zwei Betten, zwei Stühle, ein Tisch, verschlossene Glastür. Das Essen reichen Küchenhilfen herein. Ärzte untersuchen sie, auch gynäkologisch, woraufhin sie zugeben muss, dass sie die erste sexuelle Erfahrung hinter sich hat.

Nach einigen Wochen geht es weiter in ein anderes Heim, in dem die schlimmsten Fälle von Verwahrlosung untergebracht sind. Sie fühlt sich hoffnungslos einsam und reißt aus, als sie das erste Mal in die neue Schule geht. Rena fährt zum Ku'damm, wird aufgegriffen und wieder im Heim abgeliefert. Beim Jugendamt sagt man ihr, sie sei ein besonders schlimmes Mädchen. Sozialpädagogische Maßnahmen oder Familienhilfe, die heute in einem solchen Fall selbstverständlich wären, waren damals unbekannt. Nun landet sie im Kloster »Zum guten Hirten«, das katholische Nonnen führen. Geschlossene Anlage, große Schlafsäle, hohe Mauern, von Stacheldraht und Glasscherben gekrönt,

Rena Sander-Lahr mit ihrer ersten Liebe Rocky.

rund 500 Bewohnerinnen. Die Nonnen muss sie mit »Mutter« anreden, die Schwester Oberin mit »Liebmutter«. Nach dem Frühstück gehen die Mädchen innerhalb der Anlage zur Schule, danach müssen sie handarbeiten. Sie lernt nähen, wofür sie später dankbar sein wird, aber insgesamt mutet sie das Leben im Kloster unwirklich an, wie in einem Film. Sie bekommt zu essen, besucht den Unterricht, geht ins Bett. Später wird sich Rena nicht erinnern, dass eine der Frauen sie einmal in den Arm genommen oder sonst ein Gefühl gezeigt hätte. »Wir wurden verwaltet«, wird sie sagen, »aber mit großer Strenge.«
Viele Mädchen dürfen einmal im Monat nach Hause fahren. Rena erlebt das sehr selten, weil sie eigensinnige Dinge sagt, die den Nonnen nicht gefallen, zum Beispiel, wenn sie sich ungerecht behandelt fühlt.

Einmal, in den Ostertagen, knien die Nonnen vor dem Fernsehapparat, weil der Papst dort zu sehen ist. Rena lacht und bekommt ein weiteres Mal Ausgehverbot. Strikt sind auch die Tischnormen. Gegessen wird, was auf dem Teller ist. Sie mag kein Fleisch und möchte am liebsten vegetarisch essen. Eines Tags steht auf dem Speiseplan Lungenhaschee, das sie vor Ekel nicht hinunterbekommt. Die »Liebmutter« bleibt so lange neben ihr sitzen, bis sie den Teller leer gegessen – und alles wieder erbrochen hat.

Am Ende des dritten Jahres, sie ist nun fast 16, beschließt Rena mit zwei anderen Mädchen zu fliehen. Sie packen Kleidung für draußen in den Turnbeutel und wollen auf dem Rückweg vom Sportunterricht durch eine Tür, von der sie wissen, dass sie immer offen steht, zur Außenmauer laufen und diese per Räuberleiter überklettern. Kurz vor der Tür sagt die begleitende Schwester, die drei sollen mitkommen zur Oberin. Dort müssen sie die Turnbeutel öffnen, und alles ist überdeutlich. Offensichtlich hat jemand sie verraten. Sie müssen sich nackt ausziehen und bekommen Strafkleider, die aus den Zwanzigerjahren stammen. Die Oberin erteilt ihnen für eine Woche Sprechverbot, beim Essen müssen sie jeweils allein an einem Katzentisch sitzen.

Eines Tages heißt es plötzlich: »Du hast Besuch.« Eine Schwester führt das Mädchen in ein Zimmer, wo ihre Alltagskleider hängen. Sie zieht sich um, eine weitere Tür öffnet sich, und dort steht ihre Mutter, um sie abzuholen. Es ist der 4. März 1968, ein Tag vor ihrem 16. Geburtstag. Warum das Jugendamt die Entlassung angeordnet hat, wird sich ihr so wenig erschließen wie die ursprüngliche Einweisung.

Rena glaubt nicht, dass sie etwas Unrechtes getan hat. Schuleschwänzen, klar, ist nicht erlaubt, aber dass sie frei sein wollte, findet sie normal. Nachdem die von ihrer Mutter gepflegte Frau gestorben ist, arbeitet diese im Krankenhaus. Sie wohnt nun in einer Dreizimmer-Neubauwohnung, in die auch Rena einzieht. Im Kloster hat sie die Schule abgeschlossen. Sie beginnt eine Lehre als Bürokauffrau, bricht aber nach zehn Tagen wieder aus, weil sie weiß, dass sie mit dem Beruf unglücklich sein wird. Die Gammler an der Gedächtniskirche sind inzwischen verschwunden. Rena verschafft sich Zugang zu einer angesagten Diskothek, wo jene Musik gespielt wird, die sie liebt: Jimi Hendrix, The Velvet Underground. Hier lernt sie eines Abends ein Ensemblemitglied des Forum Theaters am Kurfürstendamm kennen. Er lädt sie zu einer Vorstellung ein und sie weiß sofort: Hier will sie bleiben, hier fühlt sie sich wohl. Der Chef des Theaters nimmt sie wie ein Vater unter die Fittiche und gibt ihr Arbeit als Programmverkäuferin. Renas Selbstwertgefühl steigt. Sie verliebt sich in Rocky, den technischen Leiter des Theaters. Mit ihrer ersten Liebe lebt sie vier Jahre in einer Wohngemeinschaft. Wie die meisten am Theater probiert sie Drogen aus, Haschisch, LSD, aber Rena lässt es nicht zur Abhängigkeit kommen. Abschreckend wirken auf sie Menschen, die sich die Nadel mit Heroin setzen. Widerlich, findet sie.

Jetzt fühlt sich Rena so frei, wie sie immer hat sein wollen, aber die Träume reichen noch weiter. An jenem Tag des Jahres 1969, als die ersten Menschen auf dem Mond landen, sitzt sie wie so viele vor dem Fernseher und denkt: »Da würde ich gerne mitfliegen.«

»Schläge im Namen des Herrn«

Der Journalist Peter Wensierski veröffentliche 2006 ein Buch über die Erziehungsheime der Nachkriegszeit und gab ihm den Titel *Schläge im Namen des Herrn*. In der selben Zeit, in der schon heftig über Reformpädagogik nachgedacht wurde, sahen viele kirchliche und auch staatliche Erzieher das Heil immer noch in Härte und sogar Gewalt. Viele Kinder haben Traumata davongetragen, unter denen sie noch heute leiden

Kaum etwas charakterisierte die Widersprüche in den Kirchen, vor allem in der katholischen, so sehr wie die lange kaum zur Kenntnis genommenen Zustände in den Heimen. Zur gleichen Zeit, in denen dort die Pädagogik des 19. Jahrhunderts herrschte, befreite sich die Kirche in anderen Bereichen von alten Zöpfen. Rückständigkeit und Modernisierung, Bedeutungsverlust und Bedeutungsgewinn, das alles fand zur gleichen Zeit statt. Nach der NS-Diktatur schienen die Kirchen, nicht immer zu Recht, noch am wenigsten kompromittiert durch den Ungeist. Darum konnten sie moralische Leerräume, die das Regime hinterlassen hatte, ausfüllen. Das und andere Umstände führten von 1948 bis 1968 »zu einem einmalig starken Einfluss der Kirchen auf die gesellschaftliche Entwicklung«, wie der katholische Soziologe Karl Gabriel schrieb. In dieser Periode erfuhren die von den Kirchen vertretenen Werte wie Disziplin, Gehorsam, Leistung, Fleiß und Ehrlichkeit hohe Anerkennung. Beide großen Kirchen verfügten über moralische Autorität in der Bundesrepublik. Die katholische Kirche setzte dieses Gewicht auch politisch ein, etwa in Form der von der Kanzel verlesenen »Hirtenworte«, in denen die Bischöfe kaum verschlüsselt die Wahl der CDU empfahlen. Umgekehrt machten Konrad Adenauer und andere Unionspolitiker kein Hehl aus ihrer engen Beziehung zur Kirche. Der spätere Nobelpreisträger Heinrich Böll hat diesen Mangel an Distanz in Romanen und Kommentaren beschrieben und gegeißelt.

In den Sechzigerjahren wuchs gerade der katholischen Kirche eine neue Rolle und Bedeutung in der Politik zu, weil sich die Trennlinien verwischten. Die Kirche hatte zur alten, marxistischem Gedankengut anhängenden SPD in Frontstellung gestanden. Aber zum einen schleiften die Sozialdemokraten mit ihrem Godesberger Programm diese alten kirchenfeindlichen Bastionen, wodurch sich neue Schnittmengen zwischen Kirche und Partei ergaben. Vor allem die katholische und die sozialdemokratische Soziallehre näherten sich einander an. Zum anderen öffnete sich die Kirche mit den Beschlüssen des Zweiten Vatikanischen Konzils auf eine bisher ungewohnte Weise der Welt. Auch das bereitete den Boden für neue Allianzen.

Diese Annäherung führte zu einem Schauspiel, das so manchem Sozialisten und auch Katholiken einige Jahre zuvor ein Graus gewesen wäre. Im März 1964 reiste eine hochrangige Delegation der SPD nach Rom und ließ sich in Privataudienz vom Papst empfangen. Zugleich verloren sich auch in der Bundesrepublik Berührungsängste. So rückte 1966 zum ersten Mal ein ausgewiesener und prominenter Sozialdemokrat, der spätere Bundesminister Georg Leber, in das Zentralkomitee der Deutschen Katholiken ein – ein Vorgang, der zehn Jahre zuvor gleichfalls als höchst unwahrscheinlich gegolten hätte. Bis dahin eifrig gepflegte Vorbehalte und Vorurteile schwanden auf beiden Seiten, und die »Exklusivbeziehungen zwischen CDU/CSU und Kirche (begannen) sich zu lockern«, formulierte der Sozialwissenschaftler Klaus Schönhoven. Mit anderen Worten: Sozialdemokraten wurden für immer mehr Katholiken wählbar. Das trug zu den Erfolgen bei, die der SPD zuerst in die Große und dann in die sozialliberale Koalition verhalfen.

Das 1965 beendete Konzil brachte trotz der Pillen-Diskussion innerkirchlich einen beträchtlichen Modernisierungsschub. So lasen die Priester die Messe nun nicht mehr in lateinischer, sondern in deutscher Sprache. Sie standen dabei auch nicht mehr mit dem Rücken zum Volk, sondern richteten sich direkt an die Gläubigen, und das von einem Altar, der nicht mehr fern im Kirchenchor stand, sondern inmitten der Gottesdienstbesucher. Die Kirche versuchte, den Abstand zwischen Volk und Hierarchie zu verkleinern. Das alles jedoch verhinderte nicht ihre gleichzeitigen Einbußen an Bindekraft. Die Zahlen sprachen für sich und lösten, auch in der evangelischen Kirche, heftigen Aktionismus in Form von Umfragen und soziologischen Analysen aus. Anfang der Sechziger hatte mehr als die Hälfte der Katholiken, wie von der Kirche verlangt, regelmäßig am Sonntag den Gottesdienst besucht, 1973 war es nur noch jeder dritte. In der evangelischen Kirche verlief der Prozess ähnlich, allerdings auf einem anderen Niveau, weil die Protestanten nicht verpflichtet sind, wöchentlich in die Kirche zu gehen. Hier waren es zu Beginn des Jahrzehnts 15 Prozent, die zum Gottesdienst gingen, 1973 nur noch die Hälfte davon.

Säkularisierungs- und Modernisierungstrends verliefen also parallel, was freilich nicht hieß, dass so viele Menschen plötzlich areligiös, atheistisch geworden wären. Was Sozialwissenschaftler bei der Deutung der Zahlen leicht übersehen: Gerade in katholischen Kreisen war es weitverbreitet, mit Rücksicht auf Familie, Verwandte oder Nachbarn sonntags in die Kirche zu gehen, auch wenn man diese Pflicht schon längst nicht mehr einsah. Die Bereitschaft, sich Konventionen zu beugen, nahm in den Sechzigern rapide ab und wirkte sich auch auf die Kirchen aus. Viele Kirchenmitglieder, die nicht mehr regelmäßig in die Gotteshäuser kamen, hingen gleichwohl weiter an ihrem Glauben, den sie sich aber immer weniger vorschreiben ließen, sondern in Patchworkmanier selbst zusammenstellten. Dabei verloren wie in der gesamten Gesellschaft die herkömmlichen Werte an Bedeutung; auch hier legten die Menschen immer mehr Wert auf Selbstbestimmung, Selbstverwirklichung.

Dass bei diesem Prozess am Ende des Jahrzehnts auch die Position der Erziehungsheime ins Wanken geriet, war nicht den Kirchen zu verdanken, sondern Einflüssen von außen. Am 28. Juni 1969 saßen etwa 200 junge Menschen aus Frankfurt am Main, darunter Andreas Baader, Gudrun Ensslin und andere spätere Terroristen, im Garten des Jugendheims Staffelberg, um gegen die Zustände in der nordhessischen Einrichtung zu protestieren. Das war der Startschuss für eine »Heimkampagne«, für die sich zeitweise auch Ulrike Meinhof sehr engagierte und in deren Folge viele Heime aufgelöst oder die Zustände dort verbessert wurden. Meinhof schrieb sogar ein Drehbuch zu dem Thema, das dann für viele Jahre in den Archiven verschwand: *Bambule*.

Raus aus dem Elfenbeinturm
Die Schriftsteller, der Alltag und die Politik

Günther Weisenborn sprach 1946 aus, was viele Intellektuelle, vornehmlich die Schriftsteller, dachten: »Die Zeit des Schweigens, der Geheimnisse, des Flüsterns ist vorbei. Wir können sprechen. Wir müssen sprechen.« Jene weltabgewandte »Innerlichkeit«, die lange Zeit ein Kennzeichen deutscher Literatur gewesen war und zu ihrem Versagen in der Weimarer Republik beigetragen hatte, sollte einem Engagement für die Demokratie weichen. »Raus aus dem Elfenbeinturm, rein in die Welt der Wirklichkeiten« hieß für viele die Parole. Die berühmten Treffen der Gruppe 47, bei denen sich von 1947 bis 1967 um den Organisator Hans Werner Richter regelmäßig wichtige Autoren der Republik versammelten, waren oft nicht nur literarische, sondern auch politische Ereignisse, weil die Beteiligten am öffentlichen Diskurs teilnahmen.

Die Schriftsteller konnten sich nicht beklagen. Sie bekamen für ihre kritischen Einmischungen Platz in Zeitungen und Zeitschriften, in Büchern und in den elektronischen Medien. Viele in der Bundesrepublik erblickten in ihnen so etwas wie das »Gewissen der Nation«, was die meisten Literaten selbst übertrieben fanden. Sie sahen ihre Aufgabe und vor allem ihre Wirkung durchaus begrenzt. So spielte auch für den Politologen Dietrich Thränhardt bis 1960 die Literatur »eher die Rolle des Hofnarren, den sich die Gesellschaft leistete«.

Die »Hofnarren« werden mündig

In den Sechzigern wurde die Opposition der Literaten handfester. 1961 veröffentlichte eine Gruppe die erste Stellungnahme von Autoren zu einer Bundestagswahl. In dem von Martin Walser herausgegebenen Taschenbuch mit dem Titel *Die Alternative oder Brauchen wir eine neue Regierung?* votierten die meisten von ihnen für die Abwahl der Union zugunsten der SPD. Sehr konkret wurden viele Schriftsteller auch, als die Adenauer-Regierung 1962 den *Spiegel* zu maßregeln versuchte. Manche äußerten sich einzeln; eine große Gruppe unterschrieb ein kurzes Manifest, in dem von einem »Akt staatlicher Willkür« die Rede war. Ansonsten sprach man eher selten

27. Tagung der »Gruppe 47« in Berlin (19. bis 21. November 1965); 1. Reihe (v. l.): Jürgen von Hollander, Erich Fried; 2. Reihe: N. N., Siegfried Unseld, Peter Weiss; 3. Reihe: Joachim Kaiser, Reinhart Baumgart, Peter Szondi, N. N., Ivan Nagel; 4. Reihe: N. N., Uwe Johnson, Peter Rühmkorf, N. N.; 5. Reihe: Hellmuth Karasek, N. N., (rechts dahinter Hubert Fichte), N. N., Elisabeth Borchers (links dahinter Dieter Wellershoff).

mit einer Stimme. Vielmehr herrschte, bei einem eindeutigen Trend zur Politisierung, das ganze Jahrzehnt hindurch ein breites Spektrum von Einstellungen. Es reichte von der Bereitschaft, für eine bestimmte Partei die Trommel zu schlagen, bis zur Verachtung für den politischen Betrieb.

Günter Grass, der spätere Nobelpreisträger für Literatur, entschied sich früh für seine bis heute anhaltende Bereitschaft, sich bis zu Details in die Tagespolitik einzumengen. So unterstützte er schon 1961 vehement Willy Brandt bei seiner ersten Kanzlerkandidatur, obwohl dieser damals als Regierender Bürgermeister von Berlin ziemlich rechts in der SPD stand, vor allem in der Ost- und Deutschlandpolitik. 1965 reiste Grass im Wahlkampf mit und für Brandt durch die Bundesrepublik und beteiligte sich führend an einem »Wahlkontor deutscher Schriftsteller«. Diese Gruppe, der von Ilse Aichinger bis Wolfgang Weyrauch viele führende Literaten angehörten, veröffentlichte ein *Plädoyer für eine neue Regierung* und stellte sich sehr handfeste Aufgaben. Sie entwickelten Slogans für die wahlkämpfenden Politiker, trimmten Vorlagen der Partei auf Publikumswirksamkeit und entwarfen Standardreden. Die Arbeit lief parallel zu einer von Grass gegründeten »Wählerinitiative«, die mit Zweigbüros in diversen Städten vor allem die intellektuellen Kreise für die Sozialdemokratie zu mobilisieren versuchte. Grass selbst besuchte 60 Wahlkreise und sprach auch über Themen wie Berufsbildung, Vermögenssteuer und Mitbestimmung. Er verlangte von sich und anderen Einsatz, betonte allerdings auch, dabei dürfe der Widerspruch von Politik und Poesie nicht verschwinden. Eine völlige Übereinstimmung mit einem politischen Kurs sei dem Wesen des Schriftstellers fremd, pflegte er zu sagen.

Heinrich Böll, der andere spätere Nobelpreisträger, porträtierte in seinen Romanen schonungslos die bundesrepublikanische Gesellschaft der Nachkriegszeit, und er unterschrieb viele Aufrufe und Manifeste. Aber 1967 sagte er in einem Interview, er wolle nicht verschlissen werden »als etablierter Aufpasser, als Teil eines ›guten Gewissens‹, als einer der funktionalisierten Schreihälse vom Dienst, als willkommener Bösewicht, der immer wieder durch seine Existenz bestätigt, wie wunderbar frei wir alle sind«. Er mahnte die Deutschen, sich endlich gefälligst ihre Freiheit selbst zu nehmen und sie nicht mehr zu delegieren, zum Beispiel auf die Schriftsteller. Bei dieser Grundeinstellung war es nur konsequent, dass Böll ein konkretes Engagement vermied. Er war aber jederzeit bereit, seine Stimme zu erheben, und geriet deshalb auch immer wieder unter heftigen Beschuss, zum Beispiel Anfang der Siebziger, als er auf die Studentenbewegung zurückblickte: »Was wäre aus der Bundesrepublik geworden, hätte es nicht Radikale und Extremisten gegeben, die nicht auf persönliche Bereicherung, sondern auf Veränderungen der bestehenden Verhältnisse aus waren?« Aber er wollte ein Schriftsteller mit öffentlicher Verantwortung sein und kein politischer Schriftsteller.

Zwischen diesen beiden Positionen pendelte der dritte für die Zeit typische Autor, Hans Magnus Enzensberger. Er lebte zeitweise im Ausland, etwa in Norwegen, weil er die deutschen Zustände nicht mochte. An seinen im Tessin lebenden Kollegen Alfred Andersch schrieb er im November 1962, er leide an einer Allergie gegen Deutschland, die allerdings »mit ideologischen Vorstellungen« kaum noch etwas zu tun habe. In einem anderen Brief an Andersch freute er sich einerseits über den Sturz von Franz Josef Strauß infolge der *Spiegel*-Affäre. Das sei ein »unwahrscheinlicher Sieg für die Demokratie«. Gleichzeitig spottete er nicht ohne elitäre Attitüde über die ärmlich mit Geist ausgestattete Bundesrepublik: »Selbst in einem Nest wie Bologna gibt es mehr wahrhafte Intellektuelle als in Frankfurt und Hamburg zusammengenommen.«

In dem 1961 von Walser herausgegebenen Sammelband zur Bundestagswahl war Enzensberger zwar vertreten, aber er warb im Gegensatz zu Kollegen nicht für die SPD, sondern verhöhnte sie: »Es gibt bei uns zu Lande eine Partei, sie heißt demokratisch und sozial und ist in der Opposition. Sie biedert sich bei ihren Feinden an, sie ist zahm, sie apportiert und macht Männchen.« Immerhin beteiligte sich Enzensberger noch an der Initiative. Als vier Jahre später ein ähnliches Buch erschien, fehlte seine Stimme ganz. Vermutlich war er um diese Zeit schon zu dem Schluss gekommen, den er dann 1968 offiziell zog: »Das politische System (ist) nicht mehr reparabel ... Man muss ihm zustimmen, oder man muss es durch ein neues System ersetzen. Eine dritte Möglichkeit ist nicht abzusehen.« Diese fundamentalistische Position hinderte ihn nicht daran, sich an den Diskussionen über den Umbau der bundesdeutschen Gesellschaft zu beteiligen. Von 1965 bis 1975 arbeitete er als Herausgeber und wichtiger Autor der linken Zeitschrift *Kursbuch*, die für eine ganze Generation von theoriehungrigen und diskutierfreudigen Menschen große Bedeutung hatte.

Um die Mitte des Jahrzehnts war der Abstand zwischen der Literatur und der Politik (einer Partei, der SPD) am geringsten. Als die Sozialdemokraten ein Jahr später mit der von den Literaten verachteten Union ins Koalitionsbett stiegen, trug das zur neuen Entfremdung ebenso bei wie die Studentenbewegung, die von den Intellektuellen, vor allem von den Schriftstellern, für ihre Fundamentalopposition Solidarität einforderte und von vielen auch bekam. Manche steigerten sich in eine radikale Systemkritik nach dem Muster Enzensbergers hinein. Günter Herburger schrieb zum Beispiel: »... reformieren lässt sich nichts, denn die Dreißiger und Vierziger, die allmählich aufrücken, verhalten sich genauso unpolitisch wie die Väter.« Reinhard Lettau meinte, die Westdeutschen würden die »gegenwärtigen, wirklich nur minimalsten bürgerlichen Freiheiten« unter der Führung der »Brandt-Strauß-Koalition« auf die zynischste Weise pervertieren. Und Martin Walser engagierte sich zeitweise für die Deutsche Kommunistische Partei (DKP), die sich 1968 als Nachfolgeorganisation der in den Fünfzigern verbotenen KPD gründete und DDR-nahe orthodoxe Positionen vertrat. Er behauptete: »Wer bei uns, gelenkig vor lauter Realismus, die Evolution als einzig fromme Gegenwart predigt, der ist schon von der Vertröstung verschluckt, er wird, wider besseren Willen, dazu dienen, die herrschende ze-de-uh-es-pe-deh-Immobilität mit dem Anschein von Bewegung zu dekorieren.«

Viele Schriftsteller, so fasste der Politikwissenschaftler Kurt Sontheimer seine Beobachtungen zusammen, hätten sich von der Radikalität der Studenten in den Bann schlagen lassen und dann ihrerseits die Bewegung angetrieben. Es habe als äußerst fortschrittlich, manchmal auch einfach als chic gegolten, links zu sein und sich dem Marxismus zuzuwenden.

Dabei verfolgten die Studenten, wie auch sonst, eine Politik des Alles oder Nichts. Wer sich nicht eindeutig mit ihnen identifizierte, riskierte es, zu den »Scheißliberalen« gerechnet zu werden, was in bestimmten Kreisen so ungefähr das harscheste Schimpfwort jener Zeit war.

In den Höhen der Politik und den unbekannten Welten des Alltags

Manchmal konnte es scheinen, als kämen die Schriftsteller vor lauter Politik nicht mehr zur Literatur, weshalb Marcel Reich-Ranicki gewohnt drastisch formulierte: »Der Prozess der raschen und radikalen Politisierung … hat nicht die Politik verändert, sondern die Literatur ruiniert.« Ein vernichtendes Urteil und nur die halbe Wahrheit. In der Tat veränderten sich Inhalte und Formen der Literatur. Mehr Alltag, mehr Sozialkritik, mehr Wirklichkeitsbezug waren gefragt. Vor allem auf zwei Feldern führte das zu Innovationen: im Theater und in der Arbeiterliteratur.

Die Bühne öffnete sich dem sogenannten dokumentarischen Theater. Ein heute kaum noch vorstellbares Aufsehen erregte Rolf Hochhuth mit seinem 1963 uraufgeführten Stück *Der Stellvertreter*. Wie bei vielen Texten dieses Autors überzeugte weniger die literarische Qualität als die Provokation, die in dem Stoff lag: Die Hauptfigur ist kein Geringerer als Papst Pius XII., dem der Autor vorwirft, von den NS-Verbrechen an den Juden gewusst, aber nichts unternommen zu haben, obwohl er die moralische Pflicht dazu und die nötige Autorität gehabt hätte. Vor allem die Katholiken empörten sich über den Angriff auf eine zentrale Figur der Zeitgeschichte, die bis dahin als Mann ohne Fehl und Tadel gegolten hatte. Andere fühlten sich bestätigt in ihrer Ansicht, dass immer noch ein großer Nachholbedarf bei der Aufdeckung von NS-Verbrechen und der Entlarvung von Hintermännern bestand.

Noch weniger literarische Einkleidung benötigte Peter Weiss bei seinem Stück *Die Ermittlung*. Weiss, ein in Schweden aufgewachsener deutscher Jude, bekannte sich zu einer am Marxismus ausgerichteten klaren Parteilichkeit, von der er dieses Stück allerdings frei hielt. Vielmehr ver- und bearbeitete er die Protokolle des ersten Frankfurter Auschwitz-Prozesses. Die Schrecklichkeiten der Zeugenaussagen, die karge Ausstattung der Bühne und die dort inszenierte Nüchternheit einer Gerichtsverhandlung lösten tiefe Betroffenheit aus. Viele Theater im In- und Ausland spielten das Stück.

Eine Arbeiterliteratur hatte im Kaiserreich und in der Weimarer Republik geblüht, aber nach dem Dritten Reich herrschte Dürre auf diesem Feld. »Arbeiter«, sagte Martin Walser einmal, »kommen in der Literatur vor wie Gänseblümchen, Ägypter, Sonnenstaub, Kreuzritter und Kondensstreifen. Arbeiter kommen in ihr vor. Mehr nicht.« In der DDR versuchte der Staat, von oben eine Verschmelzung von »Kopfarbeit« und »Handarbeit« zu stiften. Im April 1959 forderte Walter Ulbricht bei einem Kongress in Bitterfeld, dem größten Chemiekomplex im Osten, die Arbeiter auf, über ihren Alltag zu schreiben. Zugleich sollten sich die Schriftsteller in den Betrieben unter die Arbeiter mengen und ihre Erfahrungen an der Basis literarisch verwerten. Der »Bitterfelder Weg« erzeugte neben einer Reihe fragwürdiger Bücher auch einige Werke, die wichtig blieben, etwa von Brigitte Reimann oder Franz Fühmann.

Anfang der Sechzigerjahre starteten die ersten Versuche, die Arbeitswelt auch im Westen wieder zum Gegenstand von Literatur zu machen. Geschichten, Dramen, Romane, sogar Gedichte sollten die Lebensprobleme der »abhängig Beschäftigten« behandeln und einem Publikum vermitteln, das davon keine Ahnung hatte. Die meisten der Autoren, die sich um diese Themen zu kümmern begannen, waren keine Profis, sondern kamen aus den Kreisen derer, über die sie schrieben. Dabei begnügten sie sich vielfach nicht mit den üblichen literarischen Formen, sondern eigneten sich journalistisch-dokumentarische Möglichkeiten an, zum Beispiel das Interview oder die Reportage. So hießen die jetzt beliebten Protokolle von langen Gesprächen mit Menschen von der sogenannten Basis »Dokumentationsliteratur«.

Als erste Vereinigung von Schriftstellern dieses Typs meldete sich die »Dortmunder Gruppe 61« auf dem Markt, allerdings zunächst fast erfolglos. Aber mit dem Zeitgeist änderte sich das Interesse für diese ungewohnte Literatur. Die Kulturschaffenden registrieren, dass Ungewohntes im Gang war, dass hier Texte entstanden, die einen frischen Ton und neue Inhalte transportierten. Hildegard Wohlgemuth veröffentlichte als Mitglied der Gruppe Gedichte über nie zuvor behandelte Sujets. Eines beschäftigte sich mit den »Schlüsselkindern«. Die erste Strophe ging so:

> Tagsüber gehen wir arbeiten.
> Unsere Schlüsselkinder
> laufen indessen herum,
> bekommen Bonbons,
> schlagen Scheiben ein
> (Wir sind versichert),
> werden geprügelt
> und prügeln (hoffentlich) zuruck.

Prominentestes Mitglied wurde der frühere Bergmann Max von der Grün, der seine Erlebnisse und Erfahrungen unter anderem in dem Roman *Irrlicht und Feuer* verarbeitete. Er verschaffte Einblicke in eine verborgene Lebenswelt und erntete über den Ruhrpott hinaus Aufmerksamkeit. Ganz unten aus der Arbeitswelt begann Günter Wallraff seine sozialkritischen Reportagen zu schreiben, die sowohl den Journalismus wie auch die Literatur beeinflussten.

Noch weniger Verschlüsselung brauchten die Interviews von Erika Runge. Nachgerade Kultstatus erwarben sich die darum auch immer wieder nachgeahmten *Bottroper Protokolle«*. Runge wollte die Wirklichkeit nicht mehr filtern, sondern im unbearbeiteten O-Ton vermitteln – mit allen Fehlern und Dialektfärbungen. Das las sich dann so: Hausfrau Erna L. spricht über Arbeit und niedrige Löhne. »Da bin ich nachher noch woanders hingekommen, und da wars genauso, da hatt ich zwei Pfennig dann mehr gekriegt, war auch Akkord gewesen, und da musste man immer so viel Kisten schieben und sowat alles. Und wo ich dann nachher gesagt hab: ›Ich geht nicht im Akkord‹, da hat er mir auch nich mehr gegeben, und da hab ich dann auch aufgehört. Das tut ja keiner, für so wenig Geld im Akkord arbeiten.«

Ein Beweis, dass die Bewegung Fuß gefasst hatte, war die Gründung des »Werkkreises Literatur der Arbeitswelt« 1969. In mehreren Großstädten gründeten sich Filialen dieser Vereinigung, die so manchen Arbeiter und auch Angestellten dazu brachte, seine schriftstellerischen Neigungen zu entdecken und zu erproben. Die Bände mit den Ergebnissen erschienen in einer eigenen Reihe des Fischer-Taschenbuch Verlags und erreichten teilweise beachtliche Auflagen.

Vieles versank dann wieder. Mit den gesellschaftspolitischen Veränderungen in den Siebziger- und Achtzigerjahren löste sich die Basis für die klassenkämpferischen Ansätze auf. Aber das oft zu wenig gewürdigte Verdienst dieser Literatur bleibt: Sie hat den Blick auf unbekannte Welten des deutschen Alltags gelenkt.

Aus der Katastrophe in die Reform
Der Sputnik-Schock und Georg Picht erschüttern Schulen und Universitäten

Die Bürokratie erlaubte das Schlagen und lieferte gleich auch das Werkzeug dazu. »Amtlich genehmigte Rohrstöcke, gegen deren Verwendung auch Ärzte keine Bedenken erheben«, bot die hamburgische Schulbehörde im April 1960 den Lehrern an. Mädchen allerdings dürften nicht geschlagen werden, genauso wenig Jungen, die in den ersten beiden Klassen sitzen oder die älter sind als 15 Jahre.

Kaum ein Sektor des öffentlichen Lebens in der Bundesrepublik hatte die ersten eineinhalb Jahrzehnte der Nachkriegszeit so unbeeindruckt von allen Modernisierungstrends überstanden wie das Bildungswesen. Nach 1945 versuchten die Siegermächte im Verein mit den Sozialdemokraten und anderen fortschrittlichen Kräften, Schulen und Universitäten nicht nur wieder aufzubauen, sondern sie dabei auch zu erneuern. Aber sie scheiterten an einer Allianz aus konservativen Parteien, Kirchen, Wirtschaftsverbänden und jenen Lehrern, die zum Lernen keine Lust verspürten. Der gesamte Bildungszug kehrte zurück in die aus der Weimarer Republik bekannten Gleise, und ein paar Gleise aus der NS-Vergangenheit tauchten dabei auch auf.

Das bedeutete: dreigliedriges Schulsystem aus achtklassiger Volksschule, Realschule mit Abschluss nach zehn und Gymnasium mit Abitur nach 13 Jahren. Wer nach der vierten Volksschulklasse den Sprung in die Realschule oder auf das Gymnasium nicht schaffte oder nicht wollte, ging mit 14 Jahren in eine Lehre. Das waren im Schuljahr 1960/61 zwei von drei Jugendlichen. Die vier letzten Klassen der Volksschule waren also im Gegensatz zu heute kein Ort, wo sich die wenigen versammeln, die übrig bleiben, sondern hier endete für die übergroße Mehrheit die Bildungskarriere. Koedukation war eine Seltenheit, Mädchen und Jungen blieben durch

Schulen und Schulklassen getrennt. Wie im sozialdemokratisch regierten Hamburg gehörte die Prügelstrafe vielerorts zu den disziplinarischen Optionen. So warteten die Schulen ebenso auf frischen Wind wie die Hochschulen, an denen die alte Professoren-Herrlichkeit triumphierte.

Die deutsche Bildungskatastrophe

Und dann schoss im Jahre 1958 die Sowjetunion den ersten Satelliten in den Weltraum! Angeblich konnte man den Sputnik bei klarem Wetter auf seiner Bahn beobachten – eine weltumspannend sichtbare Machtdemonstration. Moskau löste damit nicht nur ein Wettrennen im All aus (das die USA 1969 mit der Mondlandung beendeten), sondern auch einen tiefen Schrecken in der abendländischen Welt. War der Westen dabei, den Kampf der Systeme zu verlieren, weil er technologisch zurücklag? Vom »Sputnik-Schock« war die Rede. Sogar der alte Adenauer sorgte sich in seinen letzten Jahren als Kanzler, ob die Sowjetunion ihre Talente besser förderte. Trotzdem geschah zunächst wenig Handfestes. Es bedurfte eines Alarmrufes aus dem Inneren, damit wirklich Bewegung in die Bildungspolitik kam.

Höchstens der Pisa-Schock der Jahre nach 2000 hat so viel und so direkt bewirkt wie Georg Picht mit einer Artikelserie, die er 1964 unter dem Titel *Die deutsche Bildungskatastrophe* zuerst in der Wochenzeitschrift *Christ und Welt* und dann als Buch veröffentlichte. Der 1913 in Straßburg geborene Autor war bis dahin ein der breiteren Öffentlichkeit unbekannter Pädagoge, Philologe und Religionsphilosoph gewesen. Nun redeten alle von ihm und über seinen Alarmruf. Picht bekam vor allem darum so ein donnerndes Echo, weil er weniger als üblich mit philosophisch untermauerten Bildungstheorien hantierte als vielmehr mit der mangelnden Konkurrenzfähigkeit der Deutschen auf der internationalen Bühne. Die Zahl der Abiturienten sei viel zu gering. Wenn nichts geschähe, werde der Anteil der jungen Menschen mit Reifeprüfung am Ende des Jahrzehnts ähnlich niedrig liegen wie am Anfang. Andere wichtige Staaten hätten hingegen die Weichen dafür gestellt, dass nach dieser Zeit zumindest doppelt so viele Abiturienten die Schule verlassen würden. Auch die Lehrerbildung war nach Pichts Ansicht eine einzige Misere. Nach seinen Berechnungen hätten alle Hochschulabsolventen der Jahre nach 1964 ins Lehramt gehen müssen, um nur die größten Lücken an den Schulen zu füllen.

Georg Picht (rechts) erhält den Theodor-Heuss-Preis am 31. Januar 1965.

Mit einem Wort: Das Wirtschaftswunder sei gefährdet, wenn die Republik nicht wesentlich mehr in Bildung investierte. Picht traf damit ins Zentrum des westdeutschen Lebensgefühls. Andere Wissenschaftler wie der Soziologe Ralf Dahrendorf unterstützten ihn. 1965 forderte dieser in einem Buch über *Bildung als Bürgerrecht* Chancengleichheit für die unterschiedlichen Schichten ein. Dass hier Nachholbedarf bestand, zeigte sich spätestens an den Hochschulkarrieren. In England und Frankreich kam Ende der Fünfzigerjahre jeder vierte Student aus einer Arbeiterfamilie, in der Bundesrepublik war es gerade mal jeder achte. Das fanden Leute wie Dahrendorf zum einen ungerecht, zum anderen fürchteten sie, Deutschland beraube sich damit vieler Begabungen. Eine sehr kleine Minderheit holte allerdings auf dem »zweiten Bildungsweg« höhere Schulabschlüsse nach. Mitte der Sechzigerjahre bestanden im Bundesgebiet etwa 30 Abendgymnasien, wo Berufstätige sozusagen im Nebenjob das Abitur ablegen konnten. Etwa zehn Abendrealschulen boten die Chance, die Mittlere Reife zu erwerben.

Die Forschung wies nach: Mit ihrem Bildungssystem stand die Bundesrepublik insgesamt am Ende der Liste vergleichbarer Länder, etwa auf einer Höhe mit Portugal oder Irland, die als rundum rückständig galten. Unterrepräsentiert waren bei den höheren Abschlüssen vor allem Frauen, Katholiken und die in den ländlichen Regionen lebenden Jugendlichen. Eine gewisse Berühmtheit erlangte das katholische Arbeitermädchen vom Lande. Es entsprach dem türkischen Großstadtjungen von heute, von dem es gleichfalls heißt, dass er die schlechtesten Bildungschancen habe.

Georg Picht rüttelte die Menschen auf und veranlasste die Verantwortlichen, endlich aktiv zu werden. Ein Ruck ging durchs Land. Die Bundesländer investierten massiv; der Bund beteiligte sich, obwohl er auf dem Feld der Bildung eigentlich wenig mitzureden hatte. Sozialwissenschaftler und Pädagogen suchten nach bisher unerschlossenen Talentreserven. Neue Gremien entstanden. Und schon nach wenigen Jahren führten die Anstrengungen zu eindrucksvollen Ergebnissen:

- 1965 gründeten Bund und Länder den Deutschen Bildungsrat, der die Kompetenzen bündelte und fünf Jahre später einen (damals noch nicht sogenannten) Masterplan für ein erneuertes Bildungswesen vorlegte.
- Das Gremium empfahl in einer seiner Stellungnahmen Versuche mit Gesamtschulen, die das alte dreigliedrige System ergänzen und die Grenzen zwischen den Schularten durchlässiger machen sollten.
- Die Ausgaben der öffentlichen Hand für Bildung stiegen von 1965 bis 1970 um rund zehn Millionen Mark pro Jahr auf 27,8 (1975 würde dieser Posten fast 57 Milliarden erreichen).
- In den Jahren zwischen 1961 und 1970 nahmen in der Bundesrepublik zehn neue Universitäten ihren Betrieb auf, die bestehenden erhöhten ihre Kapazitäten.
- 1961/62 studierten an den westdeutschen Hochschulen 291.000 junge Menschen, zehn Jahre später waren es 510 000.
- Am Ende des Jahrzehnts gab es an den Gymnasien 526.100 mehr Schüler als zu Beginn.
- Die Zahl der Lehrer erhöhte sich zwischen 1960 und 1970 von 260 000 auf 356 000.
- Anfang der Sechziger unterrichtete ein Lehrer im Schnitt 30,7 Schüler im Jahre 1970 waren es vier weniger. Die Klassenstärke war also nicht unerheblich gesunken.
- Von den 15- bis 19-Jährigen besuchten 1960 etwa 19 Prozent eine Schule oder Hochschule, 1970 waren es 31 Prozent.

- Der Bundestag verabschiedete 1969 ein Berufsbildungsgesetz, das den Ausbau der Berufsschulen und die Kontrolle der ausbildenden Betriebe förderte.
- In den meisten Bundesländern verabschiedeten die Landtage, nicht zuletzt auf Druck der Studenten, Gesetze, die eine Reform der Hochschulen in Gang setzten (siehe Seite 289).

Vieles von dem, was die Bildungsreformer in jenen Jahren pflanzten, trug seine Früchte erst in den folgenden Jahrzehnten, samt einigen fragwürdigen Ergebnissen. Aber was dann wahlweise Bildungsexpansion oder Bildungsexplosion hieß, war eindeutig das Ergebnis der Initiativen, die vor 1970 in Gang gekommen waren.

Finanzielle Anstrengungen allein können jedoch wenig ausrichten, wenn sich nicht die Einstellung vieler Bürger änderte. Bis tief in die Sechziger hinein herrschte in vielen Köpfen die Vorstellung, wonach Mädchen im Besonderen und Arbeiterkinder im Allgemeinen kein Abitur brauchten. In den *Bottroper Protokollen* der Schriftstellerin Erika Runge erzählt eine junge Frau aus dem Bergarbeitermilieu, dass viele Eltern ihre begabten Kinder nach der vierten Klasse in der Volksschule ließen, weil sie sich sagten: »Ich kann da nicht mithelfen bei den Schularbeiten.« Eine Mutter habe ihr erklärt: »Der Günter hat wohl'n gutes Zeugnis, aber, och, für uns Arbeiter, da lohnt sich das nich, wir könn dem Jungen sowieso kein Studium finanzieren, und warum soll er dann erst die Schule durchmachen, er kann ja nachher auch irgendwo in die Lehre gehen.« Die Erzählerin entgegnet dieser Frau: »Ich will Ihnen mal was sagen, also ich denk wieder anders darüber. Wenn ich ein Kind hätte, das begabt wäre, vor allen Dingen noch für einen Jungen, der für sein ganzes Leben ja noch den Beruf braucht, ich würde ihn bestimmt zur Schule schicken.« Und es gelingt ihr tatsächlich, die zunächst skeptische Frau umzustimmen: Ihr Günter darf dann doch noch aufs Gymnasium.

In diesem Fall wirkte die Argumentation einer klugen Frau von der Basis. Um in anderen Köpfen etwas zu bewegen, starteten vor allem die sozialdemokratischen Landesregierungen oder die Gewerkschaften eine systematische Bildungswerbung. Zumindest einem Teil der Bildungspolitiker und -theoretiker war auch klar, dass die traditionelle Pädagogik für die neuen Erfordernisse nicht mehr ausreiche. Zu dieser Einsicht trugen die Studenten bei, weil sie die Bedingungen infrage stellten, unter denen sie selbst die Schule erlebt hatten. Reformern wie dem Bielefelder Hartmut von Hentig oder Politikern wie der Liberalen Hildegard Hamm-Brücher ging es um weniger autoritäre Erziehung und mehr Mitsprache aller Beteiligten. Damit meinten sie zum Beispiel Gespräch, Diskussion und Gruppenarbeit statt des weithin üblichen Frontalunterrichts. Diese Ideen sickerten langsam durch und führten zum Teil erst später zu konkreten Ergebnissen. Sehr schnell jedoch wurde nun die Prügelstrafe abgeschafft. 1969 verbannte auch die Freie und Hansestadt Hamburg den bis dahin behördlich gelieferten Rohrstock aus der Schule.

Ein Faszinosum auf vier Rädern
Oder: Des Deutschen liebstes Kind

Das Spiel gehört zur Grundausstattung vieler Kinderzimmer. Es hat 36 Karten, auf denen Autos abgebildet sind. Darunter stehen Angaben zu den technischen Details: Zahl der Zylinder, Kubikraum, Motorleistung, Höchstgeschwindigkeit. Je vier Karten mit Wagen der gleichen Klasse bilden ein Quartett. Es gilt, Karten vom Stapel zu nehmen und den oder die Gegenspieler in einer Kategorie der technischen Werte zu übertreffen: Wie viel PS hat dein Auto? Meines hat mehr! Die Karte gehört mir! Eine Art Poker für Kinder, wobei auch mancher Erwachsene gern einmal mitspielt.

Das klassische Auto-Quartett kam 1961 auf den Markt und erfreute sich rasch großer Beliebtheit. Kein Zufall. Um diese Zeit konnten sich immer mehr Menschen ein Auto und damit Mobilität, Unabhängigkeit, Prestige, ein kleines bisschen Luxus leisten. Für die meisten Menschen in den Industrieländern war das Auto das erstrebenswerteste Gebrauchsgut. Wenn ein Trend den Alltag der Sechziger geprägt hat, dann war es die Automobilisierung. Und die machte vor den Kinderzimmern nicht halt.

»Ein toller Käfer« und andere Kultautos

Der Wunsch nach einem Auto beschäftigte die Gemüter seit den Fünfzigern, aber es fehlte oft schlicht das Geld. Der Markt hatte darauf im Westen mit billigen, zum Teil höchst merkwürdigen Kleinwagen reagiert. Da gab es Autos auf drei Rädern oder mit Türen, die sich nach vorn öffneten. Diese Gefährte verschwanden zum Teil schon vor 1960. Andere folgten nun auf dem Weg zum Schrottplatz. Zum Beispiel der Messerschmitt Kabinenroller, dieses extrem niedrige Gebilde, bei dem zwei Fahrer hintereinander unter einem aufzuklappenden Dach saßen. Schwer fiel so manchem stolzen Besitzer der Abschied von der noch heute legendären BMW Isetta, zärtlich »Knutschkugel« genannt. Nur der VW-Käfer, der rollte und rollte und rollte ...

Autokinos wie dieses in Berlin-Siemensstadt 1966 erfreuten sich großer Beliebtheit.

Im Laufe des Jahrzehnts verdoppelte sich in etwa die Zahl der privaten Pkws in Westdeutschland. 1968 fuhren 12,5 Millionen Bundesdeutsche mit dem eigenen Wagen in den Urlaub. Beliebt wurden die Autokinos, nicht nur wegen der Spielfilme, sondern als gewisser Ort für ungestörte Zweisamkeiten. In Westberlin gab es ein Autokino mit mehr als 1 000 Stellplätzen. Auch die Auto-Reisezüge kamen in Mode. Bequem ließ man sich und sein Auto per Bahn über die Alpen transportieren, um dann hinter dem eigenen Lenkrad die Mittelmeerküsten zu genießen. Und doch: Das Auto vor der Haustür (so viele Garagen und Carports gab es noch nicht) war mehr als Mobilität. Es war ein Zeichen des Wohlstands, man signalisierte: Es geht uns gut!

Viele Jüngere, die wie selbstverständlich mit und in den Autos der Familie groß geworden sind, können sich kaum noch ausmalen, welche Glücksgefühle der erste eigene Wagen damals auslöste. Erinnerungen an jene Zeit sind voll von nostalgischen Erzählungen über die Ankunft des neuen Familienmitglieds, über die erste Ausfahrt mit Freundin, Freund, Familie, über die Ferienreise an den niederländischen Strand oder nach Österreich oder gar über die Alpen nach Italien. Um sich und den Seinen so etwas bieten zu können, verschuldete sich so mancher Käufer, woraufhin es von einigen Autos hieß, sie liefen »auf Wechseln statt auf Rädern«.

Das Faszinosum auf vier Rädern wurde mit Hingabe gehegt und gepflegt. Waschstraßen gab es noch nicht, so sah man samstags überall Männer, die ihren Liebling säuberten, saugten und wienerten. Manche misstrauten, oft mit Recht, dem Unterbodenschutz und befürchteten Rostschäden. Darum legten sie sich selbst unter den Wagen, versiegelten die Hohlräume und versahen den Boden mit einer zusätzlichen Schutzschicht. Der Handel mit den einschlägigen Materialien florierte bestens. Der Begriff Umweltschutz war für die allermeisten in diesem Zusammenhang noch ein Fremdwort. Die Abwässer gerieten samt Reinigungsmitteln ungefiltert in die Kanalisation vor der Haustür oder in die Flüsse und Bäche, an denen sich in vielen Regionen die Autopfleger versammelten, um in langen Reihen ihrem Hobby zu fröhnen. Allerdings wurden einige Behörden schon aufmerksam. So erließ Westberlin 1964 die erste Verordnung, die das Autowaschen in bestimmten Gebieten untersagte.

Die wachsende Kaufkraft schürte die Wünsche nach komfortableren und prestigeträchtigeren Autos. Die Industrie erfüllte diese nach 1960 mit einer wahren Modellexplosion. Opel und Ford versuchten dem VW-Käfer Konkurrenz zu machen, zum Beispiel mit dem legendären Opel Kadett, dem Ford Taunus 12M oder dem 17M, dessen Stromlinienform stilprägend wurde. 1962 wandten sich die Bayerischen Motoren Werke mit einem BMW 1500 erfolgreich der gehobenen Mittelklasse zu. Und nur vier Jahre später tauchte der erste japanische Wagen in der Bundesrepublik auf. Viele spöttelten über diesen Versuch der Asiaten, ausgerechnet im Autoland Deutschland einen Fuß in die Tür zu stellen. Bald aber mussten auch die Deutschen lernen, dass sich da eine Konkurrenz anschickte, den Markt aufzumischen.

1969 war es wieder ein Ford, der Aufsehen erregte, weil er die Sehnsucht nach einem flotten, sportlichen Modell für jedermann erfüllte: der Ford Capri, ein viersitziges schnittiges Sportcoupé. Für den Luxus waren unterdessen Mercedes und Porsche zuständig. Mercedes baute die repräsentativen Limousinen für jene Schichten, die sich auf so etwas angewiesen glaubten: Ärzte, erfolgreiche Bauern, Unternehmer, Behördenchefs, Bundeskanzler und Bundespräsidenten. Der Porsche stieg schon damals zum Kultwagen für zahlungskräftige Herren auf, die gern sportlich wirken und auch so fahren wollten. Der Sechszylindermotor des Porsche 911 leistete 130 PS, für damalige Verhältnisse ein wahres Kraftpaket. Die heutigen Nachfolger bringen es allerdings auf mehr als das Doppelte.

Es tat sich also viel auf dem Markt und in den Fertigungshallen. Nur bei Volkswagen in Wolfsburg gingen die Uhren anders. Der wie ein Sonnenkönig regierende Chef Heinrich Nordhoff verließ sich auf seinen schon in der Vorkriegszeit entworfenen und seit den Vierzigerjahren nur in kleinen Schritten modernisierten Käfer mit dem im Heck sitzenden, luftgekühlten Motor und seinem mäßigen Komfort. Aber der Erfolg schien ihm recht zu geben. Am 4. Dezember 1961 lief in Wolfsburg der fünfmillionste Käfer vom Band. Kurz zuvor hatte Nordhoff bei einer Betriebsversammlung gegen die Kritiker seiner zurückhaltenden Modellpolitik gewettert und ihnen ins Stammbuch geschrieben: »Wir haben nicht mit Neuheiten herumgespielt ... Man glaube nicht, dass das, woran wir über zehn Jahre mit all unserer Kraft gearbeitet haben, von irgendjemandem in kurzer Zeit eingeholt werden könnte.«

Das etwas komfortablere und am weitesten verbreitete »Export«-Modell kostete Anfang der Sechziger 4 600 D-Mark, was heute rund 7 700 Euro entspricht. Erst im Juli 1967 verteuerte es sich um 140 Mark. Der niedrige Preis zusammen mit dem inzwischen entstandenen Nimbus sicherte dem Käfer seine Massenexistenz, zumal auch die Wolfsburger, wenngleich sehr bedachtsam, immer wieder etwas verbesserten. So besaß das Auto seit 1959 statt der bis dahin üblichen winzigen Heckscheibe ein Panoramafenster. 1960 wurde der Motor etwas aufgemotzt und leistete fortan 34 statt 30 PS. Die Höchstgeschwindigkeit lag nicht viel über 100 Stundenkilometer – eine bescheidene Leistung im Vergleich mit späteren Autos. Ebenfalls 1960 verschwand der Winker, der rechts oder links aus den Türholmen herausklappte, wenn der Fahrer seine Richtung ändern wollte. Stattdessen bekam der Käfer nun die bei anderen Marken schon länger üblichen Blinker. 1967 erschien als eine Art Luxusausgabe der »Superkäfer« mit 44 PS und 125 Kilometern in der Stunde Höchstgeschwindigkeit.

Obwohl Wolfsburg sein Brot-und-Butter-Auto immer wieder aufhübschte, bestand die Gefahr, dass die Kundschaft mit wachsender Kaufkraft und wachsenden Bedürfnissen zu anderen Marken abspringen würde. Darum beendete Nordhoff 1961 die Käfer-Mono-Kultur und ließ den VW 1500 bauen, der allerdings im Grunde weiterhin der technischen Philosophie des Käfers folgte: Heckmotor, luftgekühlt, (kleiner) Kofferraum vorn. Allerdings kam er nicht mehr in dem inzwischen kultigen Käfer-Design daher, sondern in einer um diese Zeit modischen Pontonform. Große Beliebtheit erreichte das Auto nicht, unter anderem darum, weil es als Benzinsäufer galt.

Nordhoff vertraute seinem Kurs auch 1966/67, als Volkswagen während der kleinen allgemeinen Rezession in eine große Absatzkrise geriet. Riesige Bestände an Käfern sammelten sich auf freien Flächen an, Kurzarbeit war nötig – für alle bis dahin unvorstellbar. Der VW-Chef bat die Große Koalition um Hilfe, aber Finanzminister Franz Josef Strauß ließ ihn abblitzen und öffentlich wissen, dass nach seiner Ansicht VW geschlafen habe, was der Herrscher von Wolfsburg als schweren Affront empfand.

Trotz Kritik, Krise und Konkurrenz – der Käfer blieb nach innen und außen ein wichtiges Symbol des Wirtschaftswunders. 1964 produzierte Volkswagen 1,4 Millionen Autos, von denen jedes zweite ins Ausland ging. Um diese Mengen zu transportieren, unterhielt das Unternehmen eine Flotte von 68 Spezialschiffen, die ständig hin und her pendelten, vor allem zwischen Deutschland und Amerika. Überall auf der Welt schworen die Menschen, der Käfer sei nicht zu übertreffen. Sie erzählten voller Stolz, wie viele tausend Kilometer sie jenseits der ersten 100 000 zurückgelegt hätten, wann ein Austauschmotor nötig gewesen sei und wie zuverlässig das Auto sie über diesen oder jenen gefährlichen Alpenpass transportiert habe. Immer wieder mal probierten Jugendliche aus, wie viele Menschen in so einen Käfer zu pressen waren. Und 1968 setzte Walt Disney ihm ein Denkmal: *Ein toller Käfer* hieß der Spielfilm, in dem ein VW die Hauptrolle spielte.

Indes fabrizierten auch andere Kultautos, zum Beispiel die Franzosen. Das galt vor allem für die sogenannte Ente, den runden 2CV von Citroën, und den eckigen R4 von Renault. Die Sitze erinnerten an Hängematten, die Gangschaltungen erforderten viel Sensibilität, die Heizungen funktionierten so schwach, als gäbe es sie gar nicht, und das ganze Gefährt hatte einen Hang zum Scheppern.

Zum Straßenbild, zumal am Wochenende, gehörten bald die Studenten, die im R4 oder 2CV mit dem Wäschesack auf dem Rücksitz nach Hause fuhren. Denn die Vorteile der Autos waren bei allen Nachteilen beachtlich: fünf Türen, ein sparsamer Verbrauch, ein niedriger Preis, und beim R4 leicht ausbaubare oder umklappbare Sitze, sodass man auf der großen Ladefläche durchaus schon einmal einen Kühlschrank, einen Fernseher oder ein paar Bierkisten transportieren konnte. Die jungen Leute hingen an der Ente oder dem R4 und malten ihnen Kosenamen auf die Blechkarosserie. »Schnuckel« war sehr beliebt. Sogar zu literarischen Ehren brachten sie es. Ein Liebhaber schrieb eine lange Elegie auf das (zu dieser Zeit noch gar nicht drohende) Ende des R4:

Der letzte von allen R4en
– wir sind dann alle schon tot –
wen wird sein Abgang noch rühren?
Wer wird den Abschiedsschmerz spüren,
wenn er klappert mit allen fünf Türen?
Ach Gott -
fahr ihn liebreich zu Schrott.

Der Trabi und das Duroplast

In der DDR beflügelte das Auto nicht weniger Fantasien als in anderen Industrieländern und in der Bundesrepublik, allerdings setzten die Einkommen und die begrenzte Produktion den Kaufwünschen noch engere Grenzen. Um trotzdem beweglich zu werden, fuhren viele mit dem Moped oder dem Motorrad.

Der Krieg und die Demontage ganzer Betriebe durch die Russen in der Nachkriegszeit hatten nur sehr wenige Fertigungsanlagen übrig gelassen. Aus den Resten und durch Fusionen entstanden zwei neue Kernunternehmen, die bis zum Ende der DDR bestehen bleiben sollten: das VEB Automobilwerk Eisenach, bekannt durch den Wartburg, und der VEB Sachsenring Automobilwerke Zwickau, Heimat des Trabant.

Für viele altgediente Sozialisten gehörten Autos eigentlich ins Reich der Dekadenz, allerdings galt das in der Regel nur, solange sie nicht selbst drinsaßen. Letztlich war der Druck der Bürger so stark, dass die Oberen nicht umhinkamen, die Produktion zuzulassen und dann immer weiter zu steigern, bis auch die DDR in Grenzen mobil wurde. Ein Nebeneffekt: So kam die DDR-Wirtschaft zu einem Exportgut, das ihr überlebensnotwendige Devisen brachte.

Den Wartburg gab es seit 1956. Für ostdeutsche Verhältnisse handelte es sich um einen Wagen der oberen Mittelklasse. In der Mitte der Sechziger erhielt er die für viele Jahre gültige, etwas kantige Pontonform, die mit westlichen Modellen wie dem VW 1500 oder dem Opel Kadett in der Ästhetik durchaus konkurrieren konnte. 1967 bekam der Wagen auch das im Westen längst übliche vollsynchronisierte Getriebe, das es erlaubte, ohne Zwischengas zu schalten. Die Nachfrage war groß, die Warteliste lang. Die wenigen importierten Ladas oder Wolgas fuhr die Prominenz. Auch in der

Bundesrepublik wurde der Wartburg angeboten, für 5 500 D-Mark (etwa 9 100 Euro), jedoch hielt sich der Verkauf in sehr engen Grenzen, sowohl aus politischen Gründen als auch wegen der vergleichsweise geringeren Qualität.

In der DDR kostete die Standard-Limousine mit vier Türen Mitte des Jahrzehnts fast 17 000 Mark, ein kaum erschwinglicher Preis. Schon darum ließen sich viele als Anwärter für den Trabant registrieren, dessen Lieferfristen gleichfalls lang waren. Als Geburtstag dieses DDR-Symbolautos gilt der 7. November 1957, nicht von ungefähr der 40. Jahrestag der Großen Oktoberrevolution in der damaligen Sowjetunion. Auch der Name galt als

In der DDR war schon 1961 Waschen und Instandhalten eines Trabi keine reine Männersache.

Reverenz gegenüber dem großen Verbündeten, denn Trabant (Begleiter) war im Russischen gleichbedeutend mit Sputnik, und so hieß das kleine Gebilde, das die Sowjets als ersten Satelliten in den Weltraum geschossen hatten. Vom Band lief der Trabant erst ein Jahr später. Die Vorgaben für seine Fertigung waren eng: nicht mehr als 600 Kilogramm Gewicht, fünfeinhalb Liter Verbrauch und nicht teurer als 4 000 D-Mark. Da Blech knapp war, verfielen die Ingenieure darauf, aus russischen Baumwollresten und anderen Materialien einen Kunststoff namens Duroplast herzustellen, dem der Trabant den Spitznamen »Rennpappe« verdankte. Die Verarbeitung des Wagens war so schlicht, dass sich auch technische Laien in manchem

Notfall selbst helfen konnten; so kursieren heute noch die Geschichten von den Damenstrümpfen, die als Ersatz für gerissene Keilriemen gedient haben.

Beide DDR-Autos fuhren mit einfach konstruierten Zweitaktmotoren, die viele Abgase produzierten. Vor allem der Trabi stieß jene typischen blaugrauen Wölkchen aus, die den Dunst und den Geruch vieler Innenstadtstraßen bestimmten. Trotzdem sorgten der Wartburg und der Trabi dafür, dass die DDR das am stärksten motorisierte Land im Ostblock wurde.

Die Schattenseiten der Mobilität

Hüben wie drüben prägt der rasch wachsende Individualverkehr den Alltag. Die Deutschen wurden das »Volk ohne Parkplätze« – und mit einem oft kollabierenden Straßennetz. Neue Straßen wurden gebaut, aber sobald sie fertig waren, reichten sie schon wieder nicht mehr aus. 1962 schloss sich die letzte Lücke in der wichtigsten Nord-Süd-Verbindung der Bundesrepublik auf der Autobahn Hamburg – Frankfurt a.M. – München, und der *Spiegel* druckte schon damals eine Titelgeschichte, deren Schlagzeile einem auch heute seltsam bekannt vorkommt: »Stau auf Deutschlands Autobahnen«.

Mit der neuen Mobilität erhöhte sich die Gefahr von Unfällen, zumal die Sicherheitsstandards bei Weitem nicht den späteren Maßstäben entsprachen. Zum Beispiel gab es auch im Westen keine serienmäßigen Sicherheitsgurte, keine Kopfstützen, Airbags oder andere Dinge. Nebelschlussleuchten wurden für die Bundesrepublik in der zweiten Hälfte der Sechziger nach heftigen Auseinandersetzungen zwar zugelassen, aber nicht vorgeschrieben. Warndreieck und Verbandskasten waren erst nach 1970 obligatorisch. Kindersitze, soweit es sie überhaupt gab, erwiesen sich bei Tests als höchst unsicher. Was die DDR-Autos anging, waren die Anforderungen noch geringer.

Bei solchen Voraussetzungen verwunderte es nicht, dass die Zahl der Unfälle drastisch stieg. In der Bundesrepublik forderte der Verkehr im Jahre 1960 schon 14 406 Tote. Dieser Blutzoll, wie das in den Medien oft hieß, stieg auf 16 646 im Jahre 1969. In der DDR waren 1960 insgesamt 2 07 Verkehrstote zu beklagen und 2 047 am Ende des Jahrzehnts. Die ganze

Dramatik dieser Zahlen wird erst deutlich bei einem Vergleich mit den heutigen Zuständen: 2006 starben auf den Straßen des vereinigten Deutschlands 5 091 Menschen, bei abnehmender Tendenz. Die Gesamtbilanz hat sich im Laufe der Jahre also um rund zwei Drittel gegenüber 1969 verbessert, und das bei immer schnelleren Autos und einem rasant vermehrten Verkehrsvolumen.

Wenn man die Zahl der Verkehrstoten als ein Indiz für die Verhältnisse auf den Straßen ansieht, dann bleibt die Schlussfolgerung: Der neu gewonnene Luxus namens Käfer, Trabi, Kadett oder Capri hatte eine Kehrseite. Die Zustände auf den Straßen während der Sechziger und in Teilen der Siebziger waren deprimierend – und oft lebensgefährlich. Damals gab es einzelne Pessimisten, die dem Auto angesichts der realen Zustände schon die Liebe aufzukündigen bereit waren. Der Feuilletonist Horst Krüger schilderte 1968 anschaulich die langen staubigen Kolonnen auf den Autobahnen, die endlosen Umleitungen, die Fahrten vorbei an Unfallstellen mit zerbeulten Autos und blutenden Menschen, die Rückkehr von sonntäglichen Ausflügen im Schritttempo, die bürokratischen Schikanen beim Ummelden eines Autos, den miesen Service in den Werkstätten.

Krüger sah schon eine »neue Elite« von »Auto-Asketen« entstehen, die, wie er selbst, »das Ding wegwerfen mit Entschlossenheit«. Aber er und seinesgleichen sollten sich täuschen. Vieles kam zusammen. Entgegen allen Erwartungen verschlechterten sich die Verhältnisse nicht, sondern sie verbesserten sich: ein forcierter Straßenbau, eine optimierte Technik in den Autos, längere Ausbildung in den Fahrschulen, härtere Sanktionen gegen Alkohol am Steuer. All das trug dazu bei, dass die Faszination auf vier Rädern blieb – in beiden Teilen Deutschlands.

Der neue Mitbewohner
Das Fernsehen krempelt das Familienleben um

Am Montag, den 21. Juli 1969, gegen 3 Uhr mitteleuropäischer Zeit, kletterte der Amerikaner Neil Armstrong über eine kleine Leiter aus der Mondfähre »Eagle« und betrat als erster Mensch den Mond. Dann sagte er den Satz, der legendär werden sollte: »Ein kleiner Schritt für einen Menschen, ein großer Schritt für die Menschheit.«

Für die Vereinigten Staaten war diese Szene ein Sieg im Kampf der Systeme, weil sie mit der Landung auf dem Erdtrabanten nach vielen Enttäuschungen die Führung in der Raumfahrt übernehmen, ihre technologische Überlegenheit demonstrieren und den Wettlauf im All gewinnen konnten. Aber auch für das Fernsehen war dieser 21. Juli ein Triumph. Noch nie hatten so viele Menschen aus solcher Nähe ein historisch so bedeutsames Ereignis live miterlebt. Ob es gerade Tag oder Nacht war, überall auf der Welt saßen die Menschen gebannt vor den Bildschirmen.

»Identische Welt« in den Wohnzimmern

Am Beginn des Jahrzehnts hatte es in der Bundesrepublik vier Millionen Fernseher gegeben, am Ende waren es 15,5 Millionen. In der DDR, wo es aus naheliegenden politischen Gründen keine Sendung vom Mond gab, erlebte das Medium einen ähnlich stürmischen Aufstieg. Die anderen Medien und der Volksmund nannten den neuen Mitbewohner im Wohnzimmer »Fenster zur Welt«, »Heimkino«, »Pantoffelkino«, »Glotze« oder »Flimmerkiste«. Verglichen mit heutigen Mengen an Programm mögen die damaligen in Westdeutschland zunächst auf den Abend beschränkten Angebote harmlos erscheinen. Aber auf viele Zeitgenossen wirkte es geradezu märchenhaft, in welcher Geschwindigkeit die Menge der laufenden Bilder wuchs. So wurde das Fernsehen nach dem Auto zum zweiten Faszinosum und zum Leitmedium des Jahrzehnts.

Ende der Sechziger wirkte einer, der sich als Fernsehmuffel outete, ähnlich skurril wie heute jemand, der ohne Laptop oder PC auskommt. Die Geräte in den Wohnzimmern waren immer mehr und immer größer geworden. Der Kulturjournalist Helmut de Haas schrieb 1970: »Heute sehe ich in exquisiten Häusern eine Gerätekonstruktion, die den gleichzeitigen Empfang von vier Programmen ermöglicht.« Die »Arbeitsgemeinschaft der öffentlich-rechtlichen Rundfunkanstalten der Bundesrepublik Deutschland« (ARD) strahlte 1960 insgesamt 114 000 Sendeminuten aus, in zehn Jahren verdoppelte sich die Zahl. Hinzu kam, dass sich alle ARD-Sender, beginnend mit dem Bayerischen Rundfunk im Jahre 1964, je ein weiteres Programm zulegten, die noch einmal zwischen 70 000 und 130 000 Minuten pro Sender beisteuerten. Aber die ARD expandierte nicht nur, sie hatte inzwischen auch Konkurrenz bekommen. Lange bevor in den Achtzigerjahren die kommerziellen Sender auf den Plan traten, hatten die Bundesländer eine weitere öffentlich-rechtliche Anstalt auf die Beine gestellt.

Das »Zweite Deutsche Fernsehen« (ZDF) war die Folge einer politischen Fehlkalkulation. Bundeskanzler Adenauer hatte Ende der Fünfziger in völliger Verkennung seiner rechtlichen Möglichkeiten geglaubt, eine Art Regierungssender etablieren zu können. Dieses Vorhaben untersagte ihm das Bundesverfassungsgericht Anfang 1961 mit einem Urteil, das für die deutsche Medienwelt von großer Bedeutung werden sollte. Das höchste Gericht stellte ein für alle Mal klar: Das Fernsehen ist ein Kulturgut, für das die Länder wegen ihrer vom Grundgesetz geschützten Kulturhoheit zuständig sind. Für den Kanzler und die Regierung war das Urteil eine der schmählichsten Niederlagen überhaupt. Doch ein Programm würde auf die Dauer nicht ausreichen, glaubten auch die Bundesländer. So schlossen sie wenige Monate später einen Staatsvertrag, der eine weitere, im Gegensatz zu den ARD-Mitgliedern aufs Fernsehen beschränkte Anstalt des öffentlichen Rechts vorsah. Im April 1963 nahm das ZDF den Betrieb auf und brachte am Ende des Jahrzehnts noch einmal fast so viel Programm unters Volk wie die ARD.

Diese wenige Jahre zuvor noch unvorstellbare Menge an bequem im häuslichen Sessel konsumierbaren Bildern prägte die Medien und den Alltag. Nur langsam wurde klar, dass sich die Sicht auf die Welt veränderte, wenn diese Welt plötzlich ins Haus kam. Heute ist es völlig selbstverständlich, wenn der Zuschauer beobachtet, wie Staatsmänner einander treffen, wenn im Irak die Autos in die Luft fliegen, wenn im Gazastreifen Menschen um ihr Leben rennen, wenn nach einem Anschlag irgendwo Blutlachen auf der Straße zu sehen sind. Bis zum Ausbruch des totalen TV-Zeitalters hatte man von solchen Ereignissen höchstens ein paar zerhäckselte Bilder in der Wochenschau vor dem Hauptfilm im Kino gesehen. Nun aber hatte man die Astronauten im Wohnzimmer, ebenso die hungernden, mit aufgetriebenen Bäuchen herumlaufenden Kinder in der Krisenregion Biafra (Nigeria), die Kämpfe in Vietnam, die brennenden Autos vor den Springer-Häusern Ostern 1968 und vieles mehr. »Nicht Abglanz, sondern wahrnehmbare, identische Welt, getauft mit Gleichzeitigkeit«, nannte Helmut de Haas diese neue Form der Erfahrung.

Was das in den Köpfen veränderte, begann Kulturkritiker, Wissenschaftler und Journalisten zu interessieren. Klar war schon bald, dass die Politik fortan unter anderen Bedingungen stattfand. Die Abneigung gegen die amerikanische Politik und die Opposition gegen den Vietnamkrieg wäre ohne die emotionalisierenden Filmberichte aus Südostasien nicht so rasch gewachsen. Die Hilfswelle, die das Elend von Biafra auslöste, ging weitgehend auf die Wirkung der TV-Berichte zurück. Und es gibt Vermutungen, dass die Studentenrebellion 1968 anders verlaufen wäre, hätten nicht die Fernsehsender so ausgiebig darüber informiert.

Jenseits solcher schwer berechenbaren politischen Spuren veränderte das Fernsehen die Lebensgewohnheiten breiter Schichten. Viele Skatrunden und Stammtische in den Kneipen schrumpften oder lösten sich auf. Wirte reagierten darauf, indem sie Fernsehgeräte aufstellten. In den Dörfern und Nachbarschaften wurde es unüblich, einander abends auf einen Schwatz oder ein Kartenspiel zu besuchen. In den Wohnzimmern wanderte der traditionell in der Mitte stehende Familientisch woandershin, weil er die Platzierung des Fernsehers erschwerte.

Immer mehr bestimmte der Druck auf den Knopf den abendlichen Rhythmus. Die *Tagesschau* oder von 1963 an die Nachrichtensendung des ZDF und die nachfolgenden Sendetermine entschieden über den Zeitpunkt des Essens und des Zubettgehens. Zu Anfang wirkte das Gerät sogar tatsächlich noch kommunikationsstiftend. Als erst eine Minderheit der Haushalte einen Fernseher besaß, versammelten sich Nachbarn, Freunde oder schon aus dem Haus gegangene Kinder öfter in den Wohnzimmern, um zum Beispiel *Den goldenen Schuss* mit Lou van Burg, *Vergißmeinnicht* mit

Peter Frankenfeld oder die Fußballländerspiele und das *Aktuelle Sportstudio* zu sehen, das mit dem ersten Spieltag der Fußball-Bundesliga am 24. August 1963 auf Sendung ging. Man sprach über das Gesehene, fieberte mit, naschte Häppchen, trank ein Likörchen und geriet ins Diskutieren. Mit der schnellen Verbreitung der Geräte blieben die Familien dann allerdings wieder unter sich. Das Fernsehen war ein Ereignis und aus dem Alltag nicht mehr wegzudenken.

Bonanza, die *Orion* und der *Internationale Frühschoppen*

Am stärksten litt der Spielfilm unter dem Siegeszug des Fernsehens. Wer nur die Zahlen sah, konnte leicht dazu neigen, das Totenglöckchen für die ganze Branche zu läuten: etwa 600 Millionen verkaufte Kinokarten im Jahre 1960 und nur noch 160 Millionen zehn Jahre später. »Opas Kino ist tot«, verkündete frohgemut eine Gruppe von jungen Filmemachern 1962 im »Oberhausener Manifest«. Das war leicht übertrieben, denn die alte Traumfabrik, die in den Sechzigern neben einigen künstlerisch anspruchsvollen Filmen vor allem Unterhaltung fabriziert hatte, lieferte weiterhin ihre Krimis, Liebesdramen, Heimatschnulzen und Schlagerfilme ab. Hinzu traten, später im Jahrzehnt, die Aufklärungswerke von Kolle. Aber es kam nicht von ungefähr, dass die Jury des deutschen Filmpreises 1961 weder einen »besten Film« noch einen »besten Regisseur« fand. Die Machart wirkte eben immer altbackener, und was den Unterhaltungswert anging, bot der Apparat im Wohnzimmer zu komfortableren Bedingungen mindestens ebenso viel. Wie sehr der Bildschirm den Filmtheatern zusetzte, zeigte das damals viel häufiger als später gebrauchte Wort vom Pantoffelkino.

Die jungen Stürmer und Dränger des Films maßen sich nicht an Opas Kino. Regisseure wie Ulrich Schamoni, Volker Schlöndorff, Werner Herzog und Alexander Kluge wollten etwas schaffen, das mit der neuen amerikanischen oder tschechoslowakischen Filmkunst und vor allem mit der französischen Nouvelle Vague und ihren Filmen von Louis Malle und Jean-Luc Godard konkurrieren konnte. Am Ende des Jahrzehnts kam Rainer Werner Fassbinder hinzu, der bis dahin alternatives Theater gemacht hatte und nun in einem wahren Schaffensrausch Filme mit einer ganz eigenen Ästhetik wie *Liebe ist kälter als der Tod* oder *Katzelmacher* in die Kinos brachte. Dieser »junge deutsche Film« reichte ökonomisch nie an die Erfolge heran, die

Oswalt Kolle mit seinen Aufklärungsfilmen hatte. Dass aber auch künstlerisch ambitionierte Filme Kassenschlager werden konnten, bewies unter anderen *Das Schweigen* von Ingmar Bergman. Allerdings spielte dabei wohl auch eine Rolle, dass der schwedische Regisseur eine für diese Zeit aufsehenerregende Sex-Szene zeigte. Der »junge deutsche Film« konnte für sich in Anspruch nehmen, den deutschen Film künstlerisch erneuert zu haben. Staat und Öffentlichkeit erkannten dies an, zum Beispiel in Form der ersten deutschen Filmschule, die 1966 ihren Betrieb in Berlin aufnahm.

Die breite Masse der Bevölkerung sah im Fernsehen dagegen von vornherein vor allem eine Unterhaltungsmaschine. Straßenfeger von ungewohnter Attraktivität waren die mehrteiligen Krimis von Francis Durbridge oder Edgar Wallace. Sie hießen *Das Halstuch*, *Melissa* oder *Der Hexer*. Die halbe Nation diskutierte darüber, wer am Ende der Mörder sein würde. In einem Fall betätigte sich der Berliner Kabarettist Wolfgang Neuss als Spielverderber und verriet der Öffentlichkeit einen von dem sehr beliebten Schauspieler Dieter Borsche gespielten Mann als Täter. Die Empörung schlug hohe Wellen, die Schadenfreude bei einer Minderheit des Publikums allerdings auch.

Aus den USA kamen Serien, die quer durch die Generationen Fans fanden. Sie befriedigten ein in diesen unruhigen Zeiten noch verstärktes Bedürfnis nach heiler Welt. *Bonanza* spielte im amerikanischen Westen und erreichte in 14 Jahren insgesamt 440 Fortsetzungen. Die Serie gehörte zu den Markenzeichen des ZDF, nur wenige erinnern sich, dass die ARD 1962 die ersten 14 Teile gesendet hatte. Aber wegen gelegentlicher Schießereien und Schlägereien regten sich Bedenken, das Ganze sei zu brutal. So bekam das ZDF die Chance, die Serie von 1967 an zu zeigen. Wie in Amerika identifizierten sich nun in Deutschland immer mehr Zuschauer mit der frauenlosen Familie aus Vater und drei Söhnen mit höchst unterschiedlichen Charakteren, die auf der »Ponderosa Ranch« hauste und ihre kleinen und großen Probleme nach dem Motto »Einer für alle, alle für einen« löste. Der chinesische Koch Hop Sing ersetzte die fehlende Hausfrau und Mutter. Die Dramaturgie und die Darsteller waren perfekt oder zumindest fast perfekt. Einen kleinen Ausstattungsfehler wiesen zum Beispiel die Hosen der Männer auf. Sie waren mit Reißverschlüssen versehen, die es in der Mitte des 19. Jahrhunderts, in der die Serie spielte, noch gar nicht gab.

Eine ganze Reihe von Serien, in denen Tiere eine Hauptrolle spielten, kam gleichfalls aus den Vereinigten Staaten, so *Flipper*, *Lassie* und seit 1960

Daktari. Die Hunde, Delfine oder Affen, die da auftraten, verblüfften und erfreuten die Zuschauer mit einer fast menschlichen Intelligenz. Besondere Popularität genossen der schielende Löwe Clarence und die aufmüpfige Schimpansin Judy aus *Daktari*, die mit dem Tierarzt Dr. Marsh Tracy und dessen Tochter Paula in Afrika die schönsten Abenteuer erlebten.

Dietmar Schönherr, Wolfgang Völz, Eva Pflug, Herwig Walter und Claus Holm in der TV-Serie *Raumpatrouille Orion*.

Die Deutschen produzierten bald Serien nach amerikanischem Vorbild. Die *Familie Hesselbach* durchlebte auf dem Bildschirm die alltäglichen Probleme von alltäglichen Zeitgenossen. Und am 17. September 1966 hieß es dann zum ersten Mal: »Was heute noch wie ein Märchen klingt, kann morgen Wirklichkeit sein. Hier ist ein Märchen von übermorgen.« Die *Raumpatrouille Orion* startete in den Weltraum. Commander McLane alias Dietmar Schönherr und Leutnant Tamara Jagellovsk alias Eva Pflug waren das erste intergalaktische Traumpaar des deutschen Fernsehens. Sie und ihre Mannschaft bewiesen, dass man ein Raumschiff mit einem umfunktionierten Bügeleisen fliegen und dabei sowohl das Weltall als auch die Erde gegen die

»Frogs« verteidigen konnte. Die Unterwasser-Bar, in der sich McLane und seine Leute erholten, war schnell ebenso legendär wie die Tänze »von übermorgen« und die Miniröcke der Astronautinnen.

Hans-Joachim Kulenkampff in *Einer wird gewinnen* 1968.

Am Samstagabend lockten die großen Shows die ganze Familie vor den Fernseher. Peter Frankenfeld, Vico Torriani, Lou van Burg oder auch Hans-Joachim Kulenkampff gaben sich seriös und im Gegensatz zu ihrem Nachfolger Thomas Gottschalk nicht als bunte Vögel. Sie leisteten sich allenfalls kleine Extravaganzen wie Frankenfeld sein groß kariertes Jackett. Kulenkampff verließ die Bühne stets mit weißem Schal, Mantel und Hut, die ihm sein »Butler« Martin Jente mit ein paar sarkastischen Kommentaren zur Sendung überreichte. Als diese Veranstaltungen mit den großen Treppen, den Big Bands und den Ratespielen etwas verstaubt anzumuten begannen, kam aus den Niederlanden ein junger schlaksiger und fantasievoller Mann namens Rudi Carrell, der neue Formen der Show-Unterhaltung kreierte.

Zwischen Unterhaltung und Information bewegte sich Eduard Zimmermann mit einer ZDF-Sendung, die noch heute besteht, weil sie geschickt den Kriminalisten in jedermann weckt: *Aktenzeichen XY ungelöst* suchte echte Verbrecher mit nachgestellten Filmen und dazugehörigen Informationen aus Fahndungsbriefen. Für das seriöse Fernsehen war das eine Sensation wie später *Big Brother* für das weniger seriöse. Große Sprengkraft entwickelten gelegentlich politische Sendungen, vor allem die von der ARD produzierten Magazine. *Panorama* vom Norddeutschen Rundfunk erfüllte mit der Aufdeckung von Skandalen eine ähnliche Funktion wie der *Spiegel* bei den Printmedien. Und da Politiker noch mehr als heute annahmen, das Medium könne über ihre Wahlchancen entscheiden, waren die Reaktionen entsprechend harsch. Immer wieder mussten *Panorama*-Chefs vorzeitig gehen, darunter so bekannte Journalisten wie Gerd von Paczensky, Rüdiger Proske oder Professor Eugen Kogon. In ähnliches Sperrfeuer geriet auch der *Monitor* vom WDR. Unumstritten war hingegen eine Sendung, die allsonntäglich Heerscharen von Männern vor dem Fernseher versammelte, ehe die Hausfrau zum Mittagessen rief. Werner Höfer als Moderator sprach beim *Internationalen Frühschoppen* etwas gravitätisch und autoritär mit ausländischen Journalisten das Weltgeschehen so durch, dass viele Zuschauer später glaubten, sie hätten nun endlich alles verstanden.

Sichtbeton und Platte
Der Fortschritt als Bausünde

Wie in einem anderen Land und um Jahrzehnte zurückversetzt: So konnte sich ein Bundesbürger fühlen, wenn er, was selten vorkam, abseits der Autobahnen durch die DDR fuhr. Enge, kurvenreiche Straßen mit Baumreihen an beiden Seiten. Verwinkelte Dörfer und kleine Städte mit holprigem Kopfsteinpflaster und malerischen Häusern, an denen freilich der Zahn der Zeit sichtbar nagte. Wenig Verkehr, kaum Gaststätten und Geschäfte, rare Straßenlaternen.

Kam der Reisende zurück, blieben nostalgische Erinnerungen. Im Westen fielen nämlich immer mehr Bäume für immer breitere Straßen. Alte Häuser verschwanden, Betonbauten entstanden, und das in einem wenig fantasievollen Stil. Lärmende Autos, grauer Beton statt grüner Idylle.

Auf der grünen Wiese

Beim Vergleich der äußeren Umstände mochte man kaum glauben, dass es sich bei der DDR und der Bundesrepublik um zwei Teile eines Landes handelte, schrieb damals der Soziologe Ralf Dahrendorf. Trotzdem gab es Ähnlichkeiten und parallele Tendenzen in der Entwicklung auf dem Land, in den Dörfern und den Städten.

Die Menschen veränderten die Landschaft mit massiven Eingriffen. Im Westen geschah das unter anderem durch die in den Sechzigerjahren forcierte Flurbereinigung. Die oft weit auseinanderliegenden Flächen der Höfe wurden zusammengelegt, um sie effizienter bewirtschaften zu können. Kleinere Höfe gaben auf, weil sie unwirtschaftlich geworden waren. Die größeren Betriebe wiederum konnten das immer reichlicher werdende Angebot an Maschinen besser nutzen. Dadurch verschwand nach und nach das Pferd als Nutztier aus der Landwirtschaft und verwandelte sich in ein Freizeittier für Reiter. Da kam ein Mähdrescher auf den Hof, dann ersetzte ein neuer, stärkerer Traktor den alten, eine Melkmaschine wurde angeschafft, ein Heuwender, ein Rübenkapper, ein Kartoffelroder. Und jede Maschine ersparte menschliche Arbeitskraft, sodass irgendwann der Bauer allein wirtschaftete, weil er alle Knechte und Mägde hatte entlassen können. Darüber wiederum freute sich die produzierende Wirtschaft, weil sie die so freikommenden Arbeitskräfte gut gebrauchen konnte. Die Abwanderung aus dem Agrarsektor gehörte zu den großen, allerdings wenig beachteten Trends in der Bevölkerungsstruktur. 1950 hatte jeder vierte Beschäftigte in der Landwirtschaft gearbeitet, 1960 waren es noch rund 14 Prozent, 1970 weniger als 9 Prozent – mit weiter stark fallender Tendenz.

Auch die DDR kannte eine Flurbereinigung, allerdings hieß sie dort nicht so, hatte einen noch größeren Umfang, wurde mit Druck und Zwang durchgesetzt und war Teil der von Staat und Partei betriebenen Kollektivierung der Landwirtschaft. Privathöfe gingen in Produktionsgenossenschaften (LPGs) auf, und die vereinigten die früher verstreuten Flächen zu besser zu bewirtschaftenden Einheiten. Im Jahre 1960 war der Prozess bereits in vollem Gang, dauerte jedoch das ganze Jahrzehnt hindurch an. Existierten 1960 noch 20 000 genossenschaftliche Betriebe, waren es 1970 lediglich halb so viele. Auch hier kamen durch die Konzentration und gleichzeitige Mechanisierung Arbeitskräfte frei, die der ausgehungerte Markt sofort aufsog. Indes verlief der Prozess hier langsamer als im Westen. 1960 arbeiteten noch 17 Prozent der Beschäftigten in der Landwirtschaft, bis 1970 sank der Anteil auf etwas unter 13 Prozent.

Was oft übersehen wird: Mit den Eingriffen erleichterte sich der Mensch die Arbeit und schadete der Natur. Bei der Zusammenlegung von Flächen verschwanden Wiesen und Feldraine, kleinere Holzbestände wie Hecken mussten dran glauben. Gleichzeitig regulierten die Agrartechniker Bäche und Flüsse, um sie besser kontrollieren zu können. Das alles vernichtete Lebensräume für Pflanzen und Tiere. So manche Insektenart, so manche Blumengattung kam zu dieser Zeit im Wortsinne unter die Räder. Die Flurbereinigung war hüben wie drüben ein früher Beitrag zur Verringerung der Artenvielfalt.

Die Maschinenparks in den Genossenschaften wuchsen ähnlich schnell wie in der Bundesrepublik. Im Übrigen verlief die Motorisierung wesentlich schleppender. Darum war der Bedarf an neuen oder ausgebauten Straßen geringer, und wo die Nachfrage bestand, mangelte es dem Staat häufig an Geld. Zudem fehlte in der DDR ein Faktor, der in der Bundesrepublik die Kapazität der Straßen strapazierte.

Es waren die Pendler, die rasch mehr Verkehr erzeugten. Im Osten fuhren die Menschen, weil es so wenige Privatwagen gab, bevorzugt mit dem Bus, der Bahn oder dem Fahrrad zum Arbeitsplatz und zurück. Im Westen benutzten immer mehr Menschen immer mehr Autos auf immer längeren Strecken. Das hing mit den sich wandelnden Lebensgewohnheiten und der sich verändernden Siedlungsstruktur zusammen.

Der Schriftsteller Erwin Sylvanus zog in ein westfälisches Dorf, um in Ruhe arbeiten zu können. In einem Aufsatz schilderte er später, wie sich der Ort Mitte der Sechzigerjahre präsentierte: Die Waldarbeiter, die zehn Jahre zuvor noch in seiner Siedlung gewohnt hatten, sind verschwunden. Der ortsansässige Baron braucht sie nicht mehr, die Motorsägen erledigen die Arbeit schneller und billiger. Früher haben im Dorf auch viele Maurer gelebt, aber die alteingesessene kleine Baufirma hat aufgegeben, die Maurer haben umgesattelt und arbeiten in Nachbargemeinden. Sogar der Bürgermeister ist tagsüber nicht mehr erreichbar, weil er sein Geld in einem Büro in der Kreisstadt verdient. Und eine vorübergehend angesiedelte kleine Fabrik ist längst wieder stillgelegt. Es gibt also kaum noch Arbeit, fast alle Männer und die wenigen berufstätigen Frauen pendeln morgens fort und abends wieder herein. »Zu Mittag ist das Dorf ein Dorf der Frauen«, schreibt Sylvanus. Wenn sich außer ihnen überhaupt jemand auf der Straße bewegt, dann ist es einer der sechs übrig gebliebenen Bauern, der bei einem Gespräch sofort zu klagen beginnt. Selbst ein Ortspolizist ist nicht mehr anzutreffen, weil die Reviere zu größeren Einheiten zusammengefasst werden. Jetzt kommt allenfalls eine Funkstreife aus der Kreisstadt vorbei.

Sogar am Wochenende hat die Pendelei kein Ende. Dann reisen Großstädter an und entspannen sich in ihren neu gebauten Sommerhäusern. Immerhin liegt das Dorf zu weit von den großen Städten entfernt, als dass Menschen von dort gleich ganz ihren Wohnsitz hierher verlegen. In anderen, stadtnäheren Gemeinden geschieht das tagtäglich. In den zu Geld kommenden Mittelschichten sehnten sich vor allem junge Familien nach dem »Eigenheim im Grünen«, das den Kindern das Aufwachsen in einer gesunden Umwelt bescheren sollte. Damals setzen die Städte die ersten Ringe von Einfamilienhäusern an, am liebsten frei stehend. Wem der

Stadtrand noch zu städtisch oder zu teuer war, der wich in benachbarte Dörfer aus. So musste nicht nur der Vater zur Arbeit pendeln, sondern auch die Hausfrau zum Einkaufen und die größeren Kinder zur Schule. Der Preis für das Wohnen auf dem oder nahe dem Land war also ein rasch wachsender Verkehr, der die Stadt- und Landschaftsplaner an vielen Stellen überforderte.

Die Städte zerfaserten an den Rändern immer mehr, oder sie wuchsen ziemlich wild mit den Nachbarorten zusammen, was irgendwann deren Eingemeindung erforderte. Weil aber die Innenstädte mit ihren immer zu wenigen Parkplätzen zunehmend schlechter zu erreichen waren, entstanden nach amerikanischem Vorbild die ersten großen Einkaufszentren auf der grünen Wiese. 1964 eröffnete das Main-Taunus-Einkaufszentrum an der Autobahn Frankfurt – Wiesbaden, ein Musterbeispiel für weitere Anlagen. Dorthin fuhren nicht nur die Menschen aus den kleinen Gemeinden im nahe gelegenen Taunus, sondern aus dem ganzen Rhein-Main-Gebiet und den Außenvierteln Frankfurts. Was später eine Selbstverständlichkeit wurde, hier war es eine viel bestaunte und sofort erfolgreiche Sensation – in einer zeittypischen, aber wenig anheimelnden Architektur.

Die wachsende Beliebtheit von Einkaufszentren und Selbstbedienungsläden veränderte die gesamte Infrastruktur in rasantem Tempo. Am Beispiel einer kleinen Straße in dem alten Hamburger Wohnviertel Winterhude lässt sich das illustrieren. Die Straße ist etwa 150 Meter lang. In jedem der aus der Zeit um die Jahrhundertwende stammenden Altbauten waren zwei Geschäfte untergebracht. Da gab es einen Schlachter, zwei Gemüsehöker, ein Milchgeschäft, eine Feinkosthandlung, eine Drogerie, einen Nähmaschinenmechaniker, eine Wäscherei, einen Brotladen (nicht zu verwechseln mit einer Bäckerei), einen Krämer mit branchenübergreifendem Sortiment, einen Polsterer. Am Ende des Jahrzehnts waren zwei dieser Geschäfte übrig, die anderen hatten Wohnungen Platz gemacht.

Die Stadtzentren drohten indessen zu veröden. Renditestarke Büro- und Geschäftshäuser verdrängten die Wohnungen, Restaurants und Bars, die für ein urbanes Ambiente gesorgt hatten. Es entstanden jene Hausmeister-Städte, in denen nach Geschäftsschluss eben nur noch die Hausbesorger und die Reinigungskräfte unterwegs waren. Zum bundesweit negativen Symbol für diese Form von Stadtzerstörung wurde das Frankfurter Westend. Wo früher ein gutbürgerliches Wohnviertel gestanden hatte, wuchsen immer mehr Büroklötze in den Himmel.

Als Gegenbewegung, die zumindest einiges heilte, kamen in den Sechzigern die Fußgängerzonen, und zwar in Ost und West. In der DDR verfielen zwar ganze Teile der Innenstädte, aber verkehrsfreie Einkaufs- und Bummelbereiche entstanden dort vergleichsweise früh und großzügig. Die Behörden brauchten dank des rigoroseren Planungsrechts nicht so viele Rücksichten zu nehmen. So entstanden solche Zonen dort, wo der Wiederaufbau der im Krieg zerstörten Innenstädte nun erst richtig in Schwung kam, zum Beispiel in Berlin (Alexanderplatz), Dresden (Prager Straße) oder Karl-Marx-Stadt bzw. Chemnitz (Karl-Marx-Forum). Auf diese Weise kompensierten die großen Städte die Tristesse anderer Viertel.

»Lieben Sie lauter«

Der Bauwirtschaft kam hüben wie drüben eine Schlüsselfunktion zu. Im Osten baute der Staat mit Vorliebe Kulturhäuser. Eine erste Generation dieser Einrichtungen war seit Mitte der Fünfziger entstanden. Die zweite Generation prägte die Sechzigerjahre in Gestalt großer Hallen mit angeschlossener Gastronomie und anderen Dienstleistungen, etwa in Dresden, Karl-Marx-Stadt bzw. Chemnitz oder Cottbus. Der berühmte Palast der Republik, von den Berlinern »Erichs Lampenladen« genannt, eröffnete zwar erst in den Siebzigern, ging aber im Konzept auf den Trend der Sechziger zurück und wurde dann zum Höhepunkt dieser Welle.

In Westdeutschland entstanden im Zeichen der Bildungsoffensive überall neue Schulen und Hochschulen, Museen bekamen Neubauten, die alten Rathäuser erwiesen sich nach einer Explosion von Verwaltungsaufgaben als zu klein. Die Kommunen bauten sich teilweise riesige »Stadthäuser« und überließen die Altbauten den repräsentativen Gelegenheiten. Viele dieser Bauten gelten heute als Altlasten, weil sie einem damals modernen Stil der Monotonie, der glatten Fronten und kubischen Formen huldigten. Ein bevorzugtes Baumaterial war der unverputzte Sichtbeton, der mit seiner grauen Grobkörnigkeit später als typisch für einen Trend zur Brutalität im Bauen dieses und des nächsten Jahrzehnts galt. Allerdings gab es auch rühmliche Ausnahmen. Das Zeltdach aus Kunststoff über dem Olympiagelände in München, das in den Siebzigern ein Symbol für das moderne Bauen war, geht auf Konstruktionspläne und Ideen aus den Sechzigern zurück.

Sichtbeton und Platte 203

Blick auf die Karl-Marx-Allee in Berlin 1964.

Der Trend zum Schema F und einer gewissen Grobschlächtigkeit zeichnete viele der Wohnbauprojekte in West wie Ost aus. In beiden Teilen Deutschlands bestand weiterhin ein immenser Bedarf an Wohnraum. Noch immer wirkte sich aus, dass durch den Strom der Flüchtlinge seit dem Krieg mehr Menschen auf engerem Raum lebten. Zudem wuchsen die Ansprüche an das Wohnen mit den höheren Einkommen. Dieser Druck auf den Markt führte zu immer größeren Siedlungsprojekten am Rand der Städte und zu immer stärker industrialisierten Bauweisen. Die »Platte« wurde im Osten nachgerade zum Synonym für den Wohnblock und die Wohnung von der Stange.

Westdeutsche äußerten sich mit großer Abschätzigkeit über Retortensiedlungen im Osten wie Halle-Neustadt, wo am Ende 100 000 Menschen in Blocks untergebracht waren, die sich endlos aneinanderreihten. Allerdings strotzte so manches Viertel im Westen, etwa das kölnische Chorweiler, auch nicht gerade von architektonischer und städteplanerischer Fantasie. Die Bewohner aber sahen das damals ganz anders. Umfragen zufolge waren sie nach ihren Erfahrungen mit den früheren Altbauten froh über die hellen, luftigen, mit Warmwasser, Heizung, Bad und Toilette ausgestatteten Wohnungen.

Ein typisches Produkt des Denkens in immer größeren Einheiten war im Westen das Apartmenthaus. Heute glänzen solche Gebäude oft mit Komfort und abwechslungsreichen Grundrissen. Damals waren viele dieser Häuser eine Summe von aneinandergereihten Schachteln, mit langen, düsteren Fluren, billig und schnell gebaut, anonym und hellhörig. Hier wohnten, wie Horst Krüger 1968 schrieb, der jugendliche Held von den Städtischen Bühnen, die Chefsekretärin eines großen Konzerns, der adlige Vertreter einer Lebensversicherung, ganz selten Familien, manchmal eine Dame, die anschaffen ging. Es handele sich, so der Schriftsteller weiter, um den Wohnstil der »etablierten Outcasts«. Die meisten waren Singles (auch wenn das Wort noch nicht gebräuchlich war), manche benutzten so eine Wohnwabe von 30 Quadratmetern mit winziger Kochnische als Absteige während der Woche, weil sie am Wochenende zu ihren Familien fernpendelten.

Oft störte die Hellhörigkeit der neuen Bauten das Privatleben. Der westdeutsche Autor Otto Jägersberg schrieb in dieser Zeit den Einakter *Cosa Nostra* über ein junges Ehepaar, das glücklich ist über eine gemietete Neubauwohnung weit vor der Stadt, aber allmählich merkt, dass es sich um eine Bruchbude handelt.

> 6. Szene: Die beiden schlafen.
> Wecker klingelt
> Dieter: Stell den Wecker ab.
> Inge: Das ist nicht *unser* Wecker!
> Dieter: Was?
> Inge: Das ist Mösings Wecker.
> Dieter: Das ist nicht wahr. Das darf nicht wahr sein!
> Springt aus dem Bett, haut gegen die Wand.
> Stimme hinter der Wand: Sind Sie bescheuert?

Das Gegenstück dazu ist ein in der DDR damals kursierender Witz. Frage an Radio Jerewan: »In unserer Neubauwohnung sind die Wände so dünn, dass man alle Geräusche im Haus hört. Nachts hören wir sogar, wenn sich unsere Nachbarn lieben. Was können wir tun?« Antwort von Radio Jerewan: »Lieben Sie lauter.«

Immerhin regte sich bald Kritik an den städtebaulichen Defiziten. Der Psychoanalytiker Alexander Mitscherlich schrieb 1965 das bekannte Pamphlet *Die Unwirtlichkeit unserer Städte* und karikierte darin die Gigantomanie vieler Neubauprojekte: »Umbaute Kubikmeter werden auf Kubikmeter getürmt. Das Ganze sieht wie ein durch Züchtung zu ungeheurer Größe herangewachsenes Bahnwärterhäuschen aus.« Im Osten gab es keinen Zweifel daran, dass die öffentliche Hand für die Fehlleistungen verantwortlich war. Für den Westen meinte Mitscherlich, diese Art des Bauens werde »ausschließlich von der Rendite bestimmt«. Der Deutsche Städtetag zog auf einem Kongress 1971 eine Bilanz der Verheerungen, die das Jahrzehnt zuvor angerichtet hatte. Das Motto der Konferenz lautete: »Rettet unsere Städte jetzt.«

Eine Welt ohne Mikrowelle und Pampers
Wie sich der Alltag veränderte

Vierzig Jahre nur zurück – eine andere Welt. Wer sich als Zeitreisender aus der Gegenwart in die Sechziger versetzen ließe, hätte einige Schwierigkeiten, sich im Alltag zurechtzufinden. Er träfe auf Menschen, die noch nie eine Mikrowelle, einen Laptop oder eine Kreditkarte gesehen haben. Sein Handy wäre ebenso nutzlos wie der CD-Player oder die Funkuhr. Und wenn er sich auf die Suche nach einem Schnellrestaurant der Döner- oder Burger-Kategorie machte, müsste er frustriert aufgeben. Bei Familien mit Säuglingen und Kleinkindern standen stets Eimer mit weißen Stoffwindeln herum, die nach Gebrauch und vor dem Waschen einweichen mussten und darum etwas vor sich hin müffelten. Wer nach Pampers suchte, suchte vergeblich. Gab's alles nicht.

Genauso wenig wie die Paradiese für Hand- und Heimwerker, die Baumärkte. Stattdessen ging der Kunde in ein Eisenwaren- und Haushaltsgeschäft, wo graugekittelte, meist etwas mürrisch blickende Herren hinter langen Theken standen und die Ware aus Schubladen und hohen Regalen holten. Diese Läden hatten den Vorteil, dass man eine höchst fachliche Beratung und Nägel oder Schrauben auch einzeln abgezählt, manchmal sogar abgewogen bekam. Bretter holte man sich vom Tischler, der sie auch zuschnitt, wenn er gute Laune hatte. Kaum jemand von den Jüngeren weiß noch, was ein Choke ist, damals war das Wort jedem Autofahrer wohlvertraut. Es handelte sich um einen kleinen Knopf am Armaturenbrett, den der Fahrer beim Start eines kalten Motors ziehen musste, um eine Luftklappe zu schließen und so ein kraftstoffreiches Gemisch zu erzielen. Sobald der Motor rund lief, musste man den Knopf wieder eindrücken, weil der Motor sonst zu wenig Luft bekam – und stotterte.

Alle Jungs wollten irgendwann Lokomotivführer werden und mit den zischenden und fauchenden Ungetümen durch die Landschaft fahren. Bei den Dampflokomotiven sorgte die ständige Kohlenzufuhr dafür, dass genügend Druck im Wasserkessel herrschte, um die Maschine in Gang zu halten. Im Laufe der Sechziger verflüchtigte sich der dampfende Kindertraum. Immer mehr Strecken wurden elektrifiziert, bis die Bundesbahn 1977 die letzte Dampflok aus dem Betrieb nahm. Die DDR folgte rund zehn Jahre später. Seitdem können sich Liebhaber allenfalls noch im Museum oder auf Sonderfahrten an den Dampfrössern ergötzen.

Telefone, Telex, Schreibmaschinen – gemessen an den iPods, MP3-Playern, PCs, Handys, DVDs, Navigationssystemen, E-Mails und anderen Errungenschaften des digitalen Zeitalters mutet das, was damals zur Verfügung stand, wahrlich vorsintflutlich an. Die meisten Texte entstanden auf mechanischen Schreibmaschinen, die einen festen Anschlag erforderten, vor allem wenn noch, mittels eingelegten Blaupapiers und weiterer Bögen, Kopien entstehen sollten. Am Ende des Jahrzehnts verbreitete sich die weniger Kraft verlangende elektrische Maschine. Studenten, Schriftsteller und Hausfrauen aber liebten die flachen Reisemaschinen namens Erika oder Olympia.

Wer einen Text schnell verschicken wollte, tat das per Fernschreiber, auch Telex genannt. Ähnlich wie beim Telefon wählte man den Adressaten an und tippte die Buchstaben wie heute in den Computer. Der Empfänger bekam die Mitteilung also zeitgleich. Bei längeren Texten stellte der Absender einen Lochstreifen her, der die Buchstaben in Signale verwandelte. Dann ließ er den Streifen durch einen kleinen Apparat laufen, der die Signale so übermittelte, dass sie auf der anderen Seite als geschlossener Text aus dem Fernschreiber kamen. Vor allem die Journalisten wären ohne diese direkte und für die damaligen Verhältnisse schnelle Übertragung von Informationen arbeitsunfähig gewesen. Die Geräte standen in allen Redaktionen und hießen wegen der ratternden, tickernden Geräusche, die sie von sich gaben, im Alltagsjargon Ticker. Noch heute sagen Medienleute und Politiker, sie hätten dieses und jenes »auf dem Ticker« gelesen, obwohl sie den Bildschirm meinen, der alles tut, nur nicht mehr tickern.

Musste es noch schneller gehen, hing der Reporter am Telefon und gab seine Texte der Heimatredaktion durch. Dort saßen Damen und Herren, die das Gesagte in unglaublichem Tempo stenografierten und dann tippten. Für sie war das oft ein schwieriges Geschäft, weil die Leitungen, zumal aus dem Ausland, immer wieder mal gestört oder zu leise waren. In den Siebzigern übernahm das Telefax viel von der Tätigkeit der Stenografen, und es ersetzte auch den Fernschreiber, ehe der Computer alles noch einfacher und billiger machte.

Ansonsten spielte das Telefon erst eine geringe Rolle. Am Ende der Sechziger hatten zwar die meisten Haushalte einen Fernseher, aber nur einer von dreien verfügte über einen Telefonanschluss. Großbritannien, die Niederlande, die Schweiz, ganz abgesehen von den USA waren um diese Zeit schon wesentlich weiter. Umso wichtiger waren die Telefonzellen an der Straße und in den Postämtern, ebenso wie die Nachbarschaftshilfe. Wer eines der zumeist schwarzen Bakelitgeräte mit der Wählscheibe im Flur hängen hatte, rechnete wie selbstverständlich damit, dass Freunde und Nachbarn vorbeikamen, um Gespräche entgegenzunehmen oder zu führen. Die stundenlangen Gespräche zwischen Freundinnen oder Liebenden gehören allerdings in spätere Jahrzehnte. Man beschränkte sich auf kurze Informationen und legte schnell wieder auf. Trotzdem machte hinterher die Runde, wer mit wem über was telefoniert hatte.

Vom schwierigen Umgang miteinander

Sie seien Gefangene ihrer Zeit gewesen, schreibt Ian McEwan in seinem Roman *Am Strand* über zwei junge, verliebte Menschen in England am Beginn der Sechziger: »Selbst unter vier Augen galten tausend unausgesprochene Regeln.« In Deutschland waren es vielleicht einige Regeln weniger, aber auch hier lag zwischen den Menschen oft eine von Konventionen umstellte Distanz, die ihnen das Leben mehr erschwerte, als es nötig war. Ein offener Umgang war noch nie die Stärke der Deutschen gewesen, und das wurde er auch jetzt nicht. Es begann bei scheinbaren Äußerlichkeiten. Nur wenige begrüßten einander mit einer Umarmung oder mit Küsschen rechts, Küsschen links. Der einfache Handschlag war die Regel, vor allem zwischen Männern. Als Ausnahme schon galt der Knuff mit der Faust, den der spätere Bundeskanzler Helmut Schmidt als äußerste Geste der Vertrautheit manchem Gegenüber versetzte. Männer, die einander mit mehr körperlichem Kontakt, gar mit einer Umarmung bedachten, konnten rasch als schwul gelten, und das war damals so ziemlich die größte Peinlichkeit. Viele Kinder und Jugendliche hatten ihre Eltern noch nie nackt gesehen. Mit Berührungen hielten viele sich selbst zu Hause zurück, umso mehr in der Öffentlichkeit. Ehepaare gingen brav eingehakt über die Straße, und auch junge Liebespaare hielten sich mit Zärtlichkeiten zurück, solange andere dabei waren. Eng umschlungene Pärchen auf den Schulhöfen hätten einen Auflauf und in jedem Fall das Einschreiten der Lehrer ausgelöst.

Das Sie war die übliche Anredeform unter Menschen, die nicht befreundet oder verwandt waren. Auch lange Bekanntschaft änderte daran wenig. Es gab das Sportler-Du, das Genossen-Du unter Sozialisten und Sozialdemokraten und das Arbeiter-Du im Betrieb. Wenn darüber hinaus das Du an die Stelle des Sie treten sollte, bedurfte es eines Rituals, bis es wirklich so weit war. Anbieten musste das Du immer der Ältere, und besiegeln mussten die neuen Freunde das Du mit dem Brüderschaftstrinken, bei dem die beiden rechten Arme mit den Gläsern in der Hand einander umschlangen. In dieser höchst unbequemen Stellung wurde getrunken. Bei schweren Verstimmungen wurde das Du in ähnlich formeller Art ostentativ wieder zurückgenommen.

Selbst Studenten siezten einander, und das änderte sich in vielen Bereichen auch dann nicht, als die Achtundsechziger so gut wie jedermann, notfalls sogar das Lehrpersonal duzten und das Sie als Zeichen der verhassten Bürgerlichkeit ablehnten. Nach dem Motto, dass alles Private auch politisch sei, hätten einige nun am liebsten mit allen über alles geredet. In Wirklichkeit blieb die Zurückhaltung doch beträchtlich. Als Folge der »sexuellen Revolution« sprachenen zumindest jüngere Menschen am Ende des Jahrzehnts weniger gehemmt und verklemmt über Liebe und Erotik, sei es in der Partnerschaft, sei es außerhalb der eigenen vier Wände. Über Krankheit und Tod blieb allerdings weiterhin manches ungesagt, worüber man später offener zu sprechen lernte. Das Wort Krebs umging man, es war allenfalls von einer »heimtückischen« oder von einer »schweren Krankheit« die Rede, an der jemand litt oder der er erlag. Ein großes Thema war hingegen die spinale Kinderlähmung, medizinisch ausgedrückt Polio. Fast jeder kannte jemanden, der an Kinderlähmung gelitten und bleibende physische Schäden davongetragen hatte, etwa ein gelähmtes Bein oder einen Hirnschaden. Das Polio-Virus, das diese manchmal tödlich endende Krankheit auslöst, überträgt sich von Mensch zu Mensch und gedeiht besonders gut in Wärme, weshalb die Behörden bestimmte Freigewässer in sommerlichen Hitzeperioden zu schließen pflegten, um eine Epidemie zu verhindern. Schutz bot ein Impfstoff, der zuerst gespritzt und später in flüssiger Form verabreicht wurde. Die gehasste bittere Flüssigkeit bekamen die Kinder auf ein Stück Würfelzucker geträufelt. »Zucker ist süß, Kinderlähmung ist grausam«, hieß der Werbespruch für die Impfkampagne, die ab 1962 lief. Heute ist dieser Satz nicht zuletzt deshalb kaum mehr bekannt, weil er so viel Erfolg hatte. Dank der Impfung verschwand der Polio-Erreger fast vollständig aus unseren Breiten.

Die Ästhetik der Kunststoffe

Fünfzehn Jahre nach dem Ende der Mangelwirtschaft konnten die Kunden in der Bundesrepublik zwischen 150 Nähmaschinenmarken, 80 Staubsaugern und 70 Heizkissen wählen. Sie standen vor den Schaufenstern und Regalen und fühlten sich überfordert. Darum gründete sich Mitte des Jahrzehnts die »Stiftung Warentest«, deren erste Testberichte in einer eigenen Zeitschrift im April 1966 erschienen. Es ging darin unter anderem um die Qualität von Stabmixern und Nähmaschinen. Über das Modell Anker-Phönix Gloria F (559 Mark) hieß es: »Eine sehr leichte Maschine mit einigen Mängeln, insbesondere beim Nähen.«

Höheres Einkommen und mehr Freizeit erzeugten eine wachsende Freude am Konsum. Die Industrie reagierte mit einer immer reichhaltigeren Produktpalette. In der Wohnung der Fünfziger hatten die alten, schweren Möbel, gern aus Eiche, und die leichteren, verspielten Erzeugnisse der Nierentisch-Epoche nebeneinander existiert. Ästheten galten beide Richtungen als äußerst zweifelhaft, strenge Kulturkritiker sprachen von der kleinbürgerlichen Hölle, in der sich die Bundesdeutschen eingerichtet hätten. In dieser Art zu wohnen hatte sich, nach all dem Chaos der Kriegs- und Nachkriegszeit, eine Sehnsucht nach Geborgenheit und heiler Welt ausgelebt. Das Bedürfnis nahm nun ab. Es folgte eine neue Alltagsästhetik der Zweckmäßigkeit, Hygiene und Sachlichkeit, die Fortschritt symbolisierte. Die Kunststoffe waren das Material des Jahrzehnts.

Die Sitzmöbel wurden von den schweren Stoff- oder Lederpolstern befreit. Ein heute noch oder wieder beliebter Klassiker stammt aus der Mitte der Sechziger: der Freischwinger des dänischen Designers Verner Panton. Dieses Mittelding aus Sessel und Stuhl besteht aus einem einzigen, im Stück gegossenen Kunststoff und ist gleichzeitig alltagstauglich, robust und von faszinierendem Schwung.

In der BRD beeinflusste die Hochschule für Gestaltung in Ulm das gehobene Design. Dort folgte man einer ähnlich puristischen Linie wie das

Dessauer Bauhaus der späten Weimarer Republik, legte aber mehr Wert auf die Brauchbarkeit, auf die Funktion der Alltagsgegenstände. Im Sinne der Ulmer Schule arbeitete die Firma Braun, die sich neue Plattenspieler, Radios, Elektrorasierer, Tischlüfter und andere Gebrauchsgegenstände entwerfen ließ. Mit ihrer kühlen Eleganz befremdeten diese Geräte zunächst viele Zeitgenossen, die an Dutzend-Design gewöhnt waren. Aber vor allem Akademiker bevorzugten solche Artikel, und andere Kreise konnten ihnen auch immer mehr Geschmack abgewinnen.

In der Küche machte die übliche, einzeln stehende Anrichte immer öfter den glatten Einbauschränken mit Arbeitsplatten, viel Stauraum und eingebauten Teilen wie Herd und Spüle Platz. Hier besonders galten die Flächen aus Resopal als Ausweis von Modernität und Hygiene. Kunststoffe beherrschten auch die Welt der elektrischen Geräte, die in immer größerer Zahl die Küchen besiedelten. Da war die Küchenmaschine, die im Nu das Hacken, Häckseln, Schneiden und Mischen erledigte und der Hausfrau viel Arbeit abnahm. Da war der Toaster, der schon in den Fünfzigern aus Amerika gekommen war, nun zur Normalausstattung vieler deutscher Haushalte gehörte und die Esskultur um eine wesentliche Nuance bereicherte. Und da waren die vielen Behältnisse, die Haltbarkeit und Sauberkeit versprachen.

Zum Inbegriff der schönen neuen Warenwelt aus Plastik avancierte die Tupperware, die 1962 auf dem deutschen Markt auftauchte und dank eines ungewöhnlichen Marketingkonzeptes für viel Gesprächsstoff und Unterhaltung sorgte. Der Amerikaner Carl Tupper hatte Mitte der Vierzigerjahre eine »Wonderlier Bowl« konstruiert, eine luft- und wasserdichte Vorratsdose mit einem Sicherheitsverschluss, der eine längere Haltbarkeit der Lebensmittel garantierte. Eine ganze Kollektion von Behältnissen aus einem besonders haltbaren Kunststoff folgte. Tupper verkaufte und verkauft seine Waren weltweit im Direktvertrieb, auf den sogenannten Tupperpartys. Freunde, Kollegen, Bekannte und Verwandte kommen zusammen, um sich von einem Vertreter der Firma beraten zu lassen und anschließend eine möglichst lange Bestellung aufzugeben. Für seine Mühe erhält der Gastgeber eines der vergleichsweise teuren Produkte als Geschenk. Immer mehr Frauen schätzen seit damals nicht nur die Erzeugnisse, sondern auch diese Form der fast privaten Kommunikation. Heute finden allein in Deutschland etwa 1,5 Millionen Tupperpartys jährlich statt. Aus der von vielen Männern belächelten Idee ist so etwas wie eine Massenbewegung geworden.

Der Joghurt aus der Selbstbedienung

Die Küchen wurden schöner – und die Speisen raffinierter. Der mit einfachen Mitteln zu befriedigende Nachholbedarf der Fünfzigerjahre war gestillt, nun war mehr Genuss angesagt. In den Lebensmittelgeschäften füllten neue Artikel die Regale, neben Nescafé und anderen Instantartikeln auch die ersten naturtrüben Säfte, Vollkornbrote oder Diätmargarinen. Der gemeinsame europäische Markt sorgte dafür, dass Salami aus Italien und Käse aus Frankreich ins Angebot kamen. Als neue, angeblich hohes Alter garantierende Variante der Milchprodukte gewann der nicht nur als lecker, sondern auch als gesund gepriesene Joghurt schnell viele Freunde. Mit aller Macht drängten italienische Weine auf die deutschen Tische, allerdings gehörten viele davon zur billigen Art für den schnellen Genuss und den Massengeschmack. Sehr populär wurde die Pizza, beim Italiener an der Ecke oder fertig aus der Tiefkühltheke. Kinder liebten die Spaghetti-Schlachten mit Ketchup. »Ich hol schnell was aus der Kühltruhe!« Diesen Satz hörte man nun häufig in den bundesdeutschen Küchen. Der Verkauf von tiefgekühlten Produkten begann 1960 fast beim Punkt null und stieg dann umso steiler in die Höhe. Der Handel dachte zunächst, der Kunde wünsche Delikatessen zu erschwinglichen Preisen in dieser Abteilung, aber es erwies sich, dass es vor allem um Arbeitsersparnis ging. Also kamen einfache Nahrungsmittel wie Pommes frites, Kroketten, Gemüse und eben Pizza in die Theke. Und der letzte Schrei unter Freunden war eine Einladung zum Fleisch- oder Käsefondue.

Tiefkühlkosttheken gehörten nicht zur Ausstattung des normalen kleinen Lebensmittelgeschäfts, sondern waren ein typisches Angebot der Selbstbedienungsmärkte. Die ersten von ihnen hatten als viel bewunderte Neuerung in den Fünfzigern geöffnet, flächendeckend überzogen sie nun erst das Land. 1961 hatten alle SB-Geschäfte zusammen eine Verkaufsfläche von etwa 2 Millionen Quadratmetern, 1969 waren es schon vier mal so viele, Tendenz steigend. Wie so vieles kamen die damals »Discount« genannten Geschäfte aus den USA. Sie sparten Personalkosten, weil der Kunde selbst mit dem Einkaufskorb oder dem Einkaufswagen an den Regalen entlangschlenderte und damit einen Teil der Arbeit übernahm. Der berühmte Tante-Emma-Laden starb den Konkurrenztod, ohne allerdings völlig einzugehen, wie es manche damals prophezeiten. Auch weiterhin wollten Menschen sich bedienen lassen und dabei das Neueste aus der Nachbarschaft erfahren.

Ganz so stromlinienförmig amerikanisch, wie es sich einige Unternehmer vorstellten, wollten es die Deutschen doch nicht haben.

Eine andere Vertriebsart, deren Angebote und Umsätze ständig expandierten, war der Versandhandel. Sein Aufstieg hatte im Jahrzehnt zuvor begonnen, nun legte er aber erst so richtig los. »Neckermann macht's möglich« war der Slogan des Jahrzehnts. Das Frankfurter Versandhaus erreichte mit seiner Kombination aus Katalog und lokalen Läden 1965 zum ersten Mal einen Umsatz von mehr als einer Milliarde Mark – für die damaligen Verhältnisse ein astronomischer Betrag. Bald darauf waren die 1,5 Milliarden erreicht, ein Reiseunternehmen kam hinzu, und schließlich verkaufte der Mann vom Main sogar Eigenheime. Die Konkurrenz schlief nicht. Der Katalog von Quelle erreichte 1968 einen Umfang von 600 Seiten, mit einem Angebot für die ganze Familie vom Fernseher über Küchengeräte bis zu Spielzeug und Kleidern. Ähnlich wie in Amerika sahen ausreichend Kunden diese rein funktionale Abwicklung als ideal an. Darum wuchs die Branche trotz der Fehlkalkulationen bei Neckermann, die schon Mitte der Sechziger zu einer finanziellen Schieflage und in den Siebzigern dann zum endgültigen Absturz des lange als Musterkind des Wirtschaftswunders gepriesenen Unternehmens führten.

Wer mehr kauft und konsumiert, produziert mehr Müll. Auch hier lag die Bundesrepublik voll im internationalen Trend. 1960 fielen 45 Millionen Kubikmeter Abfall an, zehn Jahre später schon doppelt so viele. Solche Mengen stellten die Gemeinden vor erhebliche Probleme, ganz ähnlich wie in allen westlichen Industriestaaten. Früher, so klagte ein französischer Komiker damals, habe Müll noch seine landestypischen Eigenschaften gehabt, nun sei er überall gleich.

Der rutschende Rocksaum

Die kritische Stelle war das Knie. Von 1965 an rutschten die Rocksäume höher und machten sichtbar, was Frauen bis dahin in der Regel bedeckt hatten. Der Mini taucht oft in einem Atemzug mit dem Bikini auf, aber der zweiteilige Badeanzug hatte seinen Marsch durch die Freizeitwelt der jüngeren Generation in den Fünfzigern begonnen und war nun schon so gut wie durchgesetzt. Der Mini hingegen war ein originäres Gewächs der Sechziger, das sich erst einmal ähnlichen Bedenken ausgesetzt sah wie vorher der Bikini.

Der kurze Rock zeigte den Drang einer neuen Generation von Frauen nach Ungezwungenheit an. In so manchem Fall bot er gleichzeitig eine weitere Gelegenheit, gegen die spießige Elterngeneration zu protestieren und diese auch zu provozieren. Dabei war der Mini weder ein Symptom für die sittliche Verwahrlosung, wie es die Älteren befürchteten, noch war er ein erotisches Signal, als das ein Teil der Männer ihn missverstand.

In den frühen Sechzigern genossen die meisten Frauen das Wirtschaftswunder noch in einer alles in allem konventionellen Mode. Da gab es die überaus korrekten, wenngleich figurbetonten Etuikleider, wie sie Jackie Kennedy, die Frau des amerikanischen Präsidenten, in so unnachahmlicher Weise trug und popularisierte. Aber immer mehr überrollte die Jugend diese zumeist von den berühmten Pariser Modeschöpfern kreierten Stilrichtungen mit ihrer frechen Unbekümmertheit. Die weibliche Kleidung wurde mit jedem Jahr bunter, vielfältiger, unabhängiger von vorgegebenen Modellen.

1963 tauchten die ersten fast kniefreien Hängekleider auf. Der aus dem Baskenland stammende und um diese Zeit schnell bekannt werdende André Courrèges entwarf sie für die Dame von Welt. Das Straßenbild aber begannen bald die wirklich kurzen Kleider der Engländerin Mary Quant zu bestimmen. Miss Quant hatte ihren ersten Laden schon in den Fünfzigerjahren in London eröffnet. Sie verkaufte dort und dann auch andernorts ihre selbst entworfenen Modelle, die aus billigen Materialien und in Massenfertigung entstanden. Diese Mode konnten sich auch junge Menschen, Lehrlinge, Schülerinnen, Studentinnen leisten. Die zunächst eine Handbreit über dem Knie endenden Röcke eroberten sich von 1965 an die Welt. London wurde die Hauptstadt der jungen Mode, dank Mary Quant und Vidal Sassoon, der die geometrischen Frisuren zum neuen Look entwarf. Die Carnaby Street galt als Symbolort für die frisch gewonnene Freizügigkeit. Überall trugen dann nicht nur junge Mädchen und Frauen diese Röcke und Kleider, sondern auch Hausfrauen, Hochadelige und Gattinnen von Wirtschaftskapitänen. Sogar das seit jeher puritanische britische Königshaus erlaubte den Rock, solange er sieben Zentimeter über dem Knie endete, nur der Vatikan blieb hart und erhob moralischen Einspruch.

Nun gab es kein Halten mehr, der Saum rutschte immer höher, bis die Röcke am Ende des Jahrzehnts in vielen Fällen kaum noch Röcke zu nennen waren, sondern wie etwas breitere Gürtel aussahen. Diese Revolution wäre nicht denkbar gewesen ohne eine andere: ohne die Erfindung der

»Feinstrumpfhose«. Seit Anfang des Jahrhunderts hatten die Strapse am Hüfthalter oder am Korsett dazu gedient, die Strümpfe zu befestigen. Strapse zu tragen, war bei den kurzen Röcken nicht mehr möglich, weshalb das Hose und Strumpf vereinigende Kleidungsstück einen ebenso überwältigenden Triumph erlebte wie der Mini selbst, obwohl es einen wichtigen Nachteil aufwies. Frauen, die bis dahin zugleich figürliche Defizite mit

Junge Frauen in Miniröcken 1966, ganz links die Schauspielerin Ingrid Steeger.

dem Hüfthalter oder dem Korsett korrigiert hatten, mussten darauf nun verzichten, wenn sie modisch sein wollten. Aber auch jenseits solcher Erwägungen setzte sich die Strumpfhose durch, weil sie praktisch war. Den Schaden hatten die Miederindustrie und der einschlägige Handel, zumal am Ende des Jahrzehnts sich viele Frauen auch noch des BHs entledigten, weil sie in ihm gleichfalls ein Instrument der Freiheitsberaubung sahen.

Der Erfolg des Minis setzte ein neues Schönheitsideal voraus, dem jedoch nicht alle Frauen, die ihn trugen, auch entsprachen. Bei den Modeschauen schwebten nun sehr junge, sehr grazile Mädchen vorüber, die einem großen Vorbild dieser Jahre nacheiferten: dem englischen Model

Twiggy, dessen Körpermaße 78-55-80 für 98 von 100 Frauen unerreichbar blieben. Trotzdem versuchten viele, diesem Leitbild der von manchen als »teuerste Bohnenstange der Welt« verspotteten jungen Frau nahezukommen. So rollten nach der Liebe zum guten, fetten Essen in den Fünfzigern die ersten Diätwellen an.

Eine echte Alternative bot der Hosenanzug. Im und nach dem Krieg hatten manche Frauen Hosen getragen, vor allem die Trümmerfrauen bei ihrer schmutzigen Arbeit. Danach blieb das Kleidungsstück jahrelang verpönt. Junge Frauen eroberten es dann zurück, zunächst mithilfe der unter dem Knie endenden Capri-Hose. Aber wer gut angezogen sein wollte oder darauf angewiesen war, einen seriösen Eindruck zu hinterlassen, wählte nach wie vor Rock oder Kleid. Allenfalls die Schauspielerin Marlene Dietrich zeigte sich im Hosenanzug. In den Sechzigern war es wieder Courrèges, der sich als Avantgardist betätigte und ungeschriebene Regeln durchbrach. Allerdings baute er seine Damenanzüge nicht so, wie sie die Dietrich trug, nämlich als Nachahmung der Männermodelle. Vielmehr bemühte er sich um eine weiblichere Linie mit fließenden Stoffen. Nicht zuletzt durch Courrèges kam der bis heute andauernde Siegeszug der Hose für die Frau in Gang. Auch das war ein Stück Befreiung von der Konvention.

Kaum waren Mini und Hosenanzug kein Skandalon mehr, da mussten sich alle, die von Mode lebten oder modisch gekleidet sein wollten, schon wieder an Neues gewöhnen. In der zweiten Hälfte der Dekade brach, aus Amerika kommend, die Hippie-Mode über Europa und damit auch über die Bundesrepublik herein. Die im warmen Kalifornien lebenden Blumenkinder trugen unkonventionelle Kleider und Hosen, die Ausdruck eines neuen Lebensgefühls waren: Sie wollten anders leben, als die Eltern es ihnen beigebracht hatten. Zu diesem Look, der bald die gutbürgerlichen Schichten infiltrierte, gehörten farbenfrohe, wallende Gewänder, das Gegenteil vom Minirock also, Hosen mit weitem Schlag, manchmal mit Goldkettchen oder Knöpfen verziert, breite Gürtel mit riesigen Schnallen und Nieten, Sandalen und blumige Halstücher, die viele wie Janis Joplin auch schon mal um die Haare banden.

Die Männer veränderten ihr Aussehen, wie meistens, weit weniger radikal. Viele gingen grundsätzlich wie gewohnt in Anzug und mit Krawatte ins Büro, ins Geschäft oder in die Hochschule. Am Sonntag legten sie, wenn es hochkam, die Krawatte ab. Es gab aber auch solche, die nach wie vor den guten »Sonntagsanzug« anlegten. Das Wort und die Gattung »Freizeitkleidung« waren weitgehend unbekannt. Allenfalls Arbeiter kleideten sich lässiger, im Alltag wie am Wochenende.

Ein Riss ging auch in dieser Hinsicht durch die Studentenschaft. Die jungen Frauen und Männer, die sich an der Rebellion beteiligten, entwickelten einen Unisex-Nachlässigkeitslook, der fast schon wieder Uniformcharakter hatte. Dazu gehörten Jeans oder Cordhosen, Rollkragenpullover und die bei Demonstrationen nützlichen militärähnlichen Parkas. Da gab es nur noch wenige Unterschiede zwischen männlich und weiblich. Doch zur gleichen Zeit saßen angehende Juristen, Naturwissenschaftler oder Architekten in bürgerlichem Habit in den Seminaren und Vorlesungen. Zeitweise dominierte in diesen Altersschichten der sehr schmale Schlips aus Leder. Viele Hemden bestanden aus Kunststoffen, ebenso Hosen oder ganze Anzüge. Hier triumphierte, ähnlich wie im Haushalt, die Funktionalität: Das Ideal war das Kleidungsstück, das abends gewaschen wurde und morgens schon wieder anziehbereit auf dem Bügel hing. Allerdings hatten diese Stoffe den Nachteil, dass sie bei Wärme in kurzer Zeit den Riechtest nicht bestanden.

Nur ein Kleidungsstück blieb bei Männern wie Frauen auf der Strecke. Zu einem bürgerlich-korrekten Menschen gehörte immer weniger der in den Fünfzigern so gut wie vorgeschriebene Hut.

»Wild ist der Westen, schwer ist der Beruf ...«

In der Weihnachtsshow der ARD sang 1967 ein glockenheller Kindersopran:

> Mama, du sollst doch nicht um deinen Jungen weinen.
> Mama, bald wird das Schicksal wieder uns vereinen.
> Ich werde es nie vergessen,
> was ich an dir hab' besessen,
> dass es auf Erden nur eine gibt,
> die mich so heiß hat geliebt.

Der Junge hieß Heintje, hatte einen holländischen Akzent und war fortan der Liebling aller Mütter. Nach diesem Auftritt verkaufte seine Plattenfirma in einer einzigen Woche 200 000 Singles. Der Titel hielt sich lange an der Spitze der Charts. Zu besonderer Beliebtheit brachte er es bei Trauerfeierlichkeiten auf deutschen Friedhöfen. Am Beispiel Heintjes, der auch mit anderen Liedern ähnlich schlichter Machart reüssierte, zeigte sich: Der Vormarsch des Beat tat dem Schlager keinen Abbruch. Schlagerliebhaber und Rockfans lebten in getrennten Welten (siehe Seite 47).

Unbeeindruckt von den neuen Rhythmen und Texten besang der Schlager wie gewohnt die Sehnsucht nach Liebe, Glück und Geborgenheit. Bis heute im kollektiven emotionalen Gedächtnis verankert ist Roy Black, der seit 1966 das Lied vom Heiraten hauchte:

> Ganz in Weiß, mit einem Blumenstrauß,
> so siehst du in meinen schönsten Träumen aus.
> Ganz verliebt schaust du mich strahlend an.
> Es gibt nichts mehr, was uns beide trennen kann.

Und Heidi Brühl beschwor die Liebe, bis dass der Tod sie beendet:

> Wir wollen niemals auseinandergehn.
> Wir wollen immer zueinanderstehn.
> Mag auf der großen Welt
> auch noch so viel geschehn,
> wir wollen niemals auseinandergehn.

Offensichtlich bestand auch oder gerade in dieser Zeit der Unruhe und der gesellschaftlichen Veränderungen ein Bedürfnis nach Romantik und Wirklichkeitsfremdheit. Für die Schlager-Welt des schönen Scheins war alles inszeniert – bis zu den Namen der Stars. Roy Black hieß eigentlich Gerhard Höllerich, Heintje war im bürgerlichen Leben Hendrik Simons, der berühmte Freddy Quinn war auf dem Standesamt als Manfred Niedl-Petz verzeichnet. Die Realität wollte aufgehübscht sein. Aber in den Kosmos der überwältigenden, lebenslangen Glücksgefühle schlichen sich kleine Misstöne ein. Da kamen Schlager auf den Markt, die nicht mehr nur Harmonie und heile Welt anboten und trotzdem Erfolg ernteten. In Freddy Quinns Lied *Unter fremden Sternen* kommt der Held nicht zur Ruhe:

Drafi Deutscher, Udo Jürgens und Roy Black bei der Verleihung des »Goldenen Löwen« von Radio Luxemburg 1966.

> Fährt ein weißes Schiff nach Hongkong
> hab' ich Sehnsucht nach der Ferne,
> aber dann in weiter Ferne,
> hab' ich Sehnsucht nach zu Haus …

Zu Hause Fernweh, in der Ferne Heimweh, und das alles in vier Zeilen: So zerrissen konnte ein Mensch sogar in einem Schlager sein. Dass die Welt nicht aus einem Guss ist, sondern auch Enttäuschungen bereithalten kann, davon sang Udo Jürgens 1967:

> Wenn ein Traum, irgendein Traum sich nicht erfüllt,
> wenn die Liebe zu Ende geht,
> wenn selbst die Hoffnung nicht mehr besteht,
> nur Einsamkeit …

Bei so viel Einsamkeit musste es nicht bleiben, immerhin verhieß der Refrain noch Hoffnung: »Immer, immer wieder geht die Sonne auf …«. Nicht nur von heiterer Grundstimmung erfüllt ist auch der wohl bekannteste Schlager aus dieser Zeit von Peggy March, selbst 17 Jahre alt:

> Mit siebzehn hat man noch Träume,
> da wachsen noch alle Bäume
> in den Himmel der Liebe ...

So weit, so gut, dann schleicht sich unüberhörbar Skepsis ein, denn nun heißt es, mit den Jahren werde »man erfahren, dass mancher der Träume zerrann«. Da spiegelt sich in den scheinbar harmlosen Schlagertexten etwas von der vagen Unsicherheit, die in der Gesellschaft herrschte. Die gewohnten Erwartungen und Ansprüche an das Leben relativierten sich. Auch hier lag der Wandel in der Luft.

Manche Lieder der Sechziger bezeichnet der Kulturwissenschaftler Werner Faulstich als »subversive Schlager«. Immer hat es nicht nur schlichte, sondern schlicht kindische Hits gegeben. Nun tauchten einige Schlager auf, die bewusst das Genre karikierten. Der aus den USA stammende Bill Ramsey, eigentlich ein sehr guter Jazzsänger, besang zum Beispiel eine *Zuckerpuppe aus der Bauchtanzgruppe*, die sich am Ende als Elfriede aus Wuppertal entpuppte. Und Gus Backus verspottete die Deutschen samt ihrer Begeisterung für den Wilden Westen mit einem Text im Stummeldeutsch:

> Schön war sie / die Prärie.
> Alles war / wunderbar,
> Da kam an / weißer Mann
> wollte bau'n / Eisenbahn.

Im gassenhauerhaften Refrain hieß es schließlich:

> Da sprach der alte Häuptling der Indianer:
> Wild ist der Westen und schwer ist der Beruf.

Bis heute grölt die Menge bei einschlägigen Veranstaltungen diese beiden Zeilen gern mit, in der Regel ohne zu bemerken, dass sie sich damit selbst auf den Arm nimmt. Der Kulturwissenschaftler jedenfalls sieht in solchen Texten »Gegenströmungen zum etablierten kleinbürgerlichen Wertesystem«.

Diese Werte stellten in den Sechzigern auch jene Barden gern infrage, die neben Beat, Schlager und Jazz eine eigene, beachtlich weite Nische besetzten: Liedermacher wie Dieter Süverkrüp, Hannes Wader oder Franz Josef Degenhardt. Sie standen mit der Gitarre, oft im Karohemd, auf Kleinkunstbühnen und in Wirtshaussälen oder sie traten bei linken Demonstrationen auf. Degenhardt, bekennender Kommunist, ließ sich für seine Abrechnung mit dem deutschen Sonntag feiern:

Da treten sie zum Kirchgang an,
Familienleittiere voran,
Hütchen, Schühchen, Täschchen passend,
ihre Männer unterfassend,
die sie heimich vorwärtsschieben,
weil die gern zu Hause blieben.

Dann wehen die Bratendüfte, Jungfrauen umstehen den Kaplan, der so nette Witzchen macht, und am Abend sitzen sie vor der Mattscheibe und stöhnen über ihren Bauch »und unseren kranken Nachbarn« auch. Der Anpassungsdruck ereilte eben auch stärkere Naturen. Allerdings versanken diese Rituale der Alltagskultur allmählich – auf dem Lande langsamer als in der Stadt, aber ebenso unaufhaltsam.

Lebensgefühle in der DDR
Interview mit dem Leipziger Kabarettisten und Autor Bernd-Lutz Lange

Herr Lange, wie begannen für Sie die Sechzigerjahre?
Ich kam 1960 in Zwickau aus der Mittel- bzw.10-Jahres-Schule. Und da ich keine Jugendweihe, sondern nur Konfirmation hatte – ich wollte das so –, durfte ich nicht an die Erweiterte Oberschule. So war das in den meisten Fällen in jenem Jahr, ohne Jugendweihe kein Abitur.

Warum bestand die Staatsführung auf der Jugendweihe?
Mit der Jugendweihe nahm die atheistische Staatsführung der DDR die jungen Erwachsenen quasi unter ihre Fittiche. Allerdings ging das nur mit Druck. In meiner Generation, den 1944 Geborenen, waren fast alle noch konfirmiert. Aber um beruflich weiterzukommen, haben viele die Jugendweihe extra gemacht. Das wurde vom Staat akzeptiert, Hauptsache die Jugendweihe war dabei. Diese Veranstaltung war eine Art atheistischer Segen, mit dem versucht wurde, den Einfluss der Kirche zurückzudrängen.

Das neue System behauptete ja, eine wissenschaftlich fundierte Weltanschauung zu besitzen. Uns wurde beigebracht, dass die Geschichte eine Geschichte von Klassenkämpfen sei, jede Klasse abgelöst werde und im Sozialismus so wie im darauf folgenden Kommunismus die Vollendung der menschlichen Entwicklung geschaffen werde. Jeder Mensch konnte dann nach seinen Bedürfnissen leben, bekam, was er wollte. Geld gab es nicht mehr.

Auch wenn ich als junger Mensch vieles noch nicht verstanden habe, hat mich damals besonders gestört, dass viele Erkenntnisse von bedeutenden Dichtern und Denkern einfach vom Tisch gewischt wurden. Ob Goethe oder Kant, es hieß dann meist, das sei alles schön und gut, was sie geschaffen haben, aber ihrem Denken seien eben Grenzen gesetzt gewesen, weil sie noch keine Ahnung vom Marxismus hatten. Und das erklärten uns dann Lehrer, die nicht gerade zur Elite der Nation zählten.

Der Kommunismus sollte sozusagen das Paradies auf Erden sein. Heute denke ich, es ist vielleicht kein Zufall, dass ausgerechnet Marx als Jude dieses System begründet hat. Nachdem die Juden so lange vergebens auf den Messias gewartet haben, musste als Konsequenz irgendwann einmal die Erlösung des Menschen durch den Menschen probiert werden. Nach dem Motto: Dann sind wir eben unser eigener Messias. Und das ging, wie wir alle wissen, erst recht schief.

Sie waren 16 Jahre alt und durften kein Abitur machen. Was haben Sie stattdessen getan?

Ich wollte gern Buchhändler werden. Eine Lehrstelle in einer privaten Buchhandlung hatte ich schon, durfte sie aber nicht antreten. Auch mein zweiter Wunschberuf Dekorateur in einem Konsum-Kaufhaus wurde mir verwehrt, denn das konnten damals in meiner Heimatstadt Zwickau nur Mädchen lernen. 1960 hatte der Staat Schwierigkeiten, alle Ausbildungsstellen zu besetzen, weil die im Krieg Geborenen geburtenarme Jahrgänge waren. Da hat die Staatsführung einfach mit einem Federstrich bestimmt, wir brauchen jetzt für die Industrie und Landwirtschaft alle männlichen Lehrlinge. Und so stand ich wie die meisten in Zwickau vor der Frage, entweder zum VEB Sachsenring, also in die Trabant-Produktion, zu gehen oder vielleicht eine Lehre im Steinkohlebergbau anzutreten, den es damals noch gab. Da beides nicht meine Welt war, fing ich dann bei der Stadtgärtnerei als Lehrling an. Die Nähe zur Natur gefiel mir.

Wie empfanden Sie das, dass Ihnen der Berufsweg derart vorgeschrieben wurde?

Na ja, mit 16 Jahren wusste ich schon, dass in diesem Staat unheimlich viel dirigiert wurde. Insofern waren die Möglichkeiten sehr beschränkt, ich musste irgendwie versuchen, die Kurve zu kriegen. Und ich hatte Glück, dort in der Stadtgärtnerei bekam ich einen sehr guten Lehrmeister. Der Mann gehörte einer Kirchengemeinde an und war natürlich nicht in der Partei. An solchen Stellen gestattete man das schon. Mein Chef war ein hervorragender Fachmann, seine Lehrlinge erzielten beste Ergebnisse, und bei solchen Leuten hielt sich der Staat zurück. Hätte er allerdings noch höher aufsteigen wollen, in die Verwaltung der Park- und Gartenanlagen zum

Beispiel, dann hätte er in die SED eintreten müssen. Aber diese Gärtnerei war eine Insel. Dort gab es keinen Genossen, die Partei spielte überhaupt keine Rolle. Wir sind von der Leitung mal zu einer Versammlung gerufen worden, mussten vermutlich auch zur Demonstration am 1. Mai, und das war's dann. Ansonsten blieben wir dort unter uns. Es war für mich als jungen Burschen eine wichtige Zeit, wenn auch der Gärtnerberuf körperlich viel anstrengender ist, als mancher denkt.

Dachten Sie als Jugendlicher einmal daran, die DDR zu verlassen?
Unsere Generation konnte ja vor 1961 noch nach dem Westen »abhauen«, und ich habe mal mit meinem Cousin darüber geredet. Wir wären aber nie weggegangen, da wir beide keine Väter mehr hatten und unsere Mütter nicht alleingelassen hätten. Als mein Vater noch lebte, er starb 1957, hatte er wohl auch mal mit meiner Mutter über dieses Thema gesprochen. Damals war er aber schon um die fünfzig und hatte Bedenken, in diesem Alter noch einmal von vorn anzufangen. Es sind ja doch meistens jüngere Jahrgänge weggegangen. Oder eben Leute aus politischen Gründen, die Ärger bekommen hatten oder vielleicht sogar Gefängnis riskierten. Einer meiner besten Freunde ist noch kurz vor der Mauer mit seinem älteren Bruder in den Westen, ohne vorher etwas zu sagen. Man redete möglichst nicht darüber, um das Vorhaben nicht zu gefährden. Ich weiß nicht mehr, ob man nicht schon damals bestraft werden konnte, wenn man das Wissen um eine Republikflucht nicht meldete. Später war das so.

Viele Jugendliche aus meiner Generation haben natürlich von Osteinen Abstecher nach Westberlin gemacht. Vor allem um ins Kino zu gehen – da gab es sogar welche, in denen man mit DDR-Mark bezahlen konnte – oder um sich nach dem Geldumtausch in einer der vielen Wechselstuben eine schicke Klamotte zu kaufen. Ich selbst war nie in Westberlin gewesen. Ich hätte aber auch, ehrlich gesagt, kein Geld zum Tauschen gehabt. Allerdings habe ich 1957 eine Reise nach Westdeutschland gemacht. Mein Vater war im Frühjahr gestorben, das hat uns alle sehr bedrückt und meine Mutter wollte, dass ich in den Ferien mal auf andere Gedanken komme, und so fuhr mein zwölf Jahre älterer Bruder Martin mit mir nach Nürnberg, Ansbach, Stuttgart, Frankfurt. Wir schliefen kostenlos in kirchlichen Einrichtungen. Geld, um mir irgendetwas mitzubringen, hatte ich nicht. Ich ging damals sehr gern ins Kino, die Kindervorstellung in der DDR kostete 25 Pfennig, und so waren drei West-Kino-Besuche für mich die Höhepunkte.

Die drei Filmtitel weiß ich auch nach fünfzig Jahren noch: *London ruft Nordpol*, *Manöverball* und *Der große Regen*.

Das Leben im Westen hat mich natürlich sehr beeindruckt. Am meisten die vielen Kinos mit ihren gemalten Werbeflächen über dem Eingang, die Kaugummi-Automaten, die schicken Autos und die Leuchtreklamen. Ich habe anschließend in meiner Klasse vermutlich dermaßen geschwärmt, dass mich meine Schulkameraden dann den *Leuchtreklamen-Billy* nannten.

Am meisten schmerzte mich der Verlust von Abenteuerheften, die mir Bekannte in Ansbach geschenkt hatten und die ich, damit es an der Grenze bei der Kontrolle keine Probleme gab, im Westen zurücklassen musste. Da hätte ich doch bei meinen Schulkameraden punkten können! In die Schule hätte ich allerdings solche Hefte nie mitgenommen, denn es gab in größeren Abständen Ranzenkontrollen. Diese – wie es hieß – Schund- und Schmutzliteratur wäre sofort beschlagnahmt worden.

Was waren Ihre Eindrücke, als die Mauer gebaut wurde?

Am 13. August 1961 stand plötzlich ein Freund vor der Tür und sagte: »Die bauen eine Mauer.« Ich wusste erst gar nicht, was los war, bis ich es so nach und nach kapierte. An dem Tag hatten wir schon so ein Gefühl, dass sich dadurch die Lage zwischen Ost und West zuspitzen könnte. Nach dem Aufstand vom Juni 1953 war es wieder die erste bedrohliche Situation für uns. Fernsehen hatten wir zu Hause nicht, aber wir hörten Radio und wussten, dass auf der anderen Seite amerikanische Panzer an die Mauer herangefahren waren.

Ein Jahr später bei der Kubakrise war es auch noch mal kurz davor, da hätte es richtig knallen können. Als die Russen einlenkten, war das wirklich ein Glücksfall. In diesen Jahren waren wir eine bedrohte Generation, das haben wir Jugendlichen schon so wahrgenommen. Auch weil uns während unserer Kindheit und Jugend die Fotos von den Atompilzen begleiteten, die Angst vor solch einem Krieg also immer wieder da war.

Aber diese ganze Propaganda vom sogenannten Antifaschistischen Schutzwall, die fanden wir albern. Wir wussten als 17-Jährige genau, dass die Mauer nur gebaut wurde, weil die Leute in den Westen abhauten. Das hatten wir ja auch in unserem Wohnviertel bemerkt, dass plötzlich in einer Erdgeschosswohnung der Rollladen am Morgen nicht mehr hochging, weil die Bewohner »nübergemacht waren«. Einige Monate vor der Mauer sind allein über die Weihnachtsfeiertage 2 000 Leute aus der DDR weggegangen.

Die Zahlen wurden natürlich im West-Rundfunk immer wie die Wasserstandsmeldungen durchgegeben.

Nach dem Mauerbau waren diejenigen schlecht dran, die schon einiges aus ihrer Wohnung verkauft oder an gute Freunde bzw. Verwandte verschenkt hatten und dann nicht mehr wegkamen.

Letztendlich begriffen wir Jugendlichen aber damals noch nicht, dass wir nun für lange Zeit vom Westen abgeschottet waren. Wir nahmen lediglich mit Bedauern zur Kenntnis, dass wir jetzt nicht mehr nach dem Westen fahren können. Besuchsreisen in die Bundesrepublik waren ja bis dahin kein Problem gewesen. Man holte sich eine Genehmigung und stieg in den Interzonenzug. Die Älteren waren dagegen sehr deprimiert. »Die mauern uns ein.« »Jetzt ist alles zu Ende.« Solche Sätze habe ich noch in Erinnerung.

Wie ging es für Sie mit Ausbildung und Beruf weiter?
Nach der Lehre konnte ich in der Stadtgärtnerei nicht bleiben, da es dort keine Planstelle gab. Ab 1962 arbeitete ich dann in der LPG »Sieg des Sozialismus« in Mosel bei Zwickau. Dort hat es mir nun überhaupt nicht gefallen. Das war DDR pur. Die ganze Atmosphäre in der LPG, diese Großproduktion, das war alles nicht mehr so gemütlich wie in meiner kleinen Stadtgärtnerei. In dieser LPG, da wehte schon ein anderer Wind.

Interessant war, dass der Chef des Gemüsekombinats, das zur LPG gehörte, mit einer Westdeutschen verheiratet war. Das war etwas ganz Seltenes. Ihr Vater, Richard Scheringer, war ein überzeugter und bekannter Kommunist gewesen, dessen – ich glaube – zwölf Kinder fast alle in die DDR zum Studium gekommen sind, weil sie im Westen nach dem Verbot der KPD Schwierigkeiten bekamen. Ich fand kurios, dass die Frau meines Chefs eine bayerische Trachtenjacke mit Hirschhornknöpfen trug, was in Sachsen, mitten in der DDR, etwas deplatziert wirkte.

Die Arbeit in diesem Gemüsekombinat, in dem wir vor allem Gurken produzierten, diese ganze Tristesse gefiel mir jedenfalls nicht, und ich kümmerte mich um eine andere Arbeitsstelle. Irgendwann ging ich in die Volksbuchhandlung Gutenberg in Zwickau und habe gefragt, ob ich nicht dort arbeiten kann. Der Chef suchte gerade jemanden und ich konnte als buchhändlerische Hilfskraft anfangen. Inzwischen hatte ich in der Abendoberschule begonnen, mich auf das Abitur vorzubereiten. Dort fragte mich kein Mensch, ob ich die Jugendweihe hatte, aber es war natürlich nach der Arbeit entsprechend anstrengender. Dann begann ich noch, in der Erwachsenenqualifizierung den Facharbeiter für Buchhändler zu machen. Ich muss damals also fleißiger gewesen sein, als ich es in Erinnerung habe. Aber ich hatte auch keinerlei Ehrgeiz, mit Spitzennoten zu glänzen.

1964 war ich dann Buchhändler und hatte auch das Abitur abgelegt. So war das in der DDR: Auf Umwegen und mit Zeitverlust konnte man schließlich doch sein Ziel erreichen.

Gab es politischen Druck, zum Beispiel in die Partei einzutreten?
Die Volksbuchhandlung Gutenberg leitete natürlich ein Genosse, und es gab auch eine Parteigruppe. Aber die haben mich in Ruhe gelassen. Die wussten, dass zwei Kolleginnen und ich kirchlich orientiert waren. Gleich nach ein paar Wochen fiel ich scheinbar angenehm auf, verglichen mit der LPG war das für mich in der Buchhandlung eine herrliche Arbeit. Bücher liebte ich ja sowieso. Ich empfand deshalb diese Arbeit mehr wie eine schöne Beschäftigung. Da war ich vermutlich so flott bei der Sache, dass ich nach kurzer Zeit schon eine Prämie erhielt. Später kam mal ein Genosse von der Kaderleitung des Volksbuchhandels und wollte mich für die SED werben. Da habe ich gesagt, ich glaube nicht, dass die Partei neuerdings Christen in ihren Reihen haben wollte. Ach so, meinte er, nein, das hätte er nicht gewusst. Damit war das erledigt. Mich hat bis zum Ende der DDR nie wieder jemand diesbezüglich angesprochen.

Bekamen Sie in der Buchhandlung alles, was Sie lesen wollten?
Nein, ich bekam nur alles, was in der DDR erschienen war. In der Buchhandlung habe ich 1963 noch reihenweise Bücher der Kampagne »Kumpel, greif zur Feder!« vorgefunden. Bücher dieses unsäglichen Bitterfelder Weges, bei dem möglichst klassenbewusste Arbeiter den Schriftstellern ihre Themen vorgeben oder – im Idealfall – eben selbst zur Feder greifen sollten. Die Produktion als Hauptort der dichterischen Auseinandersetzung, jener Ort, an dem die großen Konflikte zu gestalten wären. Der Konflikt bestand dann quasi zwischen dem Guten und dem noch Besseren, nicht das Leben an sich mit seinen Widersprüchen war gefragt. Diese Bücher lagen wie Blei in den Regalen und gingen höchstens als Prämienbuch raus, das heißt, sie wurden von den Betrieben wiederum für sozialistische Brigaden gekauft. Die »freuten« sich dann, wenn sie endlich mal etwas über die Produktion lesen konnten! Bei manchen Büchern war schon ein neuer Schutzumschlag gedruckt worden, um sie attraktiver zu machen und doch noch

Kunden zum Kauf anzuregen. Aber es nützte alles nichts, und so landeten sie letztlich in der Papiermühle.

Bei den Lizenzausgaben, also bei Büchern von Heinrich Böll, Hermann Hesse oder Autoren aus westlichen Ländern, war der Bedarf immer viel größer als die Lieferung. Diese Titel wurden nach einem Schlüssel auf die Buchhandlungen verteilt. Aber auch bestimmte Bücher von DDR-Autoren waren gefragt, wenn sie sich kritisch mit der Realität auseinandersetzten. Sehr beliebt waren vor allem Bücher aus dem Eulenspiegel-Verlag. Hier konnte man über das Leben im Sozialismus auch mal lachen. Wir hatten in der Buchhandlung extra einen Schrank, wo wir für die guten Kunden all diese Bücher zurückstellten.

Spürten Sie in den ersten Jahren nach dem Mauerbau eine Liberalisierung im kulturellen Bereich?
Diese Liberalisierung Anfang der Sechziger habe ich vor allem bei den Filmen in Erinnerung. Es kam damals *Auf der Sonnenseite* raus. Der erste große Film mit Manfred Krug, und der schlug ein wie eine Bombe, weil da freche, kritische Sachen gegen die DDR drin waren. Ja, Lockerungen waren nach dem Mauerbau schon zu spüren, auch bei manchen Zeitschriften, in der Literatur und im Theater. Aber das hielt nicht lange an.

Wovon träumten Sie zu dieser Zeit?
Ich träumte von einem Künstlerleben. Am liebsten wäre ich Schriftsteller, Schauspieler oder Chansonsänger geworden. Ich interessierte mich sehr für Malerei, vor allem für die französischen Impressionisten. Filme wie *Leben in Leidenschaft* über van Gogh oder *Montparnasse 19* über Modigliani mit dem großen Gérard Philipe begeisterten mich. Malerisch war ich leider nicht so talentiert. Aber das Milieu Atelier, das Licht in solch einem Raum mit den großen Glasflächen, das fand ich großartig. Vielleicht haben mir deshalb auch immer Gewächshäuser gefallen.

Ich begann mich auch für die Innenarchitektur der Jahrhundertwende zu interessieren, für den Jugendstil. Ich bin ja noch mit dem Interieur des alten Deutschland groß geworden. In Zwickau waren zum Glück während des Krieges im Zentrum nur etwa 15 Häuser zerstört worden. Wenn ich als Kind in einen Tante-Emma-Laden ging, da standen nicht nur das Bonbon-Glas noch dort und die Waage, die so eine Halterung hatte, wo man die spitzen Tüten reinstellen konnte, sondern da war die Einrichtung mit allen

Schubfächern und den kleinen weißen Porzellanschildern daran vorhanden. Draußen an der Wand oder an der Tür hingen noch jene Emailleschilder, die heute teuer auf dem Flohmarkt verkauft werden: *Trinkt Kathreiner* oder *Chlorodont*.

Wir saßen als Jugendliche in den alten Lokalen mit Holztäfelung und im Kaffeehaus an Marmortischen mit Thonetstühlen. Deshalb freue ich mich jedes Mal, wenn ich heute – selten in Deutschland, aber öfters in Europa – auf solche alten Einrichtungen stoße. Es war ja ein riesiger Unterschied, ob man in einem Neubauviertel in Magdeburg oder Karl-Marx-Stadt groß geworden ist oder eben in einer erhalten gebliebenen alten Stadt.

In der Volksbuchhandlung Gutenberg in Zwickau wurde ich bald zur Betreuung von Vertriebsmitarbeitern eingesetzt, die in den Volkseigenen Betrieben im Auftrag der Buchhandlung Bücher verkauften. Ich durfte dann dort die Bestellung entgegennehmen und kassieren. So konnte ich das erste Mal in meinem Leben – mitten am Tag! – meine Arbeitsstelle verlassen. Ich ging aus der Buchhandlung, spazierte durch die Stadt und keiner wusste, ob das nun eine halbe Stunde länger oder kürzer dauert. Ich setzte mich in ein Kaffeehaus, bestellte einen Kaffee Française, rauchte eine Zigarette und fühlte mich mit zwanzig Jahren dem Künstlerdasein schon ein ganzes Stück näher!

Hat Sie die Ermordung des US-amerikanischen Präsidenten Kennedy 1963 berührt?
Ich weiß noch, dass ich gerade in der Abendoberschule war, als jemand die Nachricht von Kennedys Ermordung brachte. Wir konnten es nicht fassen. John F. Kennedy hatte sehr große Sympathien im Osten. Er war eine Lichtgestalt für viele, ein Staatsmann, der neue Wege ging. In unseren Augen war Kennedy auch der erste Präsident, der sich besonders vehement gegen die Rassentrennung gewendet hat. Die hat viele ostdeutsche junge Leute beschäftigt. Das so etwas möglich war. Ich verfolgte auch die Aktionen von Martin Luther King, für den viele Menschen hier ein solidarisches Gefühl hatten. Natürlich ist da in der DDR viel Propaganda gemacht worden, aber wir sahen ja auch amerikanische Filme, in denen der Rassismus in den USA angeprangert wurde.

In dieser Zeit begann im Westen der Siegeszug der Beatmusik. Wie war es im Osten?

In meinen Augen war das die erste Musik, die junge Menschen auf dem gesamten Erdball eroberte, die erste globalisierte Musik sozusagen. Diese Musik begeisterte die Jugend unabhängig von der Gesellschaftsordnung oder von der kulturellen Entwicklung. Da konnte die DDR-Führung doch nicht im Ernst glauben, dass ausgerechnet die Ostdeutschen diese Musik nicht hören wollten. Es gab am Anfang eine Zeit, in der die FDJ diese Beat-Bands sogar regelrecht unterstützt hat. Die Musik wurde vom neu gegründeten Jugendsender DT 64 gesendet. Doch bald ging es der Partei darum, sie als schädlichen westlichen Einfluss zurückzudrängen. Im Oktober 1965 wurden im Bezirk Leipzig über 40 Beatbands verboten. Die jungen Leute waren voller Empörung, und es versammelten sich etwa 2 000 Jugendliche in der Messestadt, um für Beat und lange Haare zu demonstrieren. Ein Wasserwerfer wurde eingesetzt, die Polizisten knüppelten auf die Jugendlichen ein, und es kam zu zahlreichen Verhaftungen.

Anfang der Sechziger hörten wir natürlich viel Radio. In meinem Freundeskreis besaß niemand einen Fernseher. Wir hingen vor dem Rundfunkapparat und hörten die Hitparade von Radio Luxemburg oder RIAS Berlin. Ich ging meist zu Freunden, da wir zu Hause nur ein altes Radio besaßen. Ohne UKW. Auf der Mittelwelle konnten sich ja die Störsender noch austoben.

Die Beatmusik hat uns vom ersten Ton an unvorstellbar begeistert. Ich kannte keinen Jugendlichen, dem das nicht gefallen hätte. Genauso war das wenige Jahre zuvor mit dem Rock 'n' Roll. In der DDR gab es natürlich keine Platten von Elvis Presley oder Bill Haley. Der Sohn eines Kneipenwirts hatte bereits ein Tonbandgerät. Mit diesem Smaragd aus DDR-Produktion wurde die Musik von den Westsendern aufgenommen und dann Partys damit bestritten. Hinzu kamen in die DDR geschmuggelte Schallplatten.

Klar träumten wir auch davon, selbst solche Musik zu machen. Ich suchte mir Gleichgesinnte und dann gründeten wir bald unsere erste eigene Truppe, *The Playboys*. Ein Wohnzimmer diente als Proberaum, denn da stand ein Klavier. Ich konnte ein bisschen spielen, der Mike auch, der natürlich in Wirklichkeit Michael hieß. Englische Namen waren plötzlich »in« bei den Jugendlichen der DDR. Ich übernahm schließlich das Schlagzeug. Das Instrumentarium war mehr als bescheiden: eine kleine Trommel, ein Becken – das war unser Schlagzeug – und dazu kamen zwei Gitarren. Wir besaßen weder ein Mikro noch einen Verstärker. Einmal spielten wir in einem Keglerheim zu einer Schulfete, und bald danach sollten wir einen richtigen, großen Auftritt mit Tanz haben. Als in der Zeitung schon die Annonce erschienen war, warnten zwei Väter: »Das könnt ihr doch nicht machen, ihr seid nicht angemeldet, ihr habt keine Einstufung. Und dann auch noch mit diesem englischen Namen, The Playboys!« Zwei Bandmitglieder wurden zurückgepfiffen, sodass unser Auftritt nicht mehr stattfand.

Was ist eine ›Einstufung‹?
Es kam eine Kommission von der Kulturabteilung der Stadt, und der musste man ein paar Titel vorspielen. Die haben sich das angehört und die Band beurteilt und eingestuft. Es gab Grund-, Mittel und Oberstufe. Um mal eine Vorstellung von den Summen zu geben, die man in den Sechzigerjahren einheimsen konnte: Bei der Oberstufe konnte man als Musiker 7,50 Mark pro Stunde verlangen. Später bei der *Club Band*, bei der ich Sänger war, hatten wir sogar Sonderklasse. Da gab es dann noch ein paar Mark mehr. Die Einstufung selbst fand in einem Tanzsaal statt. Wir spielten natürlich ganz ordentlich mit weißen Hemden und Schlips! Am Schluss erhielten die Musiker dann die sogenannte Spielerlaubnis.

Bernd-Lutz Lange (ganz links) bei einem Auftritt 1966 in Wilkau-Haßlau.

Wir mussten besonders darauf achten, in unserem Repertoire das Verhältnis 60:40 einzuhalten, also 60 Prozent Ost- und nur 40 Prozent West-Titel zu bringen. Bei den West-Liedern durfte man aber auch nur das spielen, was in der DDR erlaubt war. Spielte man West-Titel, die im DDR-Rundfunk nicht gesendet wurden, dann war das VE – verbotene Einfuhr. Bei den Tanzabenden gab es mitunter auch Kontrollen. Wir hatten aber immer Glück. Außerdem tricksten wir – wie alle anderen auch –, indem wir auf die AWA-Listen, die ostdeutsche Version der GEMA, Musiktitel aus der DDR schrieben, die wir am Abend nie gespielt hatten. Das bedeutete, dass Komponisten und Textdichter Tantiemen für nicht gespielte Titel bekamen.

Wenn ich damals irgendwo tanzen war, habe ich auch mit den dort spielenden Bands gesungen. Im Laufe des Abends bin ich zur Bühne und habe den Chef gefragt, ob ich mit ihnen einen Titel singen könnte. Was willst du singen? Na vielleicht *Rock around the clock* von Elvis oder *tintarella di luna*. Damals ein beliebter Twist. In welcher Dur? Okay, komm dann um zehn, dann machen wir es. So lief das. Keiner hat mir das abgeschlagen, und die Kapellen hatten immer ein großes Vertrauen, dass ich erstens wirklich singen konnte und zweitens auch die Melodie tatsächlich draufhatte. Dabei konnte ich weder den englischen noch den italienischen Text. Meine Altvorderen haben mir aber die Gabe vererbt, diese Sprachen nachmachen zu können. Von Weitem klang das echt. Wenn wir manchmal in Zwickau in der *Neuen Welt* spielten, das ist ein großer Jugendstil-Saal mit zwei Terrassen, da waren um die tausend Menschen drin, dann wurde ich mitunter unsicher. Ich meinte zu meinen Bandkollegen, Mensch, heute sind so viele Studenten da, die kriegen das doch mit, dass mein Gesinge gar kein Englisch ist. Aber meine Musikerkollegen beruhigten mich und meinten, das würden die nicht merken. Und sie hatten recht. In der Pause kamen sogar welche auf die Bühne und fragten: »Ey, wo hast du denn die Texte her?«

Wie funktionierte die Sache mit der Aufklärung Anfang der Sechzigerjahre?
Ich habe in Erinnerung, dass wir in der Schule mal im neunten oder zehnten Schuljahr ein Tafelbild über die Geschlechtsorgane hingehängt bekamen. Mit ein paar Informationen dazu. Wir wussten also wenig. Unter Freunden wurde über das wenige da und dort schon mal gesprochen. In unserer Jugend war vor allen Dingen die Angst vor einer Schwangerschaft noch sehr groß. Andererseits wurden Kondome, soviel mir bekannt ist, ko-

mischerweise wenig benutzt. Die waren einfach nicht »in«. Viele junge Frauen führten zu ihrer Sicherheit einen Kalender. Verklemmt war die Jugend im Osten jedenfalls nicht.

Heiratete man in dieser Zeit bei einer ungeplanten Schwangerschaft?
Ja, es war aber nicht die Norm. Die Mütter von unehelichen Kindern wurden zwar teilweise in ihrer Umgebung von der älteren Generation etwas schief angesehen, wurden aber vom Staat unterstützt. Es gab auch Ärzte, die damals – die bis 1965 verbotenen – Schwangerschaftsabbrüche durchführten, teilweise für Geld, in sozialen Notsituationen aber auch ohne Bezahlung. Ich kannte zum Beispiel einen Arzt in Zwickau, der nach Westberlin gegangen ist, weil ihn jemand angezeigt hatte. Er hätte Gefängnis riskiert. Weil er aber ein sehr guter Arzt war, holte ihn der Kreisarzt persönlich unter der Versicherung zurück, dass ihm nichts passierte.

Ich glaube, die Frauen wurden, da sie in ihrer beruflichen Qualifizierung hier andere Möglichkeiten hatten als im Westen, schneller emanzipiert und dadurch auch selbstbewusster. Durch die gemeinsame Arbeitswelt gingen sie anders mit den Männern um. Sie warteten nicht darauf, geheiratet zu werden, sondern ergriffen mitunter selbst die Initiative.

Die Arbeitskraft der Frauen wurde in der DDR dringend gebraucht, was sicher auch damit zusammenhing, dass so viele Leute abgehauen waren. Da spielte es keine Rolle, ob die Frau alleine ein Kind hatte. Der Staat sorgte für sie, es gab hier keine Probleme mit Kindergärten und Kinderkrippen und keine wirklichen materiellen Sorgen. Es war zwar alles in einem ziemlich schlichten Zustand, um es mal nett zu sagen, aber es war alles auch billig. Insofern kam man als Frau mit einem Kind alleine klar und konnte sich trotzdem beruflich qualifizieren, selbst in klassischen Männerberufen. Ab Ende der Fünfzigerjahre wurde es immer selbstverständlicher, dass Frauen auch in die Domäne der Männer einbrachen. In der Beziehung muss man den obersten Genossen schon mal zugestehen, dass sie die Gleichberechtigung wirklich wollten. Allerdings nicht ganz oben in ihrem Politbüro. Da gab es in all den Jahren immer nur eine Frau. Aber in den Betrieben waren Leitungsfunktionen auch mit Frauen besetzt. Ich hatte nach meinem Studium 1968 in meiner Arbeitsstelle im Leipziger Kommissions- und Großbuchhandel eine Abteilungsleiterin. Das war nichts Besonderes. Ich glaube, das war einer der grundlegenden Unterschiede zwischen Ost und West. Hier hatten sich die Frauen früh über eigene Arbeit definiert und besaßen dadurch mehr Selbstbewusstsein. »Grüne Witwen« gab es in der DDR nicht. Und weil beide arbeiteten, mussten die Männer auch bei der Hausarbeit mithelfen.

Wie lebten Sie, als Sie 1965 nach Leipzig kamen?
Als Zwickauer war das natürlich ein Schritt in eine neue tolle Welt. Zwickau war schon Provinz und in Leipzig spürte ich das erste Mal großstädtisches Lebensgefühl. Ich war vom allerersten Tag an von Leipzig sehr begeistert. Neu war für mich, ein Stadtbild mit Häuserlücken zu sehen. Im Zentrum von Leipzig standen auch noch einige Ruinen. Die größte, ein Teil des Städtischen Kaufhauses, war mit Werbewänden verkleidet. In Zwickau hatte ich nie eine Ruine gesehen, und so habe ich die Auswirkungen des Krieges – die ich bisher nur von Dresden kannte – bildlich wahrgenommen. Das erinnerte einen wieder daran, was hier vor 20 Jahren zu Ende gegangen war.

Ursprünglich plante ich, nach dem Abitur an der Universität zu studieren, am liebsten Germanistik. Das ging aber nicht, ich hätte nur einen Abschluss als Lehrer machen können. Und Lehrer in der DDR, das kam für mich nicht infrage. Ich wusste, was da an politischer Indoktrination auf mich zugekommen wäre. Dann schaute ich mir die Theaterhochschule an, wollte Theaterwissenschaft studieren, doch da erzählte man mir so viel von marxistischer Philosophie, dass ich dachte, nein, das ist es auch nicht. Obwohl ich, wie man mir sagte, große Chancen gehabt hätte, angenommen zu werden. Und warum? Weil ich in einer LPG gearbeitet hatte!

Dann wollte ich Kulturwissenschaft studieren und informierte mich dort vor Ort. Aber da ging es wieder um marxistische Ästhetik und ähnliche Sachen. Weil es das Gegenteil von meiner Weltanschauung war, habe ich dann auf ein Hochschulstudium verzichtet und bin an die Fachschule für Buchhändler. Eine wunderbare Zeit, das war, übertrieben gesagt, wie drei Jahre große Ferien. Einmal in der Woche hatten wir einen Studientag. Mittwochs war frei – zum Lesen. Wo gibt's denn so was noch?!

Die Studentenbude war allerdings mehr als bescheiden. Dummerweise war ich der Einzige, der mit einem Kommilitonen zusammen ein Zwei-Bett-Zimmer bewohnen musste. Die anderen hatten alle bei irgendwelchen Wirtinnen ein eigenes Zimmer. Die Männer dieser Frauen waren zumeist im Krieg geblieben, sie vermieteten ein Zimmer, sonst hätten sie wegen zu viel Wohnraum ausziehen müssen. Bei so einer Wirtin wohnte auch ich drei Jahre lang mit einem Studenten in einem kleinen Raum. In dem Zimmer standen zwei Betten, ein Schrank, ein Tisch, und eine funzelige 25-Watt-Birne beleuchtete das Ganze. Natürlich gab es keine Dusche. Körperhygiene betrieben wir an einer Waschkommode mit Marmorplatte und Wasserkrug. Die Wirtin heizte im Winter den Ofen. Das WC war auf der halben Treppe.

Wie haben Sie Ihr Studium finanziert?
Das Studieren war keine Frage des Geldes. Jeder konnte studieren, das war, glaube ich, ein grundsätzlicher Unterschied zur Bundesrepublik in jener Zeit. Hier im Osten mischten sich die sozialen Schichten, denn der positive Ansatz der DDR war ja, dass diejenigen, denen bisher in der Vergangenheit das Studium verwehrt geblieben war, weil sie zum Beispiel aus armen Arbeiterfamilien stammten, jetzt studieren konnten. Dagegen war natürlich nichts zu sagen. Allerdings gab es dann das andere Extrem, dass in der DDR Kinder aus bürgerlichen Familien mitunter vom Studium ausgeschlossen waren.

Finanziell konnte ich von meiner Mutter nichts erwarten. Sie verdiente als Küchenhilfe im privaten Sektor im Schnitt 180 bis 220 Mark im Monat. Ich hatte sogar schon in der Mittelschule jeden Monat 40 Mark staatliche Unterstützung bekommen, weil wir nach dem Tod meines Vaters ziemlich arm dran waren. An der Fachschule für Buchhändler in Leipzig bekam ich dann 160 Mark staatliches Stipendium. Da ich schon im volkseigenen Sektor gearbeitet hatte – der Volksbuchhandel hatte mich ja zum Studium delegiert, und ich sollte danach in Karl-Marx-Stadt eine Funktion übernehmen –, hat der Betrieb mir zusätzlich noch einmal 120 Mark Unterstützung pro Monat gegeben. Das war wirklich ein Glücksfall. So besaß ich insgesamt die stolze Summe von 280 Mark. Davon musste ich allerdings alles bestreiten. Vom Essen über die Kleidung bis zur Miete. Mittags bekamen wir an der Schule ein sehr preiswertes Essen. Miete bezahlte ich im Monat 28 Mark. Drei Mark für die Bettwäsche! Am Wochenende fuhr ich meist mit dem Zug nach Hause. Das Geld reichte jedenfalls, um fast jeden Tag ins Kaffeehaus oder in eine Gaststätte zu gehen. Im *Schwalbennest*, einer uralten gemütlichen Kneipe, kostete das Bier 40 Pfennig und ein Korn 50 Pfennig. Für fünf Mark war man schon stark angesäuselt. Im beliebten Studenten- und Künstler-Café *Corso* zahlten wir für eine Tasse Kaffee 84 Pfennig.

Abends aßen wir oft in der Mensa der Universität. Da konnte man schon für 80 Pfennig Bratkartoffeln mit Bohnengemüse bekommen. Es gab eine Vielzahl von Gerichten, die ich alle als gut in Erinnerung habe.

Was das Studium anbelangte – ich kann mich nicht entsinnen, dass ich mir jemals ein Fachbuch gekauft habe. Wir liehen benötigte Literatur aus Bibliotheken. Die Monatskarte für die Straßenbahn war auch billig. Wir kamen über die Runden.

Welche Rolle spielte die zweimal im Jahr in Leipzig stattfindende Messe für Sie?

Nachdem wir nun nach 1961 vom Westen abgeschottet waren, war die Messe eine der wenigen Möglichkeiten, wo wir mit den Menschen und den Dingen aus dem Westen in Berührung kamen. Plötzlich waren all diese Sachen hier in der DDR. Vom Auto bis zu Jeans, von Büchern bis zu Früchten. Eigentlich war die Messe für die Ostdeutschen eine einzige Zumutung. Wir gingen durch die Gänge des Messehofes, und es duftete nach Obst oder Schokolade, die wir nicht kaufen konnten ...

Die meisten Studenten mussten während der Messezeit die Stadt verlassen, weil die Räume und die Betten gebraucht wurden. Die Studentenwohnheime wurden Messehotels. Auch bei unserer Wirtin wohnte dann ein Messegast. Viele Studenten fuhren nach Hause; wer eine Bleibe auftreiben konnte, der versuchte, hier irgendwo zu arbeiten oder den Trubel zu genießen. Ich wohnte die paar Tage bei meiner Tante.

Für uns junge Leute war natürlich vor allem die Buchmesse in Leipzig der absolute Wahnsinn. Plötzlich konnten wir all jene Bücher, die aus Paketen sofort beschlagnahmt wurden, selbst in die Hand nehmen. Jene Bücher von Sartre oder Camus, Kafka oder Freud und wie sie alle hießen, diese Bücher standen nun vor uns im Regal und wir konnten darin lesen.

Fast alle großen Westverlage waren da. Sie hatten – das war dem Raummangel im Messehaus geschuldet – zumeist ziemlich kleine Kojen, die ständig überfüllt waren. Bei vielen Verlagen hatte man wegen des Andrangs keine Übersicht mehr, so hing zur Absperrung eine Kordel vor der Koje, und damit wurde der Zugang geregelt. Gingen zwei Besucher raus, konnten zwei rein. Die größten Stände teilte die Messeverwaltung immer den sowjetischen Verlagen zu. Während sich die Menschen an den Westverlagen drängelten, waren die aber meist verwaist.

Viele Messebesucher sprachen die Verlagsmitarbeiter an und versuchten, die ausgestellten Bücher zu erwerben. Das war nicht möglich, aber manche Vertreter der Westverlage sagten dann: »Tut mir leid, ich darf Ihnen das Buch weder verkaufen noch schenken, ich kann mich bloß mal umdrehen.« Aber wenn man als Student von der Aufsicht oder von Stasi-Leuten beim Klauen erwischt wurde, drohte die Exmatrikulation.

Wenn ich am letzten Tag durch die Buchmesse spaziert bin, dann gab es bei einigen Verlagen nahezu leere Regale, obwohl man sie mehrfach aufgefüllt hatte.

Kamen Sie auch mit Messebesuchern aus dem Westen in Kontakt?
Selbstverständlich. Zum Beispiel eben an den Messeständen. Ich habe einmal auf der Technischen Messe im Vorraum der Kollektivausstellung von Großbritannien an einem Buchverkaufsstand gearbeitet. Da kam man mit vielen Westbesuchern ins Gespräch. Auch in den überfüllten Kaffeehäusern, Restaurants oder in den beliebten Leipziger Nachtbars.

Da es nicht so viele Hotels gab, wohnten zweimal im Jahr die meisten Messebesucher aus der ganzen Welt in Leipziger Wohnungen. Für den Staat waren diese Kontakte nicht mehr kontrollierbar. Viele Leipziger hatten dadurch eine private Beziehung in den Westen.

Die Zeit vor der Messe war schon immer voller Erwartungen. Für die Messegäste wurde alles fein gemacht. Es hieß dann immer unter den Leipzigern bei Verabredungen »vor der Messe nicht mehr« oder »aber erst nach der Messe«.

Die Leipziger schliefen mitunter auf ausgedienten Sofas oder auf einer »Russenliege« – das war Volksmund für ein zusammenklappbares Bettgestell aus Aluminium –, damit auf alle Fälle die Gäste bestens untergebracht waren.

Diese Beziehungen in den Westen waren wichtig. 1967 lernte ich in einem Lokal in der Innenstadt einen Westdeutschen kennen. Er war zehn Jahre älter und während der Messe hier mit westdeutschen Geschäftsleuten. Und da wir Sachsen ja sehr kontaktfreudig sind, kamen wir ins Gespräch. Ich erzählte der Truppe den ganzen Abend Witze, auch politische, und sie waren hell begeistert und wollten, dass wir uns bei der nächsten Messe unbedingt wieder treffen. Dieser Westdeutsche suchte ein Jahr später dann ein Quartier und wurde unser ständiger Messegast. Daraus entwickelte sich eine Freundschaft, die für uns sehr wichtig war, um hier die Jahre des Mangels zu überstehen. Er fragte jedes Mal vor der Messe: »Was braucht ihr?« Und er brachte uns Schallplatten, Bücher, Jeans und Kosmetika mit. Oder eine große Tüte mit Südfrüchten. Er schmuggelte auch jedes Mal für uns verbotene Zeitschriften.

Die Freundschaft mit Fritz Haase hält nun schon 40 Jahre. Wir haben quasi zusammen die Wiedervereinigung etwas vorgezogen.

Durch die Messe und diese Kontakte waren wir Leipziger nie ganz hinter dem Eisernen Vorhang verschwunden, wir lebten ein bisschen auf exterritorialem Gebiet in der DDR. Wir hatten ein Guckloch nach drüben.

Und doch blieb die weite Welt unerreichbar.
Sicher. Wir nahmen eben Polen als Frankreich-Ersatz. Dort waren die Mädchen vermutlich noch hübscher. Als die Miniröcke aufkamen – so viele wie dort habe ich nirgendwo gesehen. Man sagte, dass die Warschauerin modisch immer etwas im Wettbewerb mit Paris stünde. Wir trampten durch Polen. Das nannte man dort Autostopp und wurde von der Regierung sogar gefördert. Wir fanden das Land schon sehr liberal. Es gab internationale Studentenhotels in den Semesterferien, zumeist Internate, dort trafen wir auch die westeuropäische Jugend. Wir gingen in Jazzclubs, die es in der DDR nicht gab, und sahen viele amerikanische Filme. In den großen Städ-

Bernd-Lutz Lange beim Trampen 1967.

ten existierten Presseclubs, in denen wir sogar westdeutsche Zeitschriften wie den *Spiegel* lesen konnten, wenn wir als Pfand unseren Ausweis der DDR dort hinlegten. War das nicht absurd? Wenn das mein ABV (Abschnittsbevollmächtigter) aus Leipzig gewusst hätte, dass ich dort das wertvolle DDR-Dokument aus der Hand gebe, um dieses »Schundblatt« aus dem Westen zu kriegen. Dann fuhr ich oft nach Prag, das war und ist meine Lieblingsstadt im Osten. Dort, wie auch in Budapest, konnte man noch in Restaurants und Kaffeehäusern die Reste des Interieurs der k.u.k. Monarchie aufspüren. Das Café *Slavia* in Prag war der Treffpunkt systemkritischer Leute. Auch die Ungarn waren viel liberaler. Man sprach nicht umsonst von der »fröhlichsten Baracke im sozialistischen Lager«.

Bücher spielten beim Stillen der Sehnsucht eine enorme Rolle. Nach dem Studium war ich sehr privilegiert, denn ich habe im Leipziger Kommissions- und Großbuchhandel (LKG) besondere Möglichkeiten gehabt. Dieser Betrieb war die Bücherzentrale der DDR, die Produktion der Verlage wurde von dort über das Land verteilt. Auch an West-Bücher kam ich da nach der Messe heran. Die ausgestellten Bücher der westdeutschen Verlage wurden von der DDR gekauft. Insofern überlege ich gerade, ob die DDR vielleicht sogar die geklauten Bücher in D-Mark bezahlen musste ...

Der LKG verteilte diese Bücher, und zuerst kamen selbstverständlich die interessierten Ministerien und Institute dran, die Universitäten oder Museen. Aber es blieben auch Bücher übrig. So habe ich zum Beispiel von *Time Life* Bildbände von Amsterdam, Rom und Paris für DDR-Mark kaufen können. Das war etwas ganz Großes, alle Freunde liehen sich die aus. Wir schauten uns jedes Detail auf den Fotos an. Bei Westfilmen war es dasselbe. Wir waren manchmal von der Handlung abgelenkt, weil wir uns das Interieur des Ladens oder des Cafés ansahen. Oder eben die Landschaft der Toskana oder der Riviera betrachteten. Filme waren für uns die beste Brücke in die unerreichbaren Länder. Wir waren mitunter auch etwas beruhigt, wenn wir sozialkritische Filme aus westlichen Ländern gesehen haben und uns sagten, dort gibt es eben nicht nur Freude und Gerechtigkeit im Überfluss.

Aber die Sehnsucht nach der anderen Welt, nach Rom, Paris oder Wien blieb immer. Bei den politischen Dingen konnte man sich ja auch abseilen und sich drüber lustig machen, aber das Gefühl, dass wir nicht reisen können, dass wir nicht rauskommen, diese Sehnsucht hörte in den ganzen Jahren nie auf.

1965 tagte in Ostberlin das XI. Plenum, das sogenannte Kahlschlag-Plenum. Der Staat griff gegen unliebsame Künstler durch. Wie haben Sie das mitbekommen?

Alle Lockerungen, die nach dem Mauerbau zu spüren waren, wurden über Nacht durch das XI. Plenum wieder zunichtegemacht. Die Filmproduktionen der DEFA eines ganzen Jahres wurden verboten, Theaterinszenierungen abgesetzt, und auch viele Schriftsteller wie Stefan Heym oder Werner Bräunig bekamen Probleme. Sein Roman *Rummelplatz*, eine glasklare Analyse des Lebens in der DDR, erschien mit einer Verspätung von über 40 Jahren erst 2007 im Aufbau-Verlag. Christa Wolf war die Einzige auf dem 11. Plenum 1965, die mit zitternder Stimme Werner Bräunig verteidigte.

Das alles war für uns wirklich schockierend, und gerade in den Studentenkreisen hat sich sehr viel Unmut breitgemacht, gab es hitzige Diskussionen. Eines Tages kam Klaus Höpcke, damals Kulturredakteur im *Neuen Deutschland*, nach Leipzig und sollte uns, die Studenten der Fachschule für Bibliothekare und Buchhändler, ideologisch auf Vordermann bringen. Er war übrigens dann bis 1989 der letzte »Buchminister« der DDR, der die Hauptverwaltung Verlage leitete, sozusagen der oberste Zensor der DDR. Er kritisierte Schriftsteller und hetzte dort speziell gegen Wolf Biermann. Da machte sich richtig Unmut im Saal breit. Es gab Wut und Zorn.

Im Kabarett haben wir später satirische Stücke aufgeführt. Da spielte eines oberflächlich gesehen in der Antike. Die Kritik wurde also in einer anderen Zeit versteckt. Die Ost-Berliner Theater hatten das vorgemacht. Oder ich denke an das Stück *Der Drachen*, dieses traumhafte Märchen von Jewgeni Schwarz mit Rolf Ludwig, Eberhard Esche am Deutschen Theater. Das war grandios. Jeder hat das verstanden. Der Zuschauer in der Diktatur konnte sofort entschlüsseln, was da gemeint war. Und insofern führte das Kahlschlag-Plenum nach einer gewissen Phase der Depression zu einer entsprechenden Strategie und Taktik der Künstler, dass man die Wahrheit nur geschickter verkünden muss.

Welche Themen haben Sie in den Sechzigern im Kabarett aufgegriffen?
1966 gehörte ich zu den Mitbegründern des Studentenkabaretts *academixer*.

Wir konzentrierten uns zunächst auf studentische Probleme, auf die Zustände an der Universität. Dauerbrenner war damals bei uns der umgedichtete *Erlkönig* unseres Mitspielers Christian Becher. Der Vater war die Theorie, der Sohn der Student und der Erlkönig die Praxis. Die Praxis lockt den Studenten. Die Theorie sagte dann irgendwann in unserer Variante zu ihm: »Ich bin für die Praxis, doch ich will sie nicht sehen.« Da war alles klar, der klaffende Widerspruch zwischen Theorie und Praxis in diesem Land. Und am Schluss war der Student tot. Da tobten die Leute, egal ob wir im Betrieb oder an der Universität auftraten. Die Nummer konnte man die ganze DDR rauf und runter spielen.

Ich war als Kabarettist in den nächsten Jahren in der glücklichen Lage, sogar davon leben zu können, dass ich mich – in dem gebotenen Maß – über Politik lustig machen konnte und dass ich einen Teil dessen, was mich ärgerte, auf die Bühne brachte. Sich kritisch über Honecker oder die Mauer zu äußern ging nicht, da wäre Schluss gewesen. Aber viele Sachen konnten wir attackieren. Die Westleute, die während der Messen bei uns in der Vorstellung waren, staunten so manches Mal, was wir auf der Bühne sagten. Aber das ging eben nur auf den Kleinkunstbühnen oder in Kulturhäusern. Im Fernsehen und im Rundfunk fand Kabarett nicht statt.

Wie wurde dabei von staatlicher Seite Zensur ausgeübt?

Es war nicht so, dass jemand mit Schlapphut und Ledermantel kam und sofort anfing, wild zu streichen. Aber die Texte wurden natürlich abgenommen, unser Leiter war ja auch in der Partei. Wir hatten bei jedem neuen Programm eine sogenannte Abnahmeveranstaltung, bei der Funktionäre im Parkett saßen. Danach gab es eine Diskussion. Wir hatten noch einige Wissenschaftler der Universität beratend dabei. Die waren zumeist auf unserer Seite. Und nicht alle Funktionäre waren Dogmatiker.

Als wir später unser eigenes Kabarett-Theater hatten, wurde das komplette Textbuch vor der Premiere schon in der Kulturabteilung der SED-Bezirksleitung gelesen.

Bei den Abnahmen haben wir dann manche Sätze nicht gerade sehr betont, damit sie nicht so auffielen. Manchmal kam während einer Vorstellung noch etwas dazu, improvisiert wurde immer mal. Aber wir bekamen zum Glück nie richtig Ärger. Einmal sollten zur Messezeit aus Berlin irgendwelche hohen Funktionäre in die Vorstellung kommen. Da bekamen wir einen Tipp, lieber ein harmloseres Programm zu spielen, weil der Ton, wie er in Dresden und in Leipzig auf der Kabarettbühne herrschte, in Berlin nicht möglich war.

Kamen Sie in Ihrem Alltag in Kontakt mit den sowjetischen Soldaten in der DDR?

Die hier stationierten Soldaten waren wirklich arm dran. Sie kamen kaum aus ihren Kasernen heraus. Wenn sie mal Ausgang hatten, gingen sie vielleicht zum Völkerschlachtdenkmal. Immer als Gruppe. Die Russen lebten in den Städten nicht annähernd so wie im Westen die Amerikaner. Die hatten auch kaum Geld. Sie wurden höchstens in einen Betrieb anlässlich des Tags der Befreiung oder zu einem Festakt eingeladen. Unser Kontakt zu denen war gleich null. Wir haben die sowjetischen Soldaten manchmal fast jahrelang nicht gesehen und bedauerten sie immer ein bisschen. Sie lebten hier überhaupt nicht wie Sieger.

Russisch haben wir fast alle sehr ungern gelernt. Das war eine Sprache, die, ich will nicht sagen, dass sie uns verhasst war, aber die war uns einfach zu fremd. Allein schon das Alphabet. Und die Texte im Unterricht dienten auch nicht einer eventuellen Konversation, sondern erzählten eher was von sowjetischen Produktionserfolgen und wo Lenin im Exil gewesen war. Solche Sachen interessierten uns herzlich wenig.

Die meisten jungen Leute wollten lieber Englisch lernen – schon wegen der Beatmusik. An der Oberschule wurde natürlich Englisch gelehrt, aber in meiner Abendoberschule hatte ich leider nur Russisch. Im Gegensatz zur Amerikanisierung im Westen hat es bei uns nie eine Russifizierung gegeben. Wir haben nur zwei Wörter übernommen – »Wodka« und »Datsche«. Die Russen haben übrigens kuriose Wörter aus dem Deutschen in ihrer Sprache: Rucksack, Butterbrot und Schlagbaum.

Ich war 1964 in Moskau, und dieser Bildungshunger und die Liebe zum Theater, zur Poesie, wie die Russen mit ihren Dichtern umgingen, wie sie die verehrten, das imponierte mir sehr. Von den Leuten auf den Treppen in der U-Bahn hatte jeder Zweite ein Buch in der Hand. Und sie lasen auch Böll oder Remarque. Ich kaufte mir zum Beispiel eine deutschsprachige Ausgabe der *Drei Kameraden*.

Mancher meiner Mitreisenden dachte allerdings, er käme jetzt ins gelobte Land. Die waren sehr erstaunt, als sie gesehen haben, wie bescheiden und ärmlich die Russen lebten, dass der Lebensstandard der DDR-Bürger viel höher war.

Wie war in den Sechzigerjahren in der DDR der Umgang mit der NS-Vergangenheit?

Die DDR-Staats- und Parteiführung hatte zu Beginn einen großen Pluspunkt, der den DDR-Bürgern eingeleuchtet hat: Einige von ihnen waren während des Nationalsozialismus im Exil gewesen oder hatten sogar im Gefängnis gesessen. Wie zum Beispiel auch Erich Honecker. So nahm ein Teil der Bevölkerung ihnen den Antifaschismus ab, denn die hatten ja unter den Faschisten zu leiden gehabt. Im Gegensatz dazu hörten wir – nicht nur durch die DDR-Nachrichten – immer wieder von Nazis, die im Westen Karriere machten. Ein Fall wie Hans Globke war für uns unvorstellbar. Dass einer, der die Judengesetze mit ausformuliert hatte, dort Staatssekretär sein konnte. Und wenn man hörte, dass keiner der Richter des sogenannten Volksgerichtshofes ins Gefängnis gekommen war, dass die Witwe von Freisler, der so viele Todesurteile gefällt hatte, im Westen eine traumhafte Rente für die »Arbeit« ihres Mannes erhielt, so empörte uns das selbstverständlich. Die westdeutschen Filme, die dieses Thema behandelten, liefen natürlich bei uns alle, ob das nun *Rosen für den Staatsanwalt* war oder mein Lieblingsfilm *Wir Wunderkinder*.

Viele Nazis sind ja auch mit den Amerikanern nach dem Westen, als die im Juli 1945 aus Sachsen abzogen. Ihnen war wohl klar gewesen, dass sie es unter den Russen schlechter haben würden. Dass natürlich viele Leute, die auch Hitler gewählt hatten und Nazis waren, noch in der DDR lebten, das nahmen wir als junge Leute nicht so wahr. Hin und wieder lasen wir von irgendeinem Herrn Schmidt in Dresden oder einem Herrn Schulze in Rostock, deren Tarnung aufgeflogen war und die als SS-Leute in einem Prozess verurteilt wurden, meistens dann lebenslänglich. Dass die Stasi ihr Wissen um Nazis in bestimmten Fällen in der DDR auch erpresserisch benutzt hat, erfuhren wir natürlich erst nach der Wende.

Fest steht, dass der schnell nach Kriegsende beginnende Kalte Krieg dazu führte, Nazis im Westen schnell zu vergeben, zumal wenn sie für die Amerikaner – wie zum Beispiel der berühmte Wernher von Braun und andere – verwendbare Forschungsergebnisse bieten konnten. Und viele Nazi-Verbrecher, die zu langen Gefängnisstrafen verurteilt worden waren oder gar zu lebenslänglich, waren Anfang der Fünfzigerjahre in der Bundesrepublik wieder in Freiheit.

Machte es sich die DDR nicht auch ein bisschen leicht, indem sie sagte: »Wir sind der antifaschistische Staat, ergo die Guten«?
Es wurde verdrängt, dass in diesem Land auch viele Menschen lebten, die die Nazis gewählt hatten. Und ich habe natürlich auch irgendwann von Fällen gehört, dass Leute, die NSDAP-Mitglieder gewesen sind, schnell umschwenkten und in der SED vorankamen. Außerdem war zum Beispiel im ganzen Land bekannt, dass der Generalfeldmarschall Friedrich Paulus die NVA beratend mit aufgebaut hatte und in einer Villa auf dem Weißen Hirsch in Dresden wohnte. Ein Mann, der Tausende Soldaten hätte retten können, wenn er in Stalingrad eher kapituliert hätte. Das war schon mehr als erstaunlich, dass die Partei mit solchen Leuten – nach entsprechender »Umerziehung« in der sowjetischen Kriegsgefangenschaft – keine Probleme hatte.

Mitte der Sechzigerjahre begannen die Studenten im Westen, ihre Eltern zu fragen: »Wo wart ihr im Dritten Reich?« Gab es eine derartige Auseinandersetzung der Generationen im Osten auch?
Wir wurden in der Schule schon ausführlich über den Nationalsozialismus aufgeklärt. Ich denke, wenn ich mich an Gespräche mit westdeutschen Jugendlichen erinnere, dass dieses Thema bei uns intensiver behandelt wurde als drüben. Jeder las hier zum Beispiel Bruno Apitz' *Nackt unter Wölfen*, diesen legendären Roman, der im KZ Buchenwald spielt. Oder *Professor Mamlock* von Friedrich Wolf, wo das Thema Judenverfolgung thematisiert wurde. Besonders beeindruckte uns Jugendliche der Film *Die Abenteuer des Werner Holt* nach dem Roman von Dieter Noll. Wir waren nur wenig älter als diese jungen Leute, die als Luftwaffenhelfer in dem sinnlosen Krieg noch geopfert wurden.

Was der Vater während des Krieges gemacht hatte, diese Auseinandersetzung fand in den Familien auch statt, das wurde aber nicht in die Öffentlichkeit getragen. In meinem Bekanntenkreis kannte ich nur einen Fall, wo der Vater Richter im besetzten Polen gewesen war. Als die Kinder mit ihrer Mutter darüber reden wollten, blockte die Mutter alle Fragen ab, es kam nicht zu einem klärenden Gespräch. Der Vater war nach dem Krieg gleich in den Westen gegangen.

Ich bin auch zu meiner Mutter, als ich von den Konzentrationslagern hörte, und fragte sie, was sie gedacht habe, wo die Juden hinkommen? Meine Mutter war überfordert mit meinen Fragen. Sie hatte aber instinktiv gespürt, dass dieses System schlecht war, vor allem wegen des schrecklichen Krieges, in dem ihr Lieblingsbruder gefallen war. Und sie hat sich mit Erfolg dagegen gewehrt, als man meinen älteren Bruder Martin für die Napola vorgesehen hatte, jene nazistische Elite-Schule, deren Schüler am Kriegsende bei Einsätzen oft noch ums Leben kamen.

Trotz verordnetem Antifaschismus, gab es in der DDR so etwas wie Antisemitismus?

Ein Teil der Juden, die in der DDR lebten, waren Kommunisten, die aus dem Exil hierhergekommen waren und die Hoffnung hatten, dass sie ihre Ideale in diesem neuen Staat verwirklichen könnten. Manche kehrten aus der Sowjetunion zurück, aber ich denke, die meisten waren in westlichen Ländern im Exil gewesen. Stalin und die orthodoxen Führer trauten denen nicht über den Weg, sie wurden mitunter verdächtigt, Zionisten oder imperialistische Agenten zu sein oder beides. Die schlimmste Zeit war sicherlich zwischen 1948 und 1953. Da waren sie den meisten Diffamierungen und Verdächtigungen ausgesetzt. Man muss sich einmal vorstellen, dass wenige Jahre nach Auschwitz während des Slánský-Prozesses 1952 in Prag zum Beispiel Slánský, der Generalsekretär der tschechoslowakischen KP wegen »Hochverrats« und »zionistischer Umtriebe« zum Tode verurteilt wurde. Und weitere seiner Genossen. Ihre jüdische Herkunft wurde dabei extra erwähnt. Dasselbe Schicksal ereilte den Vorsitzenden der ungarischen KP. Aus Angst sind damals viele Juden aus der DDR über Nacht in den Westen geflohen. Manche wurden von Insidern gewarnt, dass ihre Verhaftung geplant war. Auch aus der Leipziger Gemeinde, die nach dem Krieg etwa wieder 300 Mitglieder hatte, gingen einige über Nacht weg.

Der Antizionismus war also auch eine Form des Antisemitismus. Stalin hat ja noch bis Anfang der Fünfzigerjahre Juden in der Sowjetunion ermorden lassen. So zum Beispiel sogar die Mitglieder eines jüdischen Komitees, die nach Kriegsausbruch weltweit Gelder für die Rüstung gegen Nazi-Deutschland gesammelt hatten.

Antisemitismus in der DDR gab es natürlich ab und an, aber meistens nur unterschwellig. Ich kannte eine Studentin, die jüdischer Herkunft war. Beim Tanzen wurde sie einmal von einem jungen Mann gefragt, ob sie jüdisch sei. Als sie das bestätigte, ließ er sie auf der Tanzfläche stehen. Solche Sachen sind passiert, obwohl in der DDR nur wenige Juden lebten. Ich bin 1963 einmal mit einem Dresdner zusammengeprallt und habe ihm beim

Bier tatsächlich Prügel angedroht, falls er weiter solche dummen Sätze sage wie »die Verjudung musste in Deutschland aber auch aufhören«. Dabei hasse ich jegliche Gewalt, aber das hat mich furchtbar aufgeregt. Als ich nach dem Studium ein Zimmer bei einem älteren Mann hatte, der ein früherer Bankangestellter war, da verzog er plötzlich das Gesicht, als ich irgendetwas von Heinrich Heine zitierte. »Der war doch Jude.«

Das waren alles Scharmützel im privaten Bereich, am Stammtisch. Aber von dem Gift war natürlich auch in der DDR einiges hängen geblieben.

Andererseits wurde das Feindbild Israel in den Medien gepflegt. Das stand sozusagen auf einer Stufe mit dem der imperialistischen USA. Die DDR erklärte immer wieder ihre Solidarität mit allen arabischen Staaten.

In den Jahren 1967/68 erlebte der Westen die Studentenrevolte. Was haben Sie davon mitbekommen?
Wir sahen natürlich die Bilder der Demonstrationen in Paris oder in Westdeutschland. Aber wir verstanden uns als Ost-68er. Unsere Konflikte waren völlig andere. Und in meinen Augen machten sich die westdeutschen Studenten wirklich lächerlich mit den Mao-Fibeln. Wir rieben uns die Augen! Haben die Lust auf Diktatur oder was? Was wollen die denn? Wissen die nicht, was da in China läuft? Wie viele Leute seit 1966 bei der Kulturrevolution umgekommen sind? Das war für mich nicht nachvollziehbar, was da in den intelligenten Köpfen der Weststudenten vor sich ging. Ich hatte etwas den Eindruck, die hatten zu viel LSD genommen.

Entscheidender für die Ostdeutschen waren Ende der Sechziger die Entwicklungen in der ČSSR. Welche Hoffnungen verbanden Sie mit dem Prager Frühling?
Ich reiste mit einem Freund im Sommer 1968 nach Prag und sah mit eigenen Augen, was dort los war, diese Atmosphäre unter den Menschen, die Gesichter voller Hoffnung und Heiterkeit. Wir saßen auf dem Wenzelsplatz und spürten regelrecht diese Freiheit. »Viva Dubček« stand mit Kreide an vielen Hausmauern. Als ich mit meinem Freund im Kino war – mit Gänsehaut sahen wir den Beatles-Film *Help!* –, da tauchte in einem Vorfilm mit aktuellen Meldungen auch Dubček auf. Sofort standen die jungen Leute im Kino auf und ließen den Parteichef hochleben. Das war in der DDR unvorstellbar, dass einer aufgestanden wäre, wenn Ulbricht auf der Leinwand auftauchte.

Bei der 1. Mai-Parade in Prag hatten die Funktionäre der Partei nicht mehr auf der Tribüne gestanden, und unten lief das Volk an ihnen vorbei, sondern die Genossen gingen in der ersten Reihe und marschierten mit dem Volk zusammen. Das hatte es im Ostblock noch nie gegeben. Wir merkten, hier beginnt etwas total Neues, etwas, was wir uns immer erträumt haben. Die Mehrheit in der DDR wollte 1968 auch diesen Sozialismus. 1953 hatten es große Teile der Bevölkerung schon versucht, dann 1956 die Ungarn, und auch die Polen hatten viel Mut bewiesen. Letztlich ging es um einen dritten Weg. Aus meiner Sicht ist der Prager Frühling die letzte Chance auf einen Sozialismus als gesellschaftliches System gewesen.

1967/68 bezog ich als einer der wenigen in Zwickau über meine Buchhandlung ein Abonnement der tschechischen Zeitschrift *Im Herzen Europas*. Die gab es nicht an den Kiosken im Freiverkauf. Ich las dort die Konzepte von Wissenschaftlern, wie man Marktwirtschaft und Sozialismus verknüpfen wollte. Ich denke, dass diese Konzepte damals durchaus auch für die Bevölkerung von westeuropäischen Staaten wie Italien oder Frankreich interessant gewesen wären. Schließlich gab es dort auch viele Menschen, die der Idee eines Eurokommunismus anhingen.

Für uns war hundertprozentig klar, wenn die Tschechen es schafften, dieses neue System zu installieren, dann würden die Polen und die Ungarn sofort nachziehen. Und dann wäre die DDR auch nicht mehr zu halten.

Doch es kam anders.
Und dafür war die Sprengung der Universitäts-Kirche im Mai 1968 in Leipzig schon ein Zeichen. Eine deutliche Mahnung der Partei: In der DDR wird sich nichts abspielen. In Prag war der politische Frühling ausgebrochen und hier wurde die Universitätskirche gesprengt. Ausgerechnet am Himmelfahrtstag 1968 beschloss die Stadtverordnung in Leipzig – bei nur einer Gegenstimme – den Abriss der Paulinerkirche, wie sie wegen ihrer Klosterzeit auch genannt wurde. Dort sollte die neue »sozialistische« Universität entstehen. Die Kirche störte die Funktionäre am Karl-Marx-Platz. Zerstörte Gotteshäuser im Frieden – das hatte es zum letzten Mal nach der Oktoberrevolution in der Sowjetunion gegeben. Die Universitätskirche hatte den Krieg unbeschadet überstanden. Und nun wurde sie nachträglich in Trümmer verwandelt. Eine Schande! Luther hatte sie zur protestantischen Kirche geweiht, Bach und Mendelssohn hatten in ihr gewirkt. Ich war im letzten Gottesdienst, und die Stimmung war sehr aufgeladen. Fassungslose

Gesichter überall, Beklemmung, Schweigen. Ich stand hinter einer Säule und schaute nach oben in das majestätische Kirchenschiff. Ich konnte es nicht begreifen.

In den Tagen vor der Sprengung wurden Absperrgitter um die Kirche gestellt. Wir gingen immer wieder hin, umkreisten die Kirche. Vor allem Studenten. Ich sah Menschen, die Blumen an die Absperrung legten. Die wurden sofort wieder entfernt. Priester beteten am Zaun. Die Kirche wurde sowohl von evangelischen wie katholischen Gläubigen genutzt. Die Zerstörung der Universitätskirche hat die Leipziger sehr bewegt. Zur Sprengung selbst, die man aus entsprechender Entfernung hätte sehen können, ging ich nicht. Das wollte ich mir nicht antun.

Und es kam noch schlimmer. Wie erlebten Sie die Zeit nach der Niederschlagung des Prager Frühlings im August 1968?
Vom Einmarsch der Warschauer-Pakt-Staaten in die ČSSR hörte ich, als ich gerade in Leipzig unterwegs war. An einer Haltestelle gab der Stadtfunk die Nachricht durch. Angeblich hatten sich Persönlichkeiten der Partei und des Staates der ČSSR an die Sowjetunion mit der Bitte um Bruderhilfe gewandt. Eine Lüge. Ich konnte es nicht fassen. In mir war so viel Wut und Ohnmacht. Es tat richtig weh. In den Tagen darauf wuchs der Zorn. Als ich mit einem Bekannten in der Kneipe saß, redeten wir uns die Köpfe darüber heiß, dass wir das doch nicht einfach so hinnehmen können. Ich kam dann auf die Idee, einfach mit Kreide das Wort Dubček an Häuserwände zu schreiben. Das hatte ich in Prag gesehen, und wir wollten hier in Leipzig zeigen, dass wir mit den Tschechen solidarisch sind. Nachts sind wir los und kritzelten den Schriftzug an zwei Häuserwände. Ich sah dann von Weitem einen Zivilisten, der uns in einer Passage beobachtet hatte. Da zogen wir uns zurück. Ein paar Straßen weiter kam ein Streifenwagen der Polizei, und wir wurden verhaftet und zur Staatssicherheit gebracht. Ich wurde von Mitternacht bis zum nächsten Mittag verhört.

Das muss man sich einmal überlegen: den Namen des Vorsitzenden der Tschechoslowakischen Kommunistischen Partei an eine Wand zu schreiben – das war plötzlich ein Straftatbestand!

Nach meiner Freilassung schaffte ich alle Westzeitungen und gefährlichen Westbücher wie zum Beispiel Wolfgang Leonhardts *Die Revolution entlässt ihre Kinder* schnell aus dem Haus. Eine Hausdurchsuchung hätte meine Lage verschärft. Ich wurde dann zu einem weiteren Gespräch bestellt und sollte für die Stasi arbeiten. Sozusagen als »Wiedergutmachung«. Ich sagte, dass ich so etwas nicht mit meiner christlichen Weltanschauung vertreten könne. Da meinte der Stasi-Mann, das wäre doch kein Problem, es gäbe auch Pfarrer, die mit ihnen vertrauensvoll zusammenarbeiten würden. Ich habe das damals nicht geglaubt, wurde aber nach 1989 eines Besseren belehrt. Zum Glück ließ man mich jedenfalls dann in Ruhe.

Noch ein Jahr später bekam ich allerdings nicht einmal ein Visum für eine Urlaubsreise nach Polen. »Aus polizeilichen Gründen.« In Prag war ich erst 1971 wieder. Dort herrschte eine trostlose Atmosphäre. Auch bei uns in der DDR gab es nach dem Einmarsch eine gewisse Lähmung und Lethargie.

Trotz aller Enttäuschungen, glaubten Sie in den Sechzigerjahren, im besseren Teil Deutschlands zu leben?
Nein, das glaubte ich nie. Natürlich sahen wir im Fernsehen und in den Filmen, dass da drüben auch nicht alles zum Besten stand. Es gab immer eine Menge Gründe zu sagen, so ideal ist das dort vermutlich auch nicht. Dieses Gesellschaftssystem hat auch seine Macken. Prag hatte uns gezeigt, dass noch etwas anderes möglich war, und es wäre ja für diese Erde nicht schlecht, wenn es noch eine Alternative zum Kapitalismus gäbe.

Ich fühlte mich im Prinzip nicht als DDR-Bürger. Was sollte ich mit den drei Großbuchstaben anfangen? Der Pole war Pole, und der Tscheche war Tscheche, und ich durfte nicht mal mehr Deutscher sein. Eine Zeit lang wurde dieses Wort von vielen Institutionen sogar gestrichen. Wir hatten hier in den Sechzigerjahren am Karl-Marx-Platz ein *Hotel Deutschland*, was dann in *Hotel am Ring* umbenannt wurde. Der Staat wollte das Deutsche zurückdrängen und möglichst nur noch den Begriff DDR verwenden. Dabei hieß das zentrale Parteiorgan »Neues Deutschland«. Absurd! Aber mit dem Begriff DDR-Bürger konnte ich wenig anfangen. Ich fühlte mich in erster Linie als Sachse. Das hat mich hier gehalten, die Verbundenheit zu meiner Heimat. Ich wusste, hier hatte ich weniger Missverständnisse als in Köln oder München. Ich lebte und liebte diese Mentalität und den sächsischen Humor. Und lebte als Kabarettist auch davon. Das Kabarett in der DDR war ja eine Art Seelenhygiene.

Wenn Sachsen noch geteilt gewesen wäre, wie das 1945 der Fall war, also in Dresden waren bekanntlich die Russen, in meiner Heimatstadt Zwickau und Leipzig dagegen die Amis, dann – ja dann wäre ich wohl ins westliche Sachsen gegangen. Aber so war es eben nicht. Kurz gesagt: Ich war jahrzehntelang ein Sachse, der hoffte, dass sich hier mal was ändert. Und das Warten hat sich gelohnt. Jetzt bin ich sogar noch Europäer.

Die Fragen stellten Mareike Leuchte und Carmen Kölz.

Tragödie im Kinderzimmer
Die Contergan-Katastrophe

7. Februar 1962: In der saarländischen Kohlengrube Luisenthal entzündete sich ein Methan-Luftgemisch. Eine Detonationswelle fegte in den Streb, ein Feuerball folgte, 299 Kumpel kamen ums Leben.

17. Februar 1962: Bei einer Sturmflut an der Nordsee drückte eine Kombination von ungünstigen Umständen so viel Wasser in die Elbmündung, dass in Hamburg mehrere wichtige Deiche brachen. Das Wasser überraschte ganze tief gelegene Viertel in der Nacht. 315 Menschen ertranken in der Hansestadt, das Entsetzen war groß, ein solches Unglück hatte man sich vielleicht in den immer vom Wasser bedrohten Niederlanden vorstellen können, aber doch nicht in Deutschland. Helmut Schmidt, der spätere Bundeskanzler, war zu dieser Zeit Innensenator von Hamburg und erwarb sich bei der als »Jahrhundertsturmflut« in die Geschichte eingegangenen Katastrophe den Ruf eines kühlen Organisators.

24. Oktober 1964: Auf der Eisengrube Mathilde bei Lengede (Niedersachsen) stürzten etwa eine halbe Million Kubikmeter Wasser aus einer Klärgrube durch einen Riss in der Erddecke in die Stollen und Schächte. 79 Bergleute konnten sich retten, drei weitere holten die Rettungsmannschaften bald nach oben. Dann wurden die Arbeiten zweimal eingestellt, weil sie aussichtslos erschienen. Aber zweimal gab es auch Klopfzeichen – ein Hinweis, dass die Kumpel noch am Leben sein könnten. Endlich begann eine der schwierigsten und längsten Bergungsaktionen in der Geschichte des Bergbaus. Nach zehn weiteren Tagen kamen elf Männer ans Tageslicht. Die ganze Nation hatte mit ihnen und den Angehörigen gebangt. Die *Bild*-Zeitung fand die leicht blasphemische und trotzdem legendär gewordene Schlagzeile »Gott hat mitgebohrt«. Bei aller Euphorie über das sogenannte Wunder von Lengede geriet etwas aus dem Blick: 39 Bergleute hatten unter Tage ihr Leben verloren.

Die Bundeswehr kam ins Gerede mit einem Unfall und einer Unfallserie. Auf dem NATO-Schießplatz Bergen-Hohne traf eine Granate einen Lkw, auf dem deutsche Soldaten saßen. Neun starben, zehn erlitten Verletzungen. Die Luftwaffe hatte nach wahrscheinlich ungenügenden Prüfungen, aber mit Zustimmung von Verteidigungsminister Strauß ein Kampfflugzeug namens »Starfighter« angeschafft. Die Erregung war stark, als immer wieder Flugzeuge dieses Typs vom Himmel fielen: Bis zur Einmottung des Typs in den Achtzigern waren es 269 Maschinen und 110 Piloten. In der Öffentlichkeit hieß der Starfighter »Witwenmacher«.

Noch mehr als diese Unglücke ging vielen Menschen eine Tragödie im Kinderzimmer unter die Haut. Ende der Fünfzigerjahre kamen in der Bundesrepublik, aber auch im westlichen Ausland immer mehr Kinder mit einander ähnelnden schweren Behinderungen zur Welt. Arme und Beine waren verkümmert oder sie fehlten ganz. Manche Kinder waren taub oder litten unter Fehlfunktionen der innere Organe. In einigen Fällen trafen mehrere dieser Schädigungen zusammen. Der Kinderarzt und Humangenetiker Widukind Lenz führte 1961 als Erster den Nachweis, dass es einen Kausalzusammenhang gab zwischen den Behinderungen und einem Medikament namens Contergan, das bis dahin als nebenwirkungsfreies Wundermittel gegen Unruhe, Schlafprobleme und Übelkeit gegolten hatte, das auch während der Schwangerschaft eingenommen werden kann. Zu den Müttern, die das Mittel genommen hatten, gehörte Barbara Kreuzinger aus dem badischen Städtchen Weingarten.

Judo ohne Arme

> Anfang der Sechziger ist Barbara am Ziel ihrer Träume. Kindheit und Jugend sind schwer gewesen: Flucht aus Ostpreußen mit vier Geschwistern und einem Dienstmädchen, die Mutter hat sie im Stich gelassen, der Vater ist im Krieg verschollen. Über mehrere Stationen bei geeigneten und ungeeigneten Pflegeeltern ist sie zu einer Tante in Weingarten geraten. Diese Frau und ihr Mann haben sie 1958, obwohl selbst mit vier Kindern gesegnet und keineswegs wohlhabend, warmherzig aufgenommen. Endlich geordnete Verhältnisse, endlich ein Zuhause.
> Nun träumt sie von einer eigenen heilen Familie, mit einem Mann, der groß ist, blaue Augen hat und dunkle Haare. Auf dem Tanzboden trifft

sie einen, der ist in allem das Gegenteil, aber sie verliebt sich auf der Stelle in ihn. Als sich ein Kind ankündigt, feiern sie ausgiebig und fröhlich Hochzeit. Mit den Schwiegereltern hat sie genauso viel Glück wie mit der eigenen Ersatzfamilie. Sie nehmen die junge Frau liebevoll auf. Das junge Paar zieht in ihr Haus, und Bernd kommt zur Welt, ein gesunder Junge. Obwohl ihr Mann als Metzger hart arbeiten muss, hilft er, wenn irgend möglich. So hat sich Barbara das Leben vorgestellt.

Im September 1961 folgt, nach einer leichten Schwangerschaft, der zweite Sohn. Jörg kommt am Tag des Winzerfestes in Weingarten zur Welt. Wie um diese Zeit üblich, geben die Ärzte Barbara Kreuzinger am Schluss eine Spritze gegen die Schmerzen. Als sie aufwacht, hört sie die Säuglingsschwester am Telefon sagen: »Ja, es ist ein Junge.« Dann legen die Schwestern ihr das Kind in den Arm und lassen sie allein. Die Ärmel des Jäckchens sind hochgeschoben, und sie kann nicht glauben, was sie sieht: ein bildhübscher Junge, aber die Hände sitzen unmittelbar an den Schultern und sie bestehen auch nur aus den drei äußeren Fingern, Zeigefinger und Daumen fehlen. Vieles schießt ihr durch den Kopf. »Kind, was soll aus dir werden?« Einen Augenblick spielt sie mit dem Gedanken, den Jungen wegzugeben. Dann wieder verzweifelt sie: »Das Leben ist für uns Eltern gelaufen.«

Solchen Kindern helfe er jetzt öfter auf die Welt, erzählt ihr ein Arzt, alt würden sie nicht werden. Eine Tante rät, das Kind nicht bei sich zu behalten. Aber sehr schnell wissen die Kreuzingers: Sie wollen den Jungen auf jeden Fall großziehen. »Um das Kind kämpfe ich«, schwört die Mutter sich, und sie fühlt, wie ihr die dazu nötige Kraft zuwächst. Die Mediziner haben zunächst wenig Rat für die Eltern, zu neu ist das Thema. Dann verdichten sich die Anzeichen, dass die Ursache für die immer noch wachsende Zahl von diesen oder noch schlimmeren Behinderungen das Medikament Contergan ist. Auch Barbara Kreuzinger hat das Mittel während ihrer zweiten Schwangerschaft genommen. Bernd, der Erstgeborene, schlief schlecht und der Arzt hatte ihm Contergan verschrieben. Auch Barbara nimmt die Tabletten, denn was ihrem Kind hilft, kann ja ihr nicht schaden.

Am Tag der Geburt hat es sich auf dem Winzerfest sofort herumgesprochen: Die Barbara und der Hans, die haben ein behindertes Kind bekommen. Viele sind hilflos im Ort, während die Familie einschließlich der Schwiegereltern beherzt zupackt. Wenn die Mutter den Kin-

derwagen durch den Ort schiebt, kommt sie sich manchmal vor wie bei einem Spießrutenlaufen, aber nicht weil die Menschen zudringlich gucken, sondern weil sie aus lauter Verlegenheit gar nicht gucken. Als sie einmal mit dem Kind im Zug nach Heidelberg fährt, meint eine Frau: »Ach, das wächst wieder.«
Doch die junge Mutter will kein Mitleid, sie will allenfalls Hilfe. Das Paar beteiligt sich an einer Selbsthilfegruppe, die mit einem im nahen Heidelberg arbeitenden Professor kooperiert. Dort begreift sie, dass andere noch viel schlimmer betroffen sind. Barbara Kreuzinger sieht dort Kinder mit nur einem Armstumpf und einem Kopf ohne Ohren. Und so sagt sie zu sich: »Diese Eltern müssen auch mit ihrem Schicksal fertig werden.« Das hilft ihr ebenso wie die Tatsache, dass Jörg von Beginn an ein sonniges, unkompliziertes Kind ist, das jeden Fremden aus dem Kinderwagen anstrahlt.
Zwei, drei Jahre konzentriert sich die Familie ganz auf das behinderte Kind. Das Laufenlernen ist eine besondere Anstrengung für alle. Wenn Jörg fällt, stürzt er, da er sich nicht abfangen kann, sofort auf den Kopf. Dabei verletzt er sich öfter. Ein gepolstertes Stirnband hilft. Von den Jäckchen schneidet die Mutter alle Ärmel ab. Zu dieser Zeit haben viele Kinder ein Kettcar, ein lenkbares, mit den Füßen zu tretendes Gefährt. Jörg kann es nicht fahren und schaut traurig auf die anderen. Aber die Kreuzingers finden eine Spielzeugkutsche mit Pferd, die er zu beherrschen lernt. So hat auch er ein Fortbewegungsmittel.
Die Ärzte verordnen Jörg Prothesen als Ersatz für die Arme. Die vorhandenen Finger sollen Knöpfe so bewegen, dass sich eine künstliche Hand öffnet und schließt. Die Apparate erweisen sich eher als Hindernis denn als Hilfe. Darum werden, wie bei vielen seiner Schicksalsgenossen, die Zehen umtrainiert. In kurzer Zeit übertrifft der kleine den älteren Bruder, wenn sie um die Wette mit den Füßen Papier zerreißen. Mit drei Jahren isst er mit Messer und Gabel. Jörg absolviert alle möglichen Therapien, weil der Rücken krumm und die Hüfte nicht ganz ausgereift ist. Er trägt darum zeitweise Hüftschalen und muss auf dem Bauch festgebunden in einem Gipsbett schlafen. Er leidet Schmerzen, aber es zeigt sich, dass er viel Lebenskraft entwickelt und voller Optimismus steckt.
Endlich kehrt ein annähernd normaler Alltag ein in der Familie. Die Eltern beteiligen sich wieder an dem ihnen früher so vertrauten Weingart-

ner Vereinsleben, und Jörg darf immer dabei sein. Er besucht den Kindergarten, die Grundschule und das Gymnasium. In der Grundschule ist er mit drei anderen Contergan-Kindern zusammen, sie sitzen an eigenen, für die Arbeit mit den Füßen geeigneten Pulten. Die Toiletten werden umgebaut, und die inzwischen auf solche Kinder vorbereitete Verwaltung tut auch sonst vieles, ihnen das Leben zu erleichtern. Der Junge bekommt ein Rad mit Speziallenker, mit dem er im Ort herumzukur-

Familie Kreuzinger beim Zelten 1968.

ven lernt. Einmal schubsen ihn Kinder von dem Rad herunter, er läuft heulend zur Arbeitsstelle des Vaters. Der rennt auf die Straße, erwischt einen der Übeltäter und ohrfeigt ihn. Später reden Jörgs Eltern mit der Mutter des anderen Jungen über den Vorfall und die Ohrfeige, und die sagt: »Recht war's.« Barbara Kreuzinger aber sagt sich, wenn der Junge stark werden soll, dann muss er auch solche Dinge kennenlernen. Und so versucht sie, ihn so normal wie möglich zu erziehen. Da ist auch schon mal ein Klaps auf den Hintern als Strafe möglich.

Eines Tages, Jörg geht mittlerweile in den Turnverein, teilt er mit, dass er nun Judo lernen wolle. Er schafft es tatsächlich, die Technik zu beherrschen. Wo er auch hinkommt, bewahrt er sich als Organisator. Mit sechs Jahren besucht er den Weingartner Kinderfasching, und ehe der ältere Bruder, der ihn begleitet, sich versieht, steht Jörg mit seiner Teufelsmaske auf der Bühne, um sich an der Prämierung der Kostüme zu beteiligen. Bei all dem hilft ihm sein gutes Selbstvertrauen.

Barbara Kreuzinger hätte am liebsten eine ganze Orgelpfeifen-Schar von Kindern. Ihrem Mann reichen die beiden Jungen. Doch sie setzt ihren Willen durch, im März 1966 kommt ein Mädchen zur Welt. Angst hat sie nicht gehabt. Contergan gibt es schon längst nicht mehr, und sie ist überzeugt, dass das Risiko, ein weiteres behindertes Kind zu bekommen, nicht größer ist als bei anderen Eltern.

Auch finanziell regeln sich die Folgen leidlich. Die Selbsthilfe-Gemeinschaft der Eltern prozessiert gegen die Herstellerfirma Grünenthal. Das Ergebnis ist eine von dem Unternehmen und der Bundesregierung gegründete Stiftung, die den Geschädigten eine einmalige Kapitalentschädigung und eine lebenslange Rente sichert. Die Rente beträgt zu dieser Zeit für Jörg 500 D-Mark, das entspricht einem heutigen Wert von etwa 850 Euro.

Voller Genugtuung sehen die Eltern, wie die drei Kinder sich trotz der familiären Belastung untereinander und später auch mit den jeweiligen Partnern gut verstehen. Jörg hat im Vergleich zu anderen Geschädigten noch Glück im Unglück. Er absolviert ein Fachhochschulstudium zum Diplom-Verwaltungswirt und ist heute bei der Stadt Karlsruhe an einer Stelle beschäftigt, wo er besonders kompetent ist: Im Sozialamt bearbeitet er die Eingliederungshilfe für Behinderte. Er ist verheiratet und hat eine Tochter.

»Ich habe das Leben immer so genommen, wie es gekommen ist«, meint seine Mutter im Rückblick. »Das tue ich heute noch. Trotz Kummer und Sorgen ist es wunderschön.«

Ein Pharma-Skandal erschüttert die Deutschen

Das damals in Stolberg bei Aachen (heute in Aachen) ansässige Pharma-Unternehmen Grünenthal brachte Contergan im Oktober 1957 auf den Markt. Der darin enthaltene Wirkstoff Thalidomid galt nach längeren Versuchen als beruhigend und Schlaf fördernd. Das Medikament, so hieß es, sei besonders gut verträglich und führe nicht zur Abhängigkeit. Der Markterfolg im In- und Ausland war groß, jeden Monat produzierte Grünenthal mehr als 20 Millionen Tabletten.

Als immer mehr Kinder mit verstümmelten Gliedmaßen und anderen Behinderungen auf die Welt kamen, vermuteten manche Fachleute zuerst, dass es sich um Strahlenschäden handelte. Dann aber wiesen der Kinder-

Contergangeschädigtes Mädchen beim Essen 1968.

arzt Widukind Lenz und andere nach, dass Thalidomid innerhalb der ersten drei Schwangerschaftsmonate zu schweren Fehlbildungen (Dysmelien) oder sogar völligem Fehlen (Aplasien) von Gliedmaßen und Organen der Kinder führen konnte. Schon eine einzige Tablette war in der Lage, solche Wirkungen auszulösen. Immer wieder tauchten Behauptungen auf, das Unternehmen habe lange gezögert, ehe es auf die Informationen reagierte. Nach Aussagen der Verantwortlichen lagen zwischen der ersten Information durch Lenz und der Entfernung des Mittels aus den Apotheken zwölf Tage. Am 27. November 1961 nahm Grünenthal Contergan vom Markt.

Bis zu diesem Tag führte es nach Angaben des Verbands der Geschädigten bei 5 000 Kindern zu Behinderungen. Andere Quellen sprechen von 10 000 Fällen weltweit, von denen 4 000 auf die Bundesrepublik entfallen sollen. Jeder zweite Betroffene habe nicht lange gelebt, eine unbekannte Anzahl von Kindern sei außerdem schon während der Schwangerschaft im Mutterleib gestorben. Die juristisch sehr komplizierten Auseinandersetzungen um Schuld und Haftung zogen sich jahrelang hin. Das Strafverfahren gegen neun leitende Mitarbeiter der Firma endete im Dezember 1970 mit Einstellung wegen geringer Schuld. Im November entstand per Gesetz das »Hilfswerk für behinderte Kinder«, eine Stiftung speziell zur Unterstützung der Contergan-Geschädigten. Grünenthal zahlte 100 Millionen Mark ein plus 10 Millionen Mark Zinsen. Der Bund beteiligte sich mit noch einmal 100 Millionen an der Stiftung. Bis heute sind etwa 400 Millionen Mark an die Behinderten geflossen.

Schon in den Sechzigerjahren stellte sich mehr durch Zufall heraus, dass der in Contergan enthaltene Wirkstoff Thalidomid geeignet war, bestimmte Krebsformen und vor allem Lepra zu bekämpfen. Davon erfuhr die Öffentlichkeit wenig. Sie reagierte heftig und nachhaltig auf die Qualen der betroffenen Kinder und Angehörigen. Vor allem junge oder werdende Eltern litten mit ihnen und stellten sich vor, was gewesen wäre, wenn sie selbst zu den Opfern der Tragödie gehört hätten. Und auch wenn nun viele Länder neue Arzneimittelgesetze erließen oder die bestehenden Verordnungen verschärften: Die Katastrophe im Kinderzimmer beschädigte den Glauben an die Allmacht der Medizin im Allgemeinen und von Medikamenten im Besonderen.

Sonderfall Berlin
Die Stadt, die ein Leben der anomalen Normalität führte

Berlin lebte in den Sechzigern schon lange im Ausnahmezustand, spätestens seit der Blockade 1948/49. Der westliche Teil stak wie ein Pfahl im Fleisch der DDR, und jedes Mal, wenn der Kalte Krieg zwischen den Systemen wieder heißer wurde, stieg auch die Temperatur in der erst vier-, dann zweigeteilten Stadt. So gesehen war der Mauerbau Höhepunkt einer langen Reihe von Zuspitzungen und zugleich ein Tiefpunkt für die labile Stimmung in der Stadt. Die Westberliner reagierten auf den 13. August 1961 mit einer Mischung aus Angst und Selbstbehauptungswillen – und dem so gern gepflegten Verdacht, benachteiligt zu sein: vom Schicksal, von denen in Bonn und manchmal auch von den westlichen Verbündeten. Darum bedeutete der Besuch des jungen amerikanischen Präsidenten John F. Kennedy so viel für den Seelenhaushalt der Westberliner. Die Visite 1963 und seine legendäre Rede vor dem Schöneberger Rathaus änderten im Prinzip nichts daran, dass der Westen den neuen Status quo einschließlich Mauer akzeptierte, aber sie stärkten den Berlinern den Rücken. Vor allem tat das jene Schlusspassage, die sich in der Wiedergabe oft auf den letzten Satz verkürzt. »Ich fordere Sie ... auf, den Blick über die Gefahren des Heute hinweg auf die Hoffnung des Morgen zu richten ... Alle freien Menschen, wo immer sie leben mögen, sind Bürger Berlins, und deshalb bin ich als freier Mann stolz darauf, sagen zu können ...« Erst dann folgten die Worte, die Kennedy in seiner eigenen Lautschrift handgeschrieben auf einem Zettel notiert hatte: »Ish bin ein Bearleener.«

Leben auf der Insel

Die Berliner waren begeistert. Der charismatische US-Präsident hatte ihre Herzen gewonnen. Zumindest für eine Weile hellten sich die Mienen und die seit dem Mauerbau noch mehr verdüsterten Perspektiven auf. Denn während sich für Ostberlin politisch und wirtschaftlich wenig geändert hatte, zehrten die besonderen Umstände der Insellage zunehmend an der Substanz Westberlins.

Die unmittelbaren wirtschaftlichen Folgen waren vergleichsweise gering, sie trafen fast nur Privatleute. Die Mauer hatte die letzten Verbindungen zwischen benachbarten Stadtteilen gekappt. Viele Kreuzberger waren etwa in das angrenzende Friedrichshain zum Friseur oder zum Lebensmittelhändler gegangen. Da es für eine Westmark bis zu fünf Ostmark gab, waren alle Dienstleistungen und Waren in Ostberlin konkurrenzlos billig. So manches kleine Geschäft musste schließen, als die Westberliner ausblieben. Plötzlich war die Tür zugemauert, oder ein Ladenlokal verwandelte sich in eine Wohnung. Umgekehrt hatten auch Westberliner vom Grenzverkehr finanziell profitiert. An die 90 Wechselstuben entlang der Grenze waren unversehens überflüssig. Der Verband der Einzelhändler schätzte, seine Mitglieder würden allein im Restjahr 1961 einen Verlust von 200 Millionen Mark erleiden, weil die Ostberliner mit ihren von Verwandten geschenkten oder auch eingetauschten Westmark ausblieben. Vor allem Medikamente hatten die Ostberliner im Westen gekauft, auf 30 Millionen belief sich angeblich allein der Umsatzverlust Westberliner Apotheken in diesem Jahr.

Abrupt endete mit dem 13. August 1961 ein oft übersehener Pendelverkehr von Arbeitskräften. Die Rede war von 63 000 Ostberlinern, die täglich im Westen gearbeitet hatten. Auch Westberliner verdienten ihr Brot im Osten, allerdings war deren Zahl wesentlich geringer. Gemeinsam war ihnen das Los, von einem Tag auf den anderen auf der Straße zu stehen. Eine neue Stelle zu finden, fiel bei dem Kräftemangel auf beiden Seiten nicht schwer, aber der betroffene Ostberliner musste damit rechnen, nicht seiner Qualifikation entsprechend eingesetzt zu werden: Die Grenzgänger waren dem Regime schon länger ein Dorn im Auge gewesen. Einige von ihnen behielten dennoch ihren Job. So gehörte die Eisenbahn einschließlich der S-Bahn laut Viermächteregelung dem DDR-Unternehmen Reichsbahn. Regimetreue Mitarbeiter durften zum Beispiel auf dem zentralen Bahnhof im Westen, dem Bahnhof Zoo, tätig sein.

Die Regierungen in Ost und West sahen in ihrer jeweiligen Teilstadt ein Schaufenster, das die Überlegenheit des Systems demonstrieren sollte. Sie fühlten sich verpflichtet, die durch die besonderen Umstände gefährdete Stimmung in der Bevölkerung durch materielle Wohltaten zu stützen. Kurzum, beide Seiten bevorzugten ihr Teil-Berlin gegenüber anderen Städten und Regionen. Die DDR-Regierung tat das, indem sie Ostberlin besser mit Gütern versorgte. Dort tauchten öfter begehrte Waren in den Geschäften auf als etwa in Leipzig und Dresden. Das erregte Unmut und Neid, was die Besucher aus diesen Städten nicht davon abhielt, sich in Ostberlin mit Artikeln einzudecken, die sie zu Hause entbehrten, was wiederum die Berliner nicht freute. Westberlin litt keinen Mangel an Waren, dafür jedoch unter seiner isolierten Lage. Einen Ausgleich für das Inselleben schuf die Bundesregierung durch Steuervorteile und besonders hohe Zuschüsse für Kunst, Bildung und Kultur.

Auch bemühten sich beide Seiten, ihr Berlin architektonisch herauszuputzen. Im Westen entstanden die Deutsche Oper in Charlottenburg, die bald berühmt werdende Philharmonie von Hans Scharoun, die Neue Nationalgalerie von Mies van der Rohe und viele andere bis heute gepriesene Bauten. Der DDR stand weniger Geld zur Verfügung, und sie hatte große Mühe, die vom Krieg mitgenommene Bausubstanz leidlich zu erhalten. Ein spektakuläres Wahrzeichen wurde der Fernsehturm am Alexanderplatz, der in den Jahren 1965 bis 1969 entstand und die erklärte Aufgabe hatte, eine »sozialistische Höhendominante« zu sein. Mit 368 Metern war er in der Tat bis zu 40 Kilometer weit zu sehen und grüßte jeden Tag auch nach Westberlin hinüber. Der Volksmund ging wenig ehrerbietig mit dem Bauwerk um und nannte ihn »Protzstengel« oder »Telespargel«.

Westberlin hinterließ nach außen den Eindruck einer boomenden, manchmal sogar brausenden Weltstadt: volle Läden und Restaurants, jede Art von Luxus, der Kurfürstendamm eine Flaniermeile mit Glanz und Glitzer. Das Kulturleben imponierte mit Theater, der Berlinale, den Berliner Philharmonikern unter Herbert von Karajan als einem der weltbesten Orchester, mit attraktiven Kunstausstellungen. Aber wer kritischer hinsah, entdeckte, dass die Inselstadt ständig an Substanz verlor. Unternehmen und Fachpersonal zogen in die Bundesrepublik; allein von 1961 bis 1970 ging die Zahl der Industriebetriebe von 3 500 auf 2 370 zurück. Banken, Versicherungen und staatliche Einrichtungen verteilten sich auf westdeutsche Städte und hinterließen allenfalls noch einen Brückenkopf. Die restlichen Industrieanlagen litten genauso an Überalterung wie die Bevölkerung. Den Weggang von Menschen im Erwerbsalter glichen Gastarbeiter und Studenten nur teilweise aus, wobei die jungen Akademiker (wie auch andere) nicht nur wegen des guten wissenschaftlichen Angebots kamen, sondern auch wegen des Umstandes, dass in Westberlin gemeldete Deutsche nicht zur Bundeswehr eingezogen werden konnten. So entstand eine spezielle Bevölkerungsstruktur, die zum Beispiel ein Grund dafür war, dass das eigentlich abgelegene Westberlin zum Zentrum der Studentenbewegung avancierte.

»Berlin ist heute wie ein aus dem Krieg heimgekehrter Frontsoldat. Er wird nicht mehr gebraucht und bezieht seine Rente«, schrieb der *Stern*, und andere westdeutsche Medien äußerten sich zum Ärger der empfindlichen Berliner ähnlich despektierlich. Insgesamt war die Stadt ohne ständige Zuschüsse aus dem Bundeshaushalt nicht lebensfähig. So führte sie mit ihren speziellen Nach- und Vorteilen ein Dasein der normalen Anomalität. Nachdem sich die politischen Verhältnisse leidlich stabilisiert hatten, versuchten die Menschen auf beiden Seiten, sich mit der Mauer einzurichten, auch wenn sie jeden Tag auf die Widernatürlichkeit ihrer Lage stießen. Wie der Alltag aussah, erlebte Peter Katzorrek aus einer besonderen Perspektive. Er war Polizist und bei allen wichtigen Ereignissen dabei.

Skat mit dem Bundespräsidenten

Weil die vier Mächte die Verantwortung für Berlin tragen, steht dort keine Bundeswehr. Als eine Art Ersatz sind hier drei Abteilungen von je 2 000 Mann Bereitschaftspolizei stationiert. Sie haben den Ruf einer »fünften Besatzungsmacht« und verfügen über militärische Waffen – Maschinenpistolen, Maschinengewehre, Granatwerfer.
1960 ist Peter Katzorrek 24 Jahre alt und schon sechs Jahre Bereitschaftspolizist. Er leitet eine Gruppe, die Granatwerfer bis hin zum Panzerabwehrrohr bedient. Die Einheit rückt nur zu besonderen Anlässen aus, etwa bei Demonstrationen, im Übrigen schiebt sie einen recht gleichförmigen Dienst in der Kaserne. Am Abend vor dem 13. August 1961 trifft er sich mit Kollegen in »Walterchens Ballhaus«, einem legendären Berliner Tanzschuppen. Plötzlich schaltet jemand die Musik aus und fordert alle anwesenden Polizisten auf, unverzüglich in

die nahe gelegene Kaserne zu eilen. Dort merken die Männer, dass etwas Ungewöhnliches im Gange ist. Die Fahrer sitzen in den Wagen, die Blaulichter blinken, die Motoren laufen, die Waffenwarte geben Geräte und Munition aus. Das ist der Krieg, denken sie. Niemand verrät ihnen, was wirklich passiert. Katzorrek hat nicht einmal Gelegenheit, Angst zu empfinden, dafür ist die Hektik viel zu groß.

Auf dem Lastwagen fährt er mit seinem Trupp zum Brandenburger Tor, wo schon britische Einheiten das Oberkommando übernommen haben. Der westlich vom Tor gelegene Stadtteil Tiergarten gehört zu ihrem Sektor, darum sind sie hier verantwortlich. Nun erfahren und sehen die jungen Deutschen, was sich abspielt: Die Grenze nach Ostberlin schließt sich. Schon sind die ersten Stacheldrahtrollen ausgerollt, hoch auf dem Brandenburger Tor liegen Volkspolizisten mit Maschinengewehren und zielen nach Westen. Katzorrek und seine Kollegen fühlen sich wie Soldaten und nicht wie Polizisten, obwohl sie immer noch nicht recht wissen, was ihre Aufgabe ist. Klar erscheint vorerst nur, dass sie die Waffen zwar zeigen, aber nicht gebrauchen sollen.

Von den Morgenstunden an strömen immer mehr Menschen zum Brandenburger Tor. Viele Journalisten beobachten die Lage: Hier gibt es keine Übergriffe, keine Fluchtversuche, keine Attacken von Westberlinern auf die Mauerbauer – nur Wut, Enttäuschung, Ratlosigkeit. Im Laufe des Tages wird Katzorreks Einheit an den Potsdamer Platz verlegt, um dort Präsenz zu demonstrieren. Zwei Wochen lang geht das so, die Polizisten leben in Zelten an der vordersten Linie, ohne Kontakt zu ihren Familien. Seine Frau ist darum auf Informationen aus dem Radio und den Zeitungen angewiesen. Dann rückt die Truppe zum ersten Mal ab, kommt aber in Abständen so lange wieder zum Einsatz, bis die Mauer steht und die Lage sich beruhigt.

Im Oktober 1962 erfüllt sich ein Traum. Katzorrek darf zur Kriminalpolizei. Nach einer Zusatzausbildung tut er Dienst in einem Revier und muss bald die erste »Leichensache« übernehmen: Ein Mann hat sich in seinem Geschäft erhängt. Sie gehen mit einer Taschenlampe in den Laden, wo er den Körper so herunterholen muss, dass der Knoten am Seil erhalten bleibt, weil nur so festzustellen ist, ob ein »Fremdverschulden« vorliegt. Noch heute erinnert er sich des Gefühlswirrwarrs, der ihn überfällt, als er die Leiche über die Schulter nimmt und ablädt. Die meiste Zeit jedoch hat er mit Kleinkriminalität zu tun, vor allem mit Ladendiebstählen. Einmal gehört er zu denen, die einen Geldraub aufklären sollen, der weit über Berlin hinaus Aufsehen erregt. Als die britische Königin Elisabeth Berlin besucht, ist die ganze Stadt auf den Beinen, die Polizei eingeschlossen. Diese Lage nutzen zwei Kriminelle, um sich in dem Gebäude der Spielbank in der Nähe des Bahnhofs Zoo einzunisten. Wahrscheinlich sind sie seinerzeit an den Bauarbeiten beteiligt gewesen, jedenfalls wissen sie, dass die Rohrpost, in der ständig

Peter Katzorrek bei seiner Hochzeit 1959.

Geld aus der Bank in den Keller schießt, an den Luftschächten entlangführt. Dort warten sie in aller Ruhe ab, bis solch eine Geldbombe vorbeikommt. Sie lassen einen halb ausgeleerten Kasten Bier und eine Menge Zigarettenkippen (Marke Gauloises) zurück. Mehrere Millionen erbeuten sie; großen Anstrengungen der Kripo zum Trotz tauchen weder die Täter noch das Geld je wieder auf.

Als John F. Kennedy Berlin besucht und vor dem Schöneberger Rathaus seine große Rede hält, muss Katzorrek in Zivil an der Treppe stehen, dort, wo die Grenze zwischen Prominenz und Publikum verläuft.

Weil er dafür bekannt ist, immer besonders korrekt gekleidet zu sein, stellen die Vorgesetzten ihn in die vorderste Reihe. Seine Kameraden und er sind angewiesen, immer ins Publikum zu schauen und nicht auf den Gast. Katzorrek wendet aber doch den Blick und ist fasziniert von Kennedys Kraft und Charisma. Als der Präsident bekennt, »ein Berliner« zu sein, geht dem Polizisten »eine Gänsehaut vom Haarzipfel bis in die Fußsohlen«. Danach gehört er zu der Truppe, die den Gast zum Flughafen Tempelhof begleitet. Den Deutschen, die bei der offiziellen Verabschiedung in der ersten Reihe stehen, überreicht Kennedy je eine goldene Krawattennadel. Katzorrek steht weiter hinten und bekommt ein Exemplar in Silber, das er nach Abheben der Präsidentenmaschine wieder abgeben muss – keine Geschenke im Dienst. Die guten Stücke werden später für wohltätige Zwecke versteigert.

Immer mehr Politiker und Prominenz besuchen demonstrativ das »freie Westberlin«. Als Personenschützer begleitet Katzorrek Bundesminister wie Karl Schiller (SPD) oder Gerhard Schröder (CDU); regelmäßig ist er im Einsatz, wenn Bundespräsident Heinrich Lübke in Schloss Bellevue residiert. Dann wohnt er mit zwei Kollegen tagelang im Schloss und ist nicht nur als Beschützer gefragt, sondern auch als Kartenspieler. Wenn das Staatsoberhaupt abends keine Termine hat, lässt er bei Berliner Politikern herumfragen, ob einer mit ihm Skat kloppen will. Als dritten oder vierten Mann bittet er Katzorrek hinzu. Die Runde spielt immer um die Ehre, nie um Geld.

Was viele vermuten, beobachtet auch der Polizist: Chef im Haus Lübke ist dessen Frau Wilhelmine. Sie hält die Fäden in der Hand und kontrolliert alles, bis hin zu den Uniformen der Schutzpolizisten. Wenn alles makellos glänzt, drückt sie den Beamten schon mal Fünfmarkstücke in die Hand. Mit den sich mehrenden Demonstrationen hat Katzorrek wenig zu tun, allerdings gerät er ohne es zu wissen ins Zentrum des Geschehens, als am 2. Juni 1967 der Schah von Persien die Oper besucht und bei den Auseinandersetzungen vor dem Theater der Student Benno Ohnesorg umkommt. Er hat den ganzen Tag Kaiserin Farah Diba begleitet, unter anderem zu einer Modenschau, und fährt mit ihr auch zur Oper, vor der die Studenten protestieren und sich mit prügelnden »Jubelpersern« und Polizisten herumschlagen (siehe Seite 269). Er weiß nicht, um was es geht, und wird mit Farah Diba durch einen Hintereingang in das Theater geschleust. Drinnen hört er von

Kollegen, dass draußen die Zusammenstöße andauern, bekommt aber von dem tödlichen Schuss nichts mit. Dass der ihm bekannte Kollege Kurras der Schütze gewesen ist, wird er erst später erfahren. Kurras tut ihm leid: Er habe nach seiner Kenntnis bis dahin immer nur Innendienst verrichtet und sei in dem Getümmel rund um die Oper »total überfordert« gewesen. Dass die Studenten gegen die Diktatur in Persien und indirekt auch gegen die Amerikaner demonstrieren, erschließt sich ihm erst später. Die ganze Bewegung ist ihm unheimlich und unsympathisch, und es schmerzt ihn, in diesen Kreisen nur noch ein »Bulle« zu sein.

Inzwischen ist Katzorrek zum Kriminalhauptkommissar avanciert, aber auch das genügt ihm nicht, sondern er möchte aus dem mittleren in den höheren Dienst aufsteigen. Ehe er die dazu nötige Ausbildung an der Polizeiakademie absolvieren kann, wird seine Frau krank: Psychose. Am Bußtag 1968 bekommt sie von der Psychiatrie einen Tag frei, unter starken Medikamenten soll sie zu Hause ihre Belastbarkeit erproben. Als sie tief zu schlafen scheint, besucht Katzorrek eine nahe gelegene Kneipe, wo ein Preisskat im Gange ist. Eine Nachbarin stürzt herein und ruft, seine Frau sei vom Balkon in die Tiefe gesprungen. Er macht sich die bittersten Vorwürfe, aber die Ärzte versichern ihm, er hätte den Selbstmord sowieso nicht verhindern können. Seine Karrierepläne muss er begraben, weil er nun alleinerziehender Vater seiner kleinen Tochter ist. Katzorrek geht zur »Personenfahndung«, wo er Menschen suchen und festnehmen muss, die per Steckbrief gesucht werden. Dazu gehört auch, mit einem Kollegen nachts in Kneipen und Bars zu sitzen und zu versuchen herauszufinden, wo bestimmte Zuhälter, Einbrecher oder Mörder sich aufhalten. So lernt er Westberlin von allen Seiten kennen.

Wiedersehen auf Passierschein

Viele Westberliner haben Verwandte im Osten. Bärbel B., damals 16 Jahre alt, fühlte sich am 13. August 1961, als sei ihr »ein Bein abgehackt worden« weil sie von einem Tag zum andern nicht mehr wie gewohnt ihre Tanten in Westberlin besuchen konnte und diese nicht mehr kommen durften. So ging es vielen, die plötzlich in des Wortes eigentlicher Bedeutung vor ver schlossenen Türen standen. Solange die Mauer nicht so hoch war wie später, versuchten manche, ihren Verwandten auf der anderen Seite wenigstens von ferne einmal zuzuwinken.

Nach zwei Jahren erklärte sich Ostberlin bereit, über sogenannte »menschliche Erleichterungen« zu sprechen. Als Abgesandter des Westberliner Senats verhandelte Egon Bahr, und es kam das erste »Passierscheinabkommen« für die Weihnachtszeit 1963 zustande. »Es war herrlich«, sagte Bahr später in einem Interview, »wenn Sie in dem tätig sind, was man große Politik nennt, ist das oft ziemlich abstrakt, und hier konnte man plötzlich anfassen, was man gemacht hatte. Man konnte es sehen, wie sich Menschen, die sich lange nicht gesehen hatten, weinend in die Arme sanken. Das war wirklich eine unglaubliche Freude.« Die Scheine bekamen die Westberliner in provisorisch eingerichteten Büros von regimetreuen Postbediensteten ausgehändigt, die jeweils morgens aus dem Osten anreisten. Zeitweise waren um die 240 Menschen in Turnhallen und ähnlichen Einrichtungen mit dem Ansturm beschäftigt. Vom 19. Dezember 1963, 13 Uhr, bis zum Abend des 5. Januar 1964 konnten die Inhaber der Scheine nach Ostberlin einreisen. Was bei den ersten Begegnungen an den Löchern in der Mauer geschah, schilderte der Reporter Friedhelm Kemna in der *Welt* so: »Das ist kein strahlendes Wiedersehen, das ist kein Jubel, kein lautes Hallo und ›wie geht's?‹ Es sind Tausende stiller Begegnungen, ein Händedruck, wortlos meist, eine Umarmung, Tränen.«

Insgesamt durchschritten in diesen Tagen etwa 1,2 Millionen Menschen die Mauer, fast alle bepackt mit Geschenken. Dreimal noch gelang es in den folgenden Jahren, das Abkommen zu erneuern. 1966 dann scheiterten die Verhandlungen an Statusfragen, die in der Rückschau kleinkariert wirken, aber damals im Kampf der Systeme ständig eine horrende Rolle spielten. Zu stabilen Reiseregelungen kam es erst im neuen Jahrzehnt, als die allgemeine Entspannung zwischen den Blöcken die Bereitschaft zur Vernunft bestärkte.

Wenn es um den Zusammenhalt der Familien ging, lag die Mauer also da wie eine unüberwindbare Riesenschlange. Im Übrigen lernten die Berliner beiderseits, sich mit ihr abzufinden – wie sollten sie auch sonst leben. Straßen und Straßenbahnlinien endeten unversehens, an vielen Stellen entwickelten sich vor dem Bauwerk Stadtbrachen, im Westen stellte man Podeste auf, damit die Besucher der Stadt einen Blick auf die Befestigungsanlagen hinter der eigentlichen Mauer und nach Ostberlin werfen konnten.

Auch im Osten gab es solche Besichtigungsgelegenheiten. So hatte Ostberlin den sensibelsten Punkt, den Pariser Platz am Brandenburger Tor, hübsch mit Blumenrabatten hergerichtet. Hier sollten Gruppen von Ausländern, aber auch alle anderen Besucher erfahren, wie eine ordentliche Staatsgrenze aussah.

Da das eingeschlossene Westberlin unter Raumnot litt, versuchte es jeden sich bietenden Vorteil zu nutzen. Dadurch dass die Mauer, alten Grenzen zwischen den früheren Bezirken folgend, merkwürdige Bocksprünge vollführte, entstanden zum Beispiel neue Plätze. Da lag etwa, in einem von der hohen Mauer gebildeten Winkel, ein Dauercampingplatz, wo es sich die Besitzer der Wagen an schönen Tagen gut sein ließen. Springbrunnen zum Aufklappen, der Rasen fein geschoren, Grills. Die Camper mussten die Liegestühle allerdings nachmittags von Zeit zu Zeit verrücken, weil die Mauer Schatten warf. Ein Journalist, der dieses Gartenzwergidyll besuchte, sah auch eine Frau, die zwei Nägel in die Mauer geschlagen, einen Draht gespannt und daran einen goldglänzenden Käfig gehängt hatte, in dem ein Papagei saß. Von Zeit zu Zeit schrie er: »Laura«. Berliner Alltag.

Kinder von Karl Marx und Coca-Cola
Die Achtundsechziger

An 1968 scheiden sich die Geister. Die Studenten hätten eine sozialistische Idealgesellschaft zu schaffen versprochen. In Wirklichkeit aber waren sie, so der Journalist Klaus Harpprecht 2006 in der Zeitschrift *Cicero*, »mit der Produktion pseudomarxistischer Leerformeln und viel Mundschaum beschäftigt, tiefer emotionalisiert als jede der deutschen Jugendbewegungen zuvor, klar nur in ihren Feindbildern.« Sabine Reichel, ebenfalls Journalistin, gehörte zur ersten Garnitur der Berliner Rebellierer und urteilt 2007 nicht weniger einseitig, jedoch aus anderer Perspektive: »Wir haben das Bewusstsein gehoben, etwas bewegt, inspiriert, an den richtigen Stellen schockiert und infrage gestellt. Und das alles zum Sound der besten Musik aller Zeiten. Das war unsere Aufgabe als Erben der Nazivergangenheit – und die haben wir mit Eins plus bestanden.«

Vierzig Jahre danach kann man, frei nach Schiller, immer noch sagen: Von der Parteien Hass und Gunst verwirrt, schwankt ihr Bild in der Geschichte. Für die einen haben die Achtundsechziger gegen den Staat und alle Autoritäten rebelliert, ohne eine Alternative zu bieten. Zudem sind sie verantwortlich für den Werteverfall im Allgemeinen und das Elend einer libertären Erziehung im Besonderen; sie haben im Grunde totalitär gedacht und den Terrorismus hervorgebracht. Für die anderen sind die Achtundsechziger jene Generation, die den Idealismus wiederbelebt, die Nation durchgelüftet, Reformen erzwungen und die Älteren genötigt hat, sich mit dem verdrängten NS-Erbe auseinanderzusetzen.

Kurzum, es könnte manchmal so aussehen, als wäre ohne die Studentenbewegung die Geschichte der Bundesrepublik völlig anders verlaufen – im negativen wie im positiven Sinne, je nach Standort des Betrachters. In beiden Fällen handelt es sich um Überschwänglichkeiten. Die Studenten haben die bundesdeutsche Gesellschaft für eine kurze Zeit in Atem gehalten und in bestimmten Bereichen auch längertristigen Einfluss ausgeübt, nicht mehr und nicht weniger.

Dabei war »Achtundsechzig« kein deutsches Phänomen, sondern Teil eines großen, fast schon globalisierten Prozesses. Seit Beginn der Sechzigerjahre formierte sich an US-amerikanischen Universitäten, aber auch in Paris, London, Rom, Amsterdam und anderen Städten eine »Neue Linke«, deren Ideen bis nach Deutschland drangen. Die zumeist jungen Mitkämpfer lehnten sowohl den traditionellen Wohlfahrtsstaat ab, wie ihn vor allem Sozialdemokraten überall förderten, als auch den autoritären Kommunismus, wie er sich im Ostblock etabliert hatte. Besonders in den Hauptstädten regten sich die jungen Kräfte, die mit den Konventionen brechen und neue Formen der Demokratie erproben wollten. Im Ostblock verbreiteten sich ganz ähnliche Ideen, am sichtbarsten in der Tschechoslowakei, wo der Prager Frühling 1968 viele Hoffnungen auf einen Sozialismus mit menschlichem Antlitz weckte, dann aber von den Truppen des Warschauer Paktes niedergeknüppelt wurde.

Die politischen Konzepte entwickelten sich vor dem Hintergrund eines allgemeinen Aufbruchs, bei dem höchst unterschiedliche Strömungen und Bestrebungen zusammenflossen. Die Beatmusik, die Sehnsucht nach einer freieren Sexualität, der Wunsch nach einer Demokratisierung der Hochkultur, der Widerstand gegen den Vietnam-Krieg der Amerikaner, das und vieles mehr hatten eine Jugendkultur erzeugt, die weltweite Ausmaße annahm. Der niederländische Bestsellerautor Geert Maak (Jahrgang 1946) schildert in seinem Buch *In Europa. Eine Reise durch das 20. Jahrhundert* das neue Lebensgefühl: »Die Mitte der sechziger Jahre war eine sehr romantische Zeit, vielleicht die romantischste Epoche seit dem Beginn des 19. Jahrhunderts. Die jungen Rebellen sahen überall in Europa mehr oder weniger gleich aus. Die Mädchen trugen kurze Röcke, halblanges Haar, eng anliegende Pullover ... die Jungen bis 1968 überwiegend noch Jacketts und kurzes Haar, danach dominierten immer deutlicher Pullover, Bärte und lange Locken.«

Die Studentenbewegung fungierte sozusagen als eine politische Speerspitze einer allgemeinen Auflehnung gegen das Alte. Allerdings fand sie nie einen organisatorischen Zusammenhalt und fiel darum auch schnell wieder auseinander. Es handelte sich eher um ein Bündel von Ideen, das höchst unterschiedliche Gruppen für eine kurze Zeit zusammenführte. Zu diesem Bündel gehörten die Klassen- und Imperialismustheorie, Psychoanalyse, Kapitalismuskritik, Vorstellungen von einer rätedemokratisch verfassten Gesellschaft, Pazifismus und vieles mehr. Die »Kinder von Karl Marx und Coca-Cola«, wie der französische Filmregisseur Jean-Luc Godard diese Generation nannte, waren hoch idealistisch und zeichneten sich gleichzeitig, wie der Historiker Edgar Wolfrum feststellte, durch einen »weltfremden Dogmatismus« aus. Neue Einsichten hätten sich »mit Absurditäten und erstaunlichen Blindstellen« vereinigt.

So heterogen die Bewegung in ihren Ideen war, so instabil erwies sie sich in ihrer Zusammensetzung. Darum fällt es schon schwer anzugeben, wer eigentlich ein Achtundsechziger gewesen ist und wer nicht. Später rechneten sich viele dazu oder ließen sich dazurechnen, die in Wahrheit vielleicht mehr am Rande mitgelaufen waren und nun an dem Mythos teilhaben wollten, der den Protest mit einer gewissen Entfernung von den Ereignissen umhüllte. In Wirklichkeit handelt es sich um einen höchst unscharfen Begriff, wenn man von »den Achtundsechzigern« spricht. Fest steht nur, dass es einen harten Kern von jungen Menschen gab, die über längere Zeit an den unterschiedlichen Formen des Protestes gegen Autoritäten aller Art teilnahmen. Dass aber auch dieser Kern aus Zeitgenossen mit höchst unterschiedlichen Biografien und Beweggründen bestand, zeigt das Beispiel von zwei Zeitzeugen. Hella Giovannini beteiligte sich in Westberlin an vielen wichtigen Aktionen; für sie wurde das Gedankengut von 1968 das Leitmotiv ihres Lebens. Jörn Körtge dagegen stieß vom Rand zur Bewegung, betätigte sich eine Zeit lang als Organisator und entfernte sich wieder.

Keine Gewalt!

Nach zwei Jahren in einem englischen Internat kommt Hella Giovannini 1963 nach Berlin, wo ihre geschiedene Mutter wohnt. Im Schwimmbad lernt die Schülerin den Studenten Norbert kennen, mit dem sie über alles sprechen kann, auch über Politik.

Hella begeistert sich für Männer wie John F. Kennedy oder den amerikanischen schwarzen Bürgerrechtler Martin Luther King. Früher als andere trägt sie freche Miniröcke (»Ein Ausdruck von Freiheit«), obwohl die Großmutter behauptet, sie sehe darin wie ein Kind aus. Sie badet im Sommer nackt, was nicht gerade üblich ist. Die Rolling Stones und die Beatles bewundert sie nicht nur wegen ihrer Musik, sondern auch für den Mut, mit dem sie ihren eigenen Weg gehen, ohne sich um die Meinung anderer zu scheren.

Die Jahresarbeit vor dem Abitur, das sie 1966 ablegt, schreibt Hella über die Entwicklung der SPD. Sie beginnt Politologie am berühmten Otto-Suhr-Institut (OSI) der Freien Universität (FU) zu studieren. Die Mutter findet das grässlich und fragt, warum sie mit ihrem guten Zeugnis keine Ärztin werden will. Auch Mitschüler rümpfen die Nase: Wirtschaftswissenschaften oder Jura, das seien richtige Fächer, aber doch nicht Politische Wissenschaft – und schon gar nicht für eine Frau. Aber Hella ist, wie man heute sagen würde, angefixt von der Politik. Kurz vor dem Abitur sind in Berlin die ersten Farbbeutel auf das Amerika Haus am Bahnhof Zoo geflogen – als Protest gegen den Vietnamkrieg. Sie liest viel darüber und fühlt sich solidarisch mit den demonstrierenden Studenten. Außerdem hat sie bestimmte Vorstellungen von einer funktionierenden Demokratie, die sie bisher in Deutschland nicht verwirklicht sieht. Das Studium soll helfen, mehr über die Zusammenhänge zu erfahren.

Am OSI ist von den Studierenden nur jeder zehnte eine Frau. Hella Giovannini lernt, wie arrogant junge Männer sich aufführen können, und sie begreift zugleich, wie man sich gegen sie durchsetzen kann. Sie übt systematisch, frei zu reden, und schreibt Seminararbeiten am liebsten über aktuelle Themen, die erste zum Beispiel über die gesellschaftlichen Werte. Führend in den beginnenden Auseinandersetzungen an der FU ist der einst von der SPD verstoßene »Sozialistische Deutsche Studentenbund« (SDS), aber sie tritt dem Sozialdemokratischen Hochschulbund (SHB) bei, der mit der Partei verbunden ist. Der Strudel der Konflikte dreht sich immer schneller, und Hella gerät immer mehr hinein. Sie beteiligt sich an der »Kritischen Universität«, einem Kontrastprogramm zur offiziellen Hochschule. Dann kandidiert sie für den »Allgemeinen Studentenausschuss« (AStA), scheitert aber, weil der konkurrierende SDS die Wahlen gewinnt. Einmal wollen sie am Rande einer der vielen Veranstaltungen Mitglieder der inzwischen schon berühmten Kommune 1 für sich gewinnen, aber sie findet die Kommunarden überheblich und lässt sie abfahren.

Um die gleiche Zeit gründet sich in Berlin ein »Aktionsrat zur Befreiung der Frau«. Auch diese Initiative begrüßt sie, obwohl oder weil sie selbst mit ihrer Rolle als Ehefrau ein Problem bekommen hat. Hella heiratet nämlich ihren Norbert, ganz bürgerlich. Sie verbietet dem Standesbeamten, die übliche kleine Rede zu halten, was zu einer peinlichen Situation führt. Da der Beamte es trotzdem versucht, weil er es nicht anders kennt, muss die Braut ihn stoppen. Aber diese kleine Extravaganz ändert nichts an dem prinzipiellen Dilemma, in dem sie sich fühlt und das sie vorerst auch nicht auflösen kann. Einerseits will sie

Hella Giovannini 1967.

diesen Mann heiraten, andererseits lehnt sie, wie viele ihrer Freunde, die Ehe als bürgerliches Instrument der Unterdrückung ab. Ihre Abneigung gegen den neuen Status geht so weit, dass sie es schrecklich findet zu sagen: »Mein Mann …«. Später wird Hella Giovannini ihm offenbaren, dass sie sich zu Frauen hingezogen fühlt, und die beiden werden wieder auseinandergehen.

Es will ihr einfach nicht gelingen, sich emanzipiert zu fühlen und gleichzeitig als Teil eines Paares. Allerdings relativiert sich dieser Widerspruch etwas, als die beiden, wie in ihren Kreisen um diese Zeit üblich, in eine Wohngemeinschaft ziehen. Geld ist knapp, darum improvisieren sie. Regale basteln sie aus Apfelsinenkisten, und ansonsten sorgen wie bei vielen jungen Paaren kräftige Farben für das gewünschte Ambiente: die Küche blau, die Türen gelb, die Betten rot und so fort. In der WG entstehen die üblichen alltäglichen Probleme, trotzdem will sie diese Erfahrung später nicht missen.

Unterdessen spitzt sich die Situation im Institut zu. Hella Giovannini beteiligt sich an Aktionen gegen einzelne Professoren, die nach Ansicht der Studenten autoritär auftreten. Sie wollen mitreden, wenn es um die Lehrinhalte geht, und nicht nur einfach hinnehmen, was die Wissenschaftler ihnen vorsetzen. Außerdem finden sie, dass einige dieser Lehrkräfte keine Ahnung von Pädagogik und Didaktik haben und sich zu wenig darum kümmern, wie die Studenten im beginnenden Massenbetrieb der Uni zurechtkommen.

Mit allen damals gängigen Mitteln gehen die Studenten vor, auch mit Farbbeuteln. Einige Professoren flüchten durch das Fenster, als sie sich bedroht fühlen. Einmal ist das Institut geschlossen, dann wieder werden einige der studentischen Wortführer ausgeschlossen. Darunter sind auch solche, die später am OSI lehren und dann nicht mehr zu den Progressiven gehören werden. Hella beobachtet, wie sich nicht nur die Professoren autoritär gebärden, sondern auch manche Studenten, und das nicht nur gegenüber den Lehrenden. Kopfschüttelnd stehen die Frauen daneben, wenn etwa die Marxisten-Leninisten auf die Trotzkisten losgehen und umgekehrt. Dennoch wird sie immer eine zwingende Logik in der Rebellion der Studenten sehen: Diese Generation ist in und mit der Demokratie aufgewachsen, aber die Professoren verweigern ihnen eine demokratische Mitsprache. »Darum hat es geknallt«, sagt sie.

In zwei zentrale Ereignisse in Berlin ist Hella Giovannini verwickelt, einmal als Zeugin, einmal als Beteiligte. Am Abend des 2. Juni 1967, der so vieles auslöst, fährt sie mit der U-Bahn zur Oper, wo der Schah von Persien, wie alle wissen, eine Aufführung besucht. Als sie dort ankommt, um gegen den Diktator zu protestieren, sieht sie, dass es schon heftigst zugeht, und sie fährt wieder weg. Später erfährt sie vom Tod des Studenten Benno Ohnesorg. Ein Polizist hat auf ihn geschossen, und sie glaubt zu wissen, dass es Mord gewesen ist. Wut, Empörung,

Trauer erfassen sie, und genauso heftig wird sie später reagieren, als der Beamte freigesprochen wird, während Studenten, wie sie findet, wegen Lappalien harte Strafen aufgebrummt bekommen.

Am Gründonnerstag 1968 geht wie ein Lauffeuer die Nachricht durch die Stadt, Rudi Dutschke, der Wortführer der linken Studenten, sei angeschossen worden. Hella Giovannini gibt, wie viele in ihrer Umgebung, die Hauptschuld an diesem Anschlag der Springer-Presse, insbesondere der *Bild*-Zeitung, die seit Langem die Öffentlichkeit gegen die Studenten aufzubringen sucht. Mit Freunden fährt sie spontan zur Kochstraße, wo in einem großen Komplex unmittelbar an der Mauer die Berliner Ausgaben der Springer-Blätter gedruckt werden. Wie in Hamburg, München und Frankfurt wollen die Wütenden die Auslieferung der Zeitungen verhindern. Ein Lastwagen versucht die Blockade zu durchbrechen, ein Demonstrant kommt fast zu Tode, der Zorn steigert sich. Die Gruppe, in der sich Hella Giovannini aufhält, dringt auf einen Parkplatz vor. Sie schrauben den Tankverschluss eines Lastwagens ab und kippeln den Wagen so lange hin und her, bis Benzin auf die Straße fließt. Sie legen eine Lunte, passen auf, dass niemand zu nahe steht, entzünden sie, und der Wagen explodiert, ohne dass ein Mensch zu Schaden kommt. Diese Aktion wird sie auch später noch angemessen finden, weil sie eine Möglichkeit geboten habe, die »grenzenlose Wut loszuwerden«.

Doch mit der Zuspitzung der Konflikte verändert sich ihr Verhältnis zum gewaltsamen Protest. Auch in Grenzsituationen wie nach dem Attentat auf Rudi Dutschke begrüßt sie die Gewalt gegen Sachen nicht, aber sie kann sie für dieses Mal tolerieren. Andere gehen weiter und glauben sich zu Anschlägen gegen Kaufhäuser als Symbole des Kapitalismus berechtigt. Für so etwas sieht sie keinerlei Legitimation. Aggression gegen Personen lehnt Hella strikt ab, und auch darin unterscheidet sie sich von einem Teil der Bewegung. Selbst wenn sie Polizisten auf Studenten einprügeln sähe, würde sie keinen Stein in die Hand nehmen. Umso mehr ermüdet und entmutigt es sie, von immer neuen Opfern der Gewalt zu hören und zu lesen – die Brüder Kennedy, Martin Luther King, Ohnesorg, Dutschke. Gleichzeitig ängstigt sie sich immer mehr bei Demonstrationen, an denen sie teilnimmt: die Schlagstöcke, die Wasserwerfer, das immer martialischer werdende Aussehen der Polizisten. Sie sieht, wie der Wasserstrahl Menschen gegen die

Wand werfen kann. Dann erlebt sie aber auch, dass die Polizei Demonstrationszüge der Studenten vor dem Zorn der Berliner schützt. Manchmal flüchtet sie, wenn Polizei und Studenten aufeinanderzustoßen drohen.

Auch sonst bereitet ihr das politische Engagement so manchen Frust. Während des Prager Frühlings fährt sie in die Stadt und lässt sich beflügeln von der Zuversicht, dass eine nicht mehr aufzuhaltende Welle der Demokratisierung über die Welt gehen wird. Dann die Enttäuschung, als die Panzer den Aufbruch zermalmen. Im Bezirk Wilmersdorf, wo sie wohnt, gründet sie eine »Basisgruppe«, die einen Kontakt der Studenten zu den einfachen Menschen knüpfen soll, aber sie muss feststellen, dass zwischen ihr und der Arbeiterin vom Band der Zigarettenfabrik unüberbrückbare Gräben liegen. Sie kann die Arbeiterin nicht verstehen, und der geht es umgekehrt nicht besser. Als Willy Brandt 1969 Bundeskanzler wird, ist Hella begeistert. Doch ausgerechnet dieser Mann stimmt dann dem Extremistenbeschluss zu, jener Regelung, nach der Mitglieder vor allem kommunistischer Gruppen nicht mehr in den Staatsdienst dürfen. Sie verlässt die SPD, wo sie das Amt einer Kassenwartin im Ortsverband bekleidet hat.

Nach den vielen Enttäuschungen entscheidet sich Hella Giovannini, zwar bei ihrer politischen Linie zu bleiben, sich aber nirgendwo vereinnahmen zu lassen und einen ureigenen Weg zu gehen. Sie wird sich fortan von Fall zu Fall entscheiden, wo sie mitmacht oder die Initiative ergreift: »Wo es zu mir passt, setze ich mich ein.«

Zwischen Alltag und Auflehnung

Für die in der norddeutschen Kleinstadt Sande lebende Familie Körtge beginnen die Sechzigerjahre mit dem großen Fortschritt. Endlich ist das hart erarbeitete Eigenheim fertig; Kalkstein kombiniert mit Klinker und viel Holz, rundum repräsentativ. Der Vater ist Prokurist, die Mutter organisiert die Familie, auf dem Hof steht ein Mercedes. Nach den dürren Jahren hat es die Familie geschafft.

Sohn Jörn ist 16 Jahre alt und hat eine jüngere Schwester. Die beiden haben gute Aussichten auf ein gesichertes Leben und gute Aufstiegschancen. Der Junge ist mit 1,92 Metern stattlich geraten, neigt aber dazu, im Windschatten anderer zu laufen. Mit einigem Unbehagen, jedoch ohne ernsthaften Widerspruch passt er sich den Verhaltensformen der bürgerlichen Mittelschicht an, der die Familie angehört und in der sie Ansehen genießt. So legt er, wenn es ein bisschen offiziell wird, durchaus Hemd, Schlips und Jackett an, obwohl er den offenen Kragen oder einen Pullover vorziehen würde. Mit weniger als 20 Jahren lernt er, nach einigen Techtelmechteln, ein Mädchen aus ähnlich bürgerlichen Verhältnissen kennen. Mit ihm wird er sich, wie zu dieser Zeit noch üblich, bald offiziell auf einem großen Fest verloben.

Der gern als Autorität auftretende Vater möchte, dass der Sohn in seine Fußstapfen tritt und Kaufmann wird. Aber Jörn besitzt ein gutes Gefühl für Farben und Formen und strebt einen kreativen Beruf an. Zum ersten Mal widersetzt er sich und beginnt 1966 ein Grafikdesign-Studium in Bremen. Der Vater ist so enttäuscht, dass er die Studienkosten nicht zahlt und nur für die Unterkunft im Elternhaus sowie für die Pendelfahrten ins zwei Busstunden entfernte Bremen aufkommt. Was er darüber hinaus benötigt, verdient sich der junge Mann mit Jobs.

Er liebt die Freiheit des studentischen Lebens, und er begeistert sich für die Themen, mit denen er nun jeden Tag zu tun hat. Der akademische Weg in einen reizvollen Beruf scheint vorgezeichnet. Doch dann erreicht der Wind des Wandels auch diese kleine, feine Hochschule. Die Gespräche drehen sich immer häufiger um die Vorgänge an den anderen Hochschulen, zum Beispiel um die Aktion Hamburger Studenten, die bei einer großen akademischen Feier das sofort berühmt gewordene Spruchband mit der Aufschrift »Unter den Talaren Muff von 1 000 Jahren« präsentiert haben. Kritik an der Leistung der eigenen Dozenten und an dem Sinn der ganzen Ausbildung in der bisherigen Form keimt auf. Kleine Anschlagzettel laden zu ersten Diskussionen ein.

Die Unruhe steigert sich, plötzlich ist der erste Streik im Gang. Die Kommilitonen verlangen von den anderen Solidarität, die diese auch leisten. Dabei findet Körtge zum Beispiel seine Dozenten im Grunde prima und die Hochschule in Ordnung. Manche haben den Rektor vor Augen, der als liberaler, verständnisvoller Mann gilt und der sichtlich leidet unter den vor dem Gebäude wehenden roten Fahnen und den mit Parolen bepflasterten Wänden. Aber die Entwicklung bekommt immer mehr Eigendynamik, die nur noch schwer zu steuern ist.

Körtge kleidet sich inzwischen legerer, legt die Krawatte ab und trägt lässigere Jacken, was vorerst im Prinzip wenig an seiner Grundeinstellung ändert. Er will, wie andere in seinem Umfeld, das Studium abschließen, Karriere machen, Geld verdienen, eine Familie gründen. Heute würde man sagen, er studiert ergebnisorientiert und wenig interessiert an Nebenwegen. Dennoch gerät auch er in den Sog der un-

Jörn Körtge 1967.

aufhaltsam anschwellenden Protestbewegung. An seiner Uni wählen die Studenten Semestersprecher, die ihren Jahrgang vertreten sollen. Körtge neigt immer noch zur Zurückhaltung, trotzdem fällt auf, dass er gut formulieren, Dinge begründen und andere überzeugen kann. Seine Mitstudenten überreden ihn, Semestersprecher zu werden, und er glaubt, sich diesen Forderungen nicht entziehen zu können, zumal er sich über den Vertrauensbeweis freut. Er ist also alles andere als ein die Ungerechtigkeiten der Welt anklagender Funktionär, fühlt sich nicht als »Revolutionär«, wohl aber als Kämpfer gegen die »Verkrustung« der Gesellschaft (ein allgegenwärtiger Begriff in dieser Zeit) und gegen das »Establishment« (ein weiteres Schlagwort). Außerdem lehnt er vehement den Krieg ab, den die Amerikaner in Vietnam führen. Wie viele Westdeutsche hat der Student die Amerikaner bis in die Sechzigerjahre hinein als große Freunde und Beschützer gesehen und als Vorbilder in der Einstellung zur Demokratie. Nun liest und sieht er fast täglich in den Medien, dass die gleichen Amerikaner Zivilisten in Vietnam töten und ein korruptes System stützen. Das rüttelt ihn auf: »Wir waren wirklich überzeugt und einig, dass das nicht so weitergehen kann, dass man das Unrecht aufzeigen muss.«

Doch Körtge lebt in zwei höchst unterschiedlichen Welten, zwischen denen er im Bus pendelt. Da er weiterhin bei den Eltern wohnt, kehrt er regelmäßig aus der von der Unruhe erfassten Großstadt Bremen in die Kleinstadt Sande mit ihrem bürgerlichen Gleichmaß zurück. Dort passt er sich an, weil er weiß, dass er seinen konservativen Vater nicht erreichen kann. Umgekehrt weiß der, dass der Sohn inzwischen anders denkt, als er sich das wünscht. So sind die früher noch möglichen politischen Gespräche am Familientisch eingeschlafen. Ähnlich ergeht es ihm im Haus seiner künftigen Schwiegereltern. Einmal hat er während einer Busfahrt von Bremen nach Hause dem Vater seiner Braut die Ideen der Studenten zu erklären versucht, ohne jeden Erfolg. Auch die junge Frau nimmt an der Welt, in der sich Körtge unter der Woche bewegt, wenig Anteil. Er fühlt sich fast zerrissen zwischen den Herausforderungen in Bremen und dem Alltag in der Provinz. Im Nachhinein findet er seine damalige Situation »fast schizophren«, und vielen sei es durchaus ähnlich ergangen.

Höhe- und Schlusspunkt seines Daseins als Studentenführer ist die große Kundgebung in Bonn, zu der am 15. und 16. Mai 1968 Menschen aus der ganzen Bundesrepublik zusammenströmen, um während der parlamentarischen Beratung über die als Gefahr für die Demokratie angesehenen Notstandsgesetze gegen dieses Vorhaben zu demonstrieren (siehe S. 64). Wie überall haben sich die Bremer Teilnehmer zu Hause in Versammlungen auf das Ereignis präpariert. Einige Dozenten an der Hochschule kommen um diese Zeit erst gar nicht zu den Lehrveranstaltungen, weil das einzige Thema der Protest ist.

In der Nacht bricht ein Bus-Konvoi von Bremen auf; während der Fahrt lernen und üben die Teilnehmer die Parolen, die sie in Bonn rufen werden. Auf einem Sammelplatz im rechtsrheinischen Beuel herrscht das Chaos. Busse von überall, viele Tausend Menschen, die durcheinanderwimmeln, Musik. Körtge sieht die Stars der Studentenbewegung aus Berlin, die er bisher nur aus dem Fernsehen kennt. Als einer der Bremer Wortführer bekommt er eine rote Armbinde verpasst, die ihn als Ordner ausweist. Der Zug bewegt sich über die Rheinbrücke zum Bonner Hofgarten. Auf der Brücke haken sich ganze Marschkolonnen unter und laufen im Rhythmus los, wodurch die Brücke ins Schwanken gerät. Manche fürchten um ihr Leben.

Die Bremer haben sich vorgenommen, nicht nur gegen die Notstandsgesetze zu protestieren, sondern auch gegen den Vietnamkrieg. Vor allem die Berliner versuchen sie davon zu überzeugen, dass es hier und heute ausschließlich um die Gesetze geht. Die Bremer und andere schreien trotzdem im Chor »Ho-ho-ho-Tschi-Minh«. Das ist ein beliebter Schlachtruf, der den Namen des kommunistischen Führers von Nordvietnam aufnimmt und Solidarität mit seinem Volk signalisieren soll. Wieder versuchen die Berliner erfolglos, das zu unterbinden und andere Parolen zu propagieren.

Körtge fühlt sich manipuliert: Er soll Losungen verbreiten, die ihm andere vorschreiben. Das widerstrebt ihm. Irgendwann auf dem Marsch fragt ihn eine Frau, wo es die schönen roten Binden gebe, so etwas wolle sie gern für ihre Gruppe. Körtge streift seine ab und schenkt sie ihr. Bei der großen Kundgebung ist er noch dabei, er hat auch seinen Spaß, aber er beteiligt sich nicht mehr, wenn die anderen ihre Sprechchöre anstimmen. Tief in der Nacht kommt der Bus in Bremen an. Seine Schwester hat ihn um zehn erwartet und ist längst fort. Er übernachtet auf einer Parkbank, bis der erste Bus geht. Zu Hause trifft er auf eisiges Schweigen. Er fühlt sich wie der verlorene Sohn aus der Bibel, der heimkehrt, nur mit dem Unterschied, dass er nicht freundlich aufgenommen wird. Niemand schimpft mit ihm, aber es ist klar, dass sein Verhalten in der Familie als komplett unangemessen gilt.

Mit dem Bonn-Erlebnis ist für Jörn Körtge die Studentenbewegung vorbei. Er konzentriert er sich auf das Studium, legt die Prüfung ab, findet eine Stelle im Rheinland, heiratet die Langzeit-Verlobte, unternimmt eine Hochzeitsreise an die Ostsee und startet in ein bürgerliches Leben.

Der 2. Juni 1967 und die Folgen

Angesichts der realen politischen Verhältnisse war das Bonner Treffen von vornherein zum Scheitern verurteilt. Die Große Koalition setzte ihr Gesetzeswerk durch, und wie Körtge zogen sich auch andere aus der vorderen Linie zurück. Die Studentenbewegung begann kurz nach ihrer scheinbar machtvollsten Kundgebung zu zerbröckeln, und für oberflächliche Betrachter schien es, als hätte sie nur wenige Monate gedauert. In Wirklichkeit hatte sie um diese Zeit schon ein längeres Leben hinter sich. Im Grunde führen schon die Begriffe »Achtundsechzig« und »Achtundsechziger« in die Irre, denn der eigentliche Höhepunkt der Bewegung lag im Jahre 1967, und auch dem war eine längere Inkubationszeit vorausgegangen.

Der weltweite Wunsch nach Aufbruch, nach mehr Freiheit, nach einer anderen Gesellschaft hatte die Bundesrepublik und vor allem Westberlin bereits Jahre zuvor infiltriert. In Berlin wurden die neuen Demonstrationsformen der Sit-ins und Teach-ins schon fleißig praktiziert, als im Westen wegen der Insellage der Stadt noch kaum jemand davon Notiz nahm. Proteste richteten sich gegen die als autoritär empfundenen Zustände an den Hochschulen und immer häufiger gegen den Vietnamkrieg. Alles in allem blieben die Aktionen gewaltfrei bis zum 2. Juni 1967, der die Republik veränderte. Es war der Tag, an dem Schah Reza Pahlavi und seine Frau Farah Diba Westberlin besuchten.

In der BRD war das Paar bis dahin das Objekt einer Hofberichterstattung gewesen. Die Studenten aber hatten sich über den totalitären Charakter des Regimes informiert, das der Herrscher auf dem Pfauenthron führte. Abends besuchte der Schah zusammen mit Bundespräsident Lübke die Deutsche Oper, um Mozarts *Zauberflöte* zu sehen. Mehrere Hundert Studenten reckten vor dem Theater Plakate in die Höhe und stimmten Sprechchöre an. Wie schon am Mittag, als der Schah das Schöneberger Rathaus besucht hatte, stießen die Demonstranten nicht nur auf die Polizei, sondern auf die »Jubelperser« genannten persischen Geheimpolizisten, die ungehindert von den deutschen Ordnungshütern mit Knüppeln und Holzlatten wahllos um sich schlugen.

Als drinnen die Ouvertüre erklang, wandte die Polizei das an, was ihr Chef die Leberwurst-Taktik nannte. Sie griff mit Übermacht die entlang der Fahrbahn hinter Gittern stehenden Demonstranten in der Mitte an, um sie zu beiden Seiten auseinanderzutreiben. Gewühl, Panik, prügelnde Polizisten. Der Autor Fritz Martin Sandmann schrieb später eine Satire auf den Ablauf.

> Die Studenten stürzten mit Messern und
> Steinen bewaffnet auf die
> völlig unvorbereitete Polizei los.
> Es gab eine Reihe
> von Verwundeten und einen Toten.
> Der Rest der Studenten
> ist noch einmal davongekommen.

Der Tote hieß Benno Ohnesorg, ein 26 Jahre alter Student, seit fünf Monaten mit seiner Frau Christa verheiratet, die ein Kind erwartete. Ohnesorg war ein nachdenklicher, zurückhaltender Mann, der nach einer Lehre als

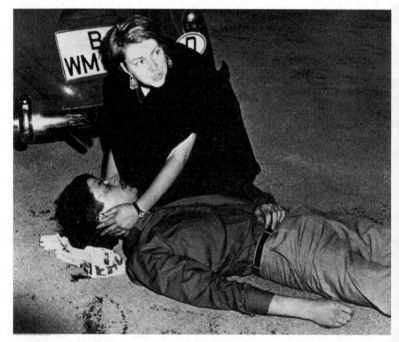

Benno Ohnesorg nach dem tödlichen Schuss des Kriminalbeamten Kurras im Arm der Passantin Friederike Hausmann am 2. Juni 1967.

Dekorateur das Abitur nachgeholt hatte, nun in Berlin Germanistik und Romanistik studierte und Gedichte schrieb. Nie zuvor hatte er an einer Demonstration teilgenommen, Gewalt lehnte er ab.

Mehrere Demonstranten waren auf der Flucht in einen Hof gerannt, der aber nicht den erhofften Ausgang hatte. Es wurde heftig gerangelt und geprügelt, als ein junger Mann in heller Hose und Sandalen zu Boden fiel, getroffen von einem Kopfschuss aus sehr kurzer Distanz. In dem Hof befanden sich auch Journalisten und Anwohner, aber keiner konnte später bezeugen, was exakt passiert war. Die Geschehnisse nach dem Schuss dagegen sind belegt. Ein uniformierter Polizist fuhr seinen in Zivil gekleideten Kollegen Karl-Heinz Kurras an: »Bist du verrückt, hier zu schießen.« Der stammelte: »Die ist mir losgegangen.« Ohnesorg lag blutend am Boden, zuerst seitlich, dann von Umstehenden auf den Rücken gelegt. In diesem Moment entstand ein Bild, das um die Welt ging und zu einer Ikone der Studentenbewegung wurde: eine junge Frau, die den Kopf Ohnesorgs hält und sich Hilfe suchend umschaut. Ein Krankenwagen nahm den Verwundeten auf und versuchte, ihn in ein Hospital zu schaffen. Aber die Sanitäter sahen sich mehrmals abgewiesen, weil die Ärzte mit den vielen anderen Verletzten beschäftigt waren und weil wohl auch niemand den Ernst der Lage erkannte. Als endlich ein Arzt Ohnesorg untersuchte, stellte er den Tod fest. Dass der Totenschein zuerst auf Schädelbruch lautete, gehörte ebenso zu den Merkwürdigkeiten dieser Nacht wie die Tatsache, dass die Behörden stundenlang einen toten Polizisten meldeten.

Der Tod wirkte wie ein Flammenzeichen. Günter Grass sprach vom »ersten politischen Mord« der Nachkriegszeit. Als der Sarg über die Autobahn zum Begräbnis nach Hannover gefahren wurde, standen Tausende Menschen in Westberlin und in Hannover Trauerspalier. Viele fühlten sich in ihrem Verdacht bestätigt, dass die Bundesrepublik ein gewalttätiges, nicht mehr zu rettendes System sei. Das trieb der Bewegung neue Sympathisanten zu und radikalisierte sie in einem Ausmaß, das ein halbes Jahr zuvor kaum jemand für möglich gehalten hätte. Die Erregung stieg noch, als die Berliner Politik sich vorbehaltlos hinter den Todesschützen stellte und als Kurras später, sich auf Notwehr berufend, bei Gericht mit einem Freispruch davonkam.

Immer mehr heizte sich das Klima auf, der Aggressionsspiegel stieg, mehr und mehr Menschen begriffen: Da war etwas im Gange, was die Gesellschaft zu erschüttern drohte. Herbert Riehl-Heyse, später Leitender Re-

Rudi Dutschke mit Ralf Dahrendorf während einer Demonstration des SDS in Freiburg am Rande des 19. FDP-Parteitags – 30. Januar 1968.

dakteur der *Süddeutschen Zeitung*, schrieb in seinen Erinnerungen an 50 Jahre Bundesrepublik: »Die neue Zeit kam wie eine Sturzwelle über mich und meinesgleichen. Ziemlich lange war uns noch nicht einmal aufgefallen, dass das Meer begonnen hatte, unruhig zu werden. Höchstens kleine Windstöße bliesen mich an.« In Berlin schaukelten sich die wechselseitigen Emotionen besonders nachhaltig auf. Die Studenten und ihre Sympathisanten auf der einen Seite griffen nach dem Tod Ohnesorgs immer fundamentalistischer die Autoritäten an. Die große Mehrheit der Berliner warf ihnen im Gegenzug vor, die jungen Leute würden die Solidarität der »Frontstadt« verlassen und sich an der von den Amerikanern garantierten Freiheit versündigen. Die zu zwei Dritteln vom Springer-Verlag herausgegebenen Berliner Zeitungen bekämpften die Studenten mit Mitteln, die an Weimarer Zeiten erinnerten. Am Gründonnerstag 1968 entluden sich die Gefühle in dem Mordanschlag eines aufgehetzten Rechtsradikalen auf Rudi Dutschke, den bekanntesten Studentenführer.

Dutschke war nicht der schärfste Denker unter den SDS-Köpfen, aber er strahlte Charisma aus und konnte große Versammlungen mit seiner heiseren, fast immer auf der gleichen Höhe liegenden Stimme in Atem halten. Wenn seine Utopien auch noch so illusionistisch waren, in bestimmten Kreisen genossen sie Glaubwürdigkeit. In einem Fernsehinterview mit Günter Gaus fasste er seinen Glauben an eine bessere Zukunft einmal so zusammen: »Wir können eine Welt gestalten, wie sie die Welt noch nie gesehen hat, eine Welt, die sich auszeichnet, keinen Krieg mehr zu kennen, keinen Hunger mehr zu haben, und zwar in der ganzen Welt.« Der kleine Mann mit dem drahtigen schwarzen Haar war für beide Seiten eine Symbolfigur. Die einen sahen in ihm einen gefährlichen Verführer, die anderen einen idealistischen Bahnbrecher. Entsprechend heftig waren die Reaktionen. In den großen Städten wie Frankfurt am Main, München, Hamburg und vor allem Westberlin blockierten Menschen nach dem Attentat die Springer-Häuser, die, wie die ARD-Zeitzeugin Hella Giovannini, zuvor nicht an Gewalt gedacht hatten. In München kamen unter nicht ganz geklärten Umständen zwei Menschen ums Leben, ein Demonstrant und ein Fotograf. »Bürgerkriegsähnliche Zustände« meldeten die in- und ausländischen Medien.

Bald danach begann der Zerfall der Bewegung. Ein Grund lag in dem anhaltenden Misserfolg aller Versuche, jene breiten Massen zu erreichen, die angeblich auf die Erlösung von einem repressiven, ungerechten System warteten. Es klang fast rührend, wenn die Studenten durch die Straßen zogen und riefen:

Bürger, lasst das Glotzen sein.
Kommt herunter, reiht euch ein.

Nie kam jemand herunter. Die Bürger schauten voll Verwunderung und viele auch mit Abscheu auf die Scharen, die da an ihnen vorbeimarschierten und alles zu verachten schienen, wofür sie selbst seit dem Krieg gearbeitet hatten. Zwischen den Studenten und dem Volk lag ein tiefer Graben gegenseitiger Verständnislosigkeit. Günter Amendt, ein SDS-Führer, analysierte diesen Kulturbruch später so: »Wir konnten sehr gut die emotionale Lage einer Schicht mittelständischer Studenten artikulieren – das war unsere Stärke. Aber das sind Interessen, die nicht identisch sind mit denen der Bevölkerung – daher unsere Isolation.« Das Frankfurter Kabarett

»Die Schmiere« karikierte diesen Mangel an Berührungspunkten in einer Szene:

> Student in Lederjacke versucht, einen Arbeiter zu agitieren:
> »Das manipulative Establishment muss durch revolutionär-konsequente Kader sozioökonomisch verunsichert werden.«
> Der Arbeiter: »Ja, ja.«
> Der Student redet weiter in seinem Jargon auf ihn ein, bis der Arbeiter sagt: »Scheiße.«
> Student: »Der Sieg ist unser, er hat mich verstanden.«

Die Auflösung bedeutete noch nicht das Ende der Lust an der Utopie, am gesellschaftlichen Experiment, an neuen Formen des Zusammenlebens und an der Provokation. Allerdings erhöhte der Zerfallsprozess, wie so oft in solchen Fällen, das Aggressionspotenzial unter den bisherigen Verbündeten. Einzelne Gruppen bekämpften einander mit einer Erbitterung, die viele abstieß. So schrieb eine anarchistische Zeitschrift 1969 über den bis vor Kurzem noch von den meisten als Avantgarde anerkannten SDS: »Die überpersonifizierte Autoritätskacke, in der man sich kaum herumzurühren traut, weil die ekelhaften Karrieregenossen ... schon meilenweit nach politischer und eventuell auch finanzieller Korruption stinken.« Da kündigte sich verbal einiges von dem Hass an, der in den Siebzigerjahren in den Terrorismus mündete.

Der Streit, wie weit der Terrorismus tatsächlich den Achtundsechzigern zuzurechnen ist, dauert bis in die Gegenwart. Nach der Analyse Edgar Wolfrums spaltete sich die Bewegung in vier Grundströmungen (und viele Untergruppen). Da waren zum Ersten die reformistischen Kräfte, die sich, bei aller Kritik, mit der Gesellschaft arrangierten und sich zum Beispiel der von 1969 an regierenden sozialliberalen Koalition zuwandten. Vor allem die SPD bekam dadurch einen Nachschub an jungen, intelligenten, wenn auch unbequemen Menschen, die später nach dem viel zitierten Marsch durch die Institutionen wichtige Schaltstellen bis hinein ins Kanzleramt besetzen würden. Da gab es zum Zweiten einen kleinen, mit orthodox-kommunistischem Gedankengut operierenden Zweig, der den im Ostblock regierenden Kräften nahestand. Zum Dritten bildete sich eine buntscheckige Ansammlung von neoleninistischen, neomarxistischen, maoistischen Kadergruppen heraus, deren Selbstbezogenheit und Weltfremdheit später ein

Buch mit dem Titel *Wir war'n die stärkste der Parteien* karikierte. Und schließlich spaltete sich von allen diesen Strömungen ein kleiner radikaler Zweig ab, der sich legitimiert fühlte, den Staat und die ihn tragende Gesellschaft mit Gewalt zu ihrem vermeintlichen Glück zu zwingen. Diese Gruppe hatte es schon um 1968 aufgegeben, sich in einer auch für andere annehmbaren theoretischen Weise mit den Zuständen in der Bundesrepublik zu beschäftigen. Stattdessen hatten Andreas Baader, Gudrun Ensslin und andere am 3. April 1968 zwei Frankfurter Kaufhäuser in Brand gesetzt. Sie sahen in ihrer Aktion einen Protest gegen den Vietnam-Krieg und gleichzeitig gegen das gesamte »kapitalistische System«. Manchen gilt sie als Initialzündung für den späteren Terrorismus der Rote Armee Fraktion (RAF).

Vor und nach den Anschlägen diskutierte die Bewegung intensiv, ob und in welcher Form Gewalt erlaubt sei. Besonders nach dem Tod Ohnesorgs hatte die These immer mehr Anhänger gefunden, dass in der historischen Situation dieser Jahre Gewalt gegen Sachen legitim sei, nicht jedoch gegen Menschen. Große Gruppen zählten zum Beispiel zu den nötigen, wie es hieß, »Regelverletzungen« Steinwürfe, Farbbeutel-Anschläge, Besetzungen von Hörsälen und Straßenblockaden. Doch schon während einer Versammlung nach dem 2. Juni 1967 sagte Gudrun Ensslin nach einem Bericht der *Zeit*: »Dieser faschistische Staat ist darauf aus, uns alle zu töten. Wir müssen Widerstand organisieren, Gewalt kann nur mit Gewalt beantwortet werden. Das ist die Generation von Auschwitz, mit denen kann man nicht argumentieren.«

Hier bereitet sich das vor, was 1970 dann zur gezielten Gewalt gegen Menschen eskalierte. Freunde, darunter Ulrike Meinhof, befreiten Andreas Baader aus der Haft und schossen dabei einen Mann an. Damit war der Rubikon endgültig überschritten und der Terror der Siebzigerjahre eingeläutet. Oberflächlich urteilende Zeitgenossen schoben der Studentenbewegung insgesamt die Verantwortung für diese Entwicklung zu – eine historisch unbrauchbare Position.

Die Konzentration auf eine winzige Nachfolgegruppe verstellt manchmal den Blick auf die anderen, teilweise bis heute umstrittenen Folgen der Ereignisse. Rundum gescheitert sind die Studenten und die ihnen nahestehenden Gruppen mit dem Ziel, die Bundesrepublik sozialistisch und basisdemokratisch sozusagen rundzuerneuern. Die führenden Vertreter hatten schon früh den Anspruch auf ein allgemeines politisches Mandat erhoben. Das bedeutete, dass die Studenten sich nicht nur für die Hochschule zuständig fühlten, sondern für so gut wie alle Themen der Innen- und Außenpolitik. Sie glaubten sich um alles und jedes kümmern zu müssen und überdehnten dadurch nicht nur ihre Möglichkeiten, sondern überforderten auch die Gesellschaft. Das bei den Studenten verhasste »Establishment« erwies sich als so fest gefügt, dass es die maximalistischen und utopischen Forderungen abwettern konnte. Manchen Alarmrufen zum Trotz war der Staat zu keiner Zeit wirklich in Gefahr – anders als in Frankreich, wo der Generalstreik 1968 das Land an den Rand der Revolution brachte.

Anders sieht die Bilanz bei den drei konkreten Themen der Studentenbewegung aus. Ausgelöst durch die Proteste kümmerte sich die Gesellschaft mehr und sensibler als bis dahin geschehen um das NS-Erbe. Indem sie immer wieder nach der verdrängten oder gar geleugneten Schuld der älteren Generation und auch der eigenen Eltern fragten, brachten sie eine neue Dimension in das, was unter dem Schlagwort »Vergangenheitsbewältigung« bis dahin so ungenügend funktioniert hatte.

Die Studenten haben sodann die Haltung der Deutschen zu den Vereinigten Staaten von Amerika verändert. Mit ihren Protesten machten sie viele erst darauf aufmerksam, dass die hierzulande als Schutzmacht der Demokratie auftretende Nation in Vietnam einen schmutzigen Krieg führte. Dadurch entstand in Teilen der westdeutschen Bevölkerung eine amerikakritische, teilweise amerikafeindliche Stimmung, die sich bis heute auswirkt.

Einen sehr handfesten Erfolg haben die Studenten bei der Reform der Hochschulen davongetragen. Viele Bereiche der Universitäten waren ein Reservat autoritärer Professoren-Selbstherrlichkeit gewesen. In Zusammenarbeit mit fortschrittlichen Hochschullehrern und Politikern erzwangen die Studenten Gesetze, die für Remedur sorgten. Sowohl bei den Protesten gegen die überständigen Strukturen als auch bei deren Reform gab es heftige Übertreibungen. So sahen sich sogar die Frankfurter Soziologie-Professoren Theodor W. Adorno und Jürgen Habermas, die den Studenten einen Teil ihres theoretischen Rüstzeugs geliefert hatten, nach einer Zeit der Geduld genötigt, die Polizei zu rufen, um den Lehrbetrieb aufrechterhalten zu können. Auch die neuen Formen der Mitsprache in den Hochschulgremien (»Drittel-Parität«) drohten diese später teilweise lahmzulegen. Aber ohne die Studenten hätte der Muff von 1 000 Jahren weiterhin unter den Talaren seine Chance gehabt.

Schließlich wirkten Ideen und Methoden der Studenten auch da fort, wo man diese nicht eindeutig auf sie zurückführen kann. Spuren ihres Aufbruchwillens spiegelten sich in den Anfängen der sozialliberalen Koalition von 1969 wider, etwa in Willy Brandts Ankündigung, man werde »mehr Demokratie wagen«. Junge und alte Menschen forderten überall mehr Teilhabe, Offenheit, Mitsprache. Die neuen sozialen Bewegungen der Siebziger führten das fort, was die Achtundsechziger angestoßen hatten, so die Frauenbewegung, die Ökobewegung oder die Friedensbewegung; und auch bei der Gründung der Grünen im Jahre 1980 tauchte vieles von dem Gedankengut und dem Personal der Studentenbewegung wieder auf.

So wurde trotz aller Unduldsamkeit, Aggression, Verbiesterung und Humorlosigkeit, mit denen die Studenten oft operierten, vieles erreicht. Auch wenn die Psychoanalytikerin Margarete Mitscherlich, die zusammen mit ihrem Mann Alexander den Studenten nahegestanden hatte, noch 2007 in einem Interview sagte: »Diese extreme Lust, andere zu erniedrigen, hatte etwas Diktatorisches.«

Gegeneinander und nebeneinander, aber nicht miteinander
Ost und West am Ende des Jahrzehnts

Deutschland war geteilt, und zwar auf unabsehbare Zeit. Das galt Ende der Sechzigerjahre als ausgemacht, und eine Mehrheit auf beiden Seiten der Mauer fügte sich in den Zustand, mehr oder weniger resignierend. Dennoch litten viele unter ihm – weniger aus politischen denn aus emotionalen Gründen. Nicht nur in Berlin hatten bis zum Bau der Mauer viele auf West und Ost verteilte Familien ständig Kontakt gehalten, den ungünstigen Umständen zum Trotz. Auch in anderen Regionen bestanden starke Bindungen zwischen hüben und drüben, vor allem durch die fast 2,7 Millionen Menschen, die bis zum 13. August 1961 aus der DDR nach Westen gegangen waren und Verwandte zurückgelassen hatten.

> Was Wahnsinn ist?
> Ein ganzes Land
> zweiteilen wie
> den Apfel in der Hand.
> Du kannst es drehn und wenden –
> der Apfel bleibt zerschlitzt.

So schrieb Karl Alfred Wolken in einem Gedicht jener Jahre unter dem Titel »Gedanken eines Apfelessers«. Dabei stand ihm weniger eine politische Wiedervereinigung vor Augen als eine durchlässige Grenze, und diese Auffassung teilte er mit den meisten Deutschen. Die Aussichten auf Besserungen blieben jedoch, vordergründig gesehen, fast das ganze Jahrzehnt hindurch gering, und am Ende fielen die Bilanzen in der Bundesrepublik und in der DDR zu unterschiedlich aus, als dass sie Hoffnungen auf Annäherungen hätten beflügeln können.

Die Bundesrepublik verfügte Ende der Sechziger über eine hervorragende wirtschaftliche Basis. Die Gesellschaft hatte Umbrüche wie die Abwanderung aus der Landwirtschaft und die Krise des Bergbaus ohne größere Blessuren überstanden. Zwar erreichten die Zuwachsraten nicht mehr so fabulöse Zahlen wie am Anfang, aber Westdeutschland war nun eine der stärksten und stabilsten Industrienationen mit einem viel beneideten Lebensstandard. Der weitere Aufstieg schien gesichert, und so wäre es auch gekommen, wenn ihm nicht weltpolitische Einflüsse wie die Verteuerung und Verknappung des Öls 1973/74 Grenzen gesetzt hätten.

Auf der Habenseite stand zudem die weitere Stärkung der Demokratie, die, wie alle Untersuchungen zeigten, immer mehr Anhänger und Verteidiger fand. Nach der Bildung zuerst der Großen und dann der sozialliberalen Koalition konnte niemand mehr ernsthaft die Regierungsfähigkeit der zweiten Volkspartei, der SPD, bezweifeln. Der Machtwechsel war als normaler Vorgang in einem parlamentarischen System nun akzeptiert. Beides war in der Ära Adenauer durchaus nicht abzusehen gewesen.

Die Achtundsechziger hatten ihren Teil dazu beigetragen, dass die Republik mit einer gestärkten demokratischen Substanz in das neue Jahrzehnt ging. Trotz all ihrer illusionären Übertreibungen und bei allen Beweisen ihrer Intoleranz hatten auch sie das Klima verwandelt. Darüber hinaus drangen die Ideen von Teilhabe und Mitsprache in den vorpolitischen Raum ein und führten dann letztlich zu den neuen sozialen Bewegungen, die sich der Ökologie, der Frauenemanzipation und dem Frieden widmeten. Sie pluralisierten die Gesellschaft. So herrschte Ende der Sechziger eine Aufbruchstimmung, als Willy Brandt und seine neue Koalition darangingen, in Deutschland »mehr Demokratie« zu wagen. *Die geglückte Demokratie* nannte dann auch der Historiker Edgar Wolfrum sein 2006 erschienenes, viel beachtetes Buch über die Geschichte der Bundesrepublik. Der Wandel, der in den Sechzigern die Gesellschaft erfasst hatte und im neuen Jahrzehnt anhielt, hat wesentlich zu diesem Gelingen beigetragen.

Gemessen an alldem fiel die Bilanz der DDR dürftiger aus. Auch die ostdeutsche Gesellschaft war in Bewegung geraten, aber das blieb weitgehend unter dem Deckel der Repression verborgen und hatte weniger Auswirkungen. Die DDR hatte wirtschaftliche Erfolge vorzuweisen, und doch lag sie am Ende des Jahrzehnts genau wie am Beginn weit hinter der Bundesrepublik zurück. Niemand glaubte noch, dass sich daran in absehbarer Zukunft etwas ändern würde: Zu oft hatten sich Versprechen als Leerformeln erwiesen, zu wenig ließen sich, bei allen Reformansätzen, die Ansprüche einer modernen Industriegesellschaft mit denen einer autoritären Führung vereinen.

Politisch erschien die DDR gefestigt seit dem Mauerbau. Jedoch nur die mangelnden Möglichkeiten, sich den Zwängen zu entziehen, sicherten den Vorrang der Partei. Die Lage war sogar noch komplizierter als am Anfang des Jahrzehnts: Bis August 1961 waren viele Kritiker fortgegangen, danach mussten Oppositionelle im Land bleiben und lebten dort mit ihrer meistens verdeckten, manchmal auch offenen Unzufriedenheit. Das bereitete den Boden für jene Bürgerrechtler vor, die helfen würden, das System 1989 zum Einsturz zu bringen.

Die Führung versuchte nach und nach wieder, durch kleine Zugeständnisse an die Konsumwünsche und die Freiheitsbedürfnisse ihre geringe Akzeptanz zu erhöhen. Auf die Dauer schloss das System aber wirkliche Freiheiten etwa der Diskussion, der Presse, der Wahl oder des Reisens aus. Trotzdem flackerten immer wieder Hoffnungen auf, dass auch in Ostdeutschland Liberalisierung möglich war. Am Ende des Jahrzehnts erloschen sie weitgehend, als die DDR sich führend an der Beseitigung des Prager Frühlings beteiligte. Breite Schichten gingen mit dem Vorsatz in die Siebzigerjahre, sich noch mehr als bisher zumindest im Privatleben für den Mangel an Freiheit schadlos zu halten.

Trotz des tiefen Grabens zwischen den beiden deutschen Staaten ergab sich am Ende der Sechziger eine neue Perspektive. Sie hatte mit dem weltweiten Entspannungsprozess zu tun. Die Supermächte hatten, bei allem fortgesetzten Säbelrasseln, kein Interesse mehr an Zuspitzungen in Mitteleuropa, und ihre Teilsouveränität eröffnete der DDR und der Bundesrepublik keine Möglichkeit, sich von dem globalen Zug abzukoppeln. Darum war die Gefahr für militärische Konflikte an der wichtigsten Nahtstelle zwischen den Blöcken nicht nur nicht gewachsen, sondern geschrumpft.

Im alten Jahrzehnt war so die Chance für eine deutsch-deutsche Annäherung im neuen Jahrzehnt entstanden. Vieles hatte sich, trotz aller Differenzen, schon in den Sechzigern angekündigt, was in den Folgejahren Früchte trug, worauf der Ostexperte Peter Bender und der Historiker Peter Graf Kielmannsegg hingewiesen haben.

Dabei unterschieden sich allerdings die Interessen der beiden Führungsapparate komplett. Die Bundesregierung arbeitete für die Verbesserung der zwischenmenschlichen, die Ostberliner Regierung für die der zwischenstaatlichen Beziehungen. Die Regierung Brandt/Scheel bemühte sich um »menschliche Erleichterungen« und war bereit, die Teilung anzuerkennen, um sie erträglich zu machen. Das Regime Ulbricht war bereit, ein Minimum an Erleichterungen zuzugestehen, um ein Maximum an staatlicher Anerkennung dafür zu erhalten. Die einen wollten das Zusammengehörigkeitsgefühl der Deutschen stärken, die anderen wollten es so weit wie möglich schwächen. Kein Wunder, dass bei dieser am Ende der Sechziger bestehenden Ausgangslage nicht mehr als ein notdürftig »geregeltes Nebeneinander« der Deutschen mit vielen, oft deprimierend kleinen Kompromissen zustande kam. Und doch hatten die Deutschen etwas Wichtiges gewonnen: Zwei andere Länder, Korea und Vietnam, waren gleichfalls geteilt, und für sie endete der ideologische Kampf der Giganten mit opferreichen Kriegen. Deutschland hatte bei allem Unglück das Glück, im Frieden leben zu können. Das war Anfang der Sechzigerjahre keineswegs selbstverständlich gewesen.

Chronik

1960

10.2.	Nationaler Verteidigungsrat der DDR gegründet, Vorsitzender Walter Ulbricht
15.4.	Kollektivierung der Landwirtschaft in der DDR wird für beendet erklärt
23.4.	NS-Verbrecher Adolf Eichmann in Argentinien von Israelis festgenommen
April	Erste Ostermärsche in der Bundesrepublik
30.6.	Herbert Wehner hält im Bundestag eine Rede, in der sich die SPD dem Kurs der Union in der Ost- und Deutschlandpolitik nähert
1.7.	Gesetz über Abbau der Wohnungszwangswirtschaft in der Bundesrepublik tritt in Kraft
7.9.	Wilhelm Pieck, DDR-Präsident, stirbt. Ein Staatsrat unter Ulbricht tritt an die Stelle des Präsidenten

1961

4.4.	Bundessozialhilfegesetz verabschiedet
11.4.	Eichmann-Prozess in Jerusalem beginnt
2.7.	Bundestag verabschiedet Gesetz zur Vermögensbildung in Arbeitnehmerhand
13.8.	Abriegelung der Grenze zwischen West- und Ostberlin, Bau der Mauer
17.9.	Bundestagswahl: CDU/CSU 45,3 Prozent, SPD 36,2 Prozent, FDP 12,8 Prozent
14.11.	Viertes Kabinett Adenauer aus Union und FDP
24.12.	Bundesministerium für wirtschaftliche Zusammenarbeit gegründet

1962

24.1.	Gesetz über allgemeine Wehrpflicht in der DDR
16./17.2.	Flutkatastrophe in Hamburg
4.-9.9.	Staatsbesuch des französischen Präsidenten Charles de Gaulle in der Bundesrepublik
26.10.	Spiegel-Affäre, Rudolf Augstein u. a. verhaftet
19.11.	FDP-Minister im Kabinett Adenauer treten zurück
14.12.	Fünftes Kabinett Adenauer aus Union und FDP, Franz Josef Strauß nicht mehr Mitglied

1963

15.-21.1.	SED verabschiedet erstes förmliches Parteiprogramm, Kommunismus sowjetischer Prägung als zu erstrebendes Ziel bezeichnet
22.1.	Vertrag über deutsch-französische Zusammenarbeit (Élysée-Vertrag)
20.2.	Uraufführung des Dramas Der Stellvertreter von Rolf Hochhuth, Proteste
23.-26.6.	US-Präsident John F. Kennedy in Deutschland, Höhepunkt der Reise Rede in Berlin am 26.6.
24./25.6.	Neues ökonomisches System der Planung und Leitung der Volkswirtschaft (NÖS) in der DDR beschlossen
15.7.	Rede Egon Bahrs in Tutzing (»Wandel durch Annäherung«)
15.10.	Rücktritt Adenauers, Nachfolger Ludwig Erhard
17.12.	Erstes Passierscheinabkommen in Berlin
20.12.	Erster Auschwitz-Prozess in Frankfurt am Main beginnt

1964

19.3.	Bundesländer beschließen Neugründung von Universitäten u. a. in Bochum, Bremen, Regensburg
14.4.	Kindergeld-Gesetz im Bundestag verabschiedet
12.6.	UdSSR garantiert in einem Freundschafts- und Beistandsabkommen die Unantastbarkeit der DDR-Grenzen
1.7.	Heinrich Lübke als Bundespräsident wiedergewählt
9.9.	DDR-Ministerrat erlaubt Rentnern Verwandtenbesuche in Westberlin und in der Bundesrepublik
24.9.	Nach dem Tod Otto Grotewohls wird Willi Stoph Vorsitzender des Ministerrats

10.11.	Millionster Gastarbeiter in der Bundesrepublik
25.11.	DDR-Regierung beschließt Zwangsumtausch von D-Mark-Beträgen in Ostmark für Reisende aus der Bundesrepublik und Westberlin im Verhältnis 1:1

1965

25.3.	Verjährungsfrist für NS-Verbrechen verlängert
7.4.	Störmanöver der UdSSR und der DDR gegen Sitzungen des Bundestags in Westberlin
8.4.	Montanunion, Euratom und EWG vereinigen sich zur Europäischen Gemeinschaft
13.5	Israel und die Bundesrepublik verkünden die Aufnahme diplomatischer Beziehungen
19.8.	Ende des ersten Auschwitz-Prozesses in Frankfurt am Main
19.9.	Bundestagswahl: CDU/CSU 47,6 Prozent, SPD 39,3 Prozent, FDP 9,5 Prozent. Zweites Kabinett Erhard
1.10.	Vertriebenen-Denkschrift der Evangelischen Kirche Deutschlands (EKD), Forderung nach neuer Ostpolitik
8.12.	Ende des Zweiten Vatikanischen Konzils

1966

	Wirtschaftskrise in der Bundesrepublik, eine halbe Million Arbeitslose
11.2.-19.3.	Briefwechsel zwischen SPD und SED über Redneraustausch, den die SED am Ende absagt
27.10.	FDP verlässt die Regierung, Koalitionskrise
6.11.	NPD im Hessischen Landtag
20.11.	NPD im Bayerischen Landtag
30.11.	Bundeskanzler Ludwig Erhard tritt zurück
1.12.	Große Koalition unter Bundeskanzler Kurt Georg Kiesinger

1967

1.1.	Kommune 1 in Westberlin gegründet
14.2.	Erste Runde der Konzertierten Aktion in der Bundesrepublik
23.2.	Erstes Konjunkturprogramm in der Bundesrepublik
19.4.	Konrad Adenauer stirbt
10.5.	Stabilitätsgesetz vom Bundestag verabschiedet

2.6.	Tod des Studenten Benno Ohnesorg bei Anti-Schah-Demonstration in Westberlin
25.8.	Farbfernsehen in der Bundesrepublik
28.8.	Fünftagewoche in der DDR

1968

1.1.	Mehrwertsteuer ersetzt Umsatzsteuersystem in der Bundesrepublik
6.-18.2.	Zum ersten Mal zwei deutsche Olympia-Mannschaften, allerdings unter einer Flagge, bei den Winterspielen in Grenoble
2./3.4.	Brandanschläge auf zwei Frankfurter Kaufhäuser, beteiligt Gudrun Ensslin und Andreas Baader
8.4.	Neue Verfassung der DDR in Kraft, Artikel 1 legt Führungsanspruch der SED fest
11.4.	Studentenführer Rudi Dutschke bei Attentat in Westberlin schwer verletzt
27.5.	Contergan-Prozess beginnt
30.5.	Bundestag verabschiedet Notstandsgesetze
20./21.8.	Truppen des Warschauer Pakts marschieren in der Tschechoslowakei ein, Ende des »Prager Frühlings«

1969

5.3.	Gustav Heinemann zum Bundespräsidenten gewählt
26.6.	Bundestag verlängert Verjährungsfrist für Völkermord
28.9.	Bundestagswahl: CDU/CSU 46,1 Prozent, SPD 42,7 Prozent, FDP 5,8 Prozent
21.10.	Willy Brandt Bundeskanzler der sozialliberalen Koalition

1970

19.3./21.5.	Zwei Treffen Brandts mit DDR-Ministerpräsident Stoph in Erfurt und Kassel
12.8.	Moskauer Vertrag zwischen Bundesrepublik und UdSSR
7.12.	Warschauer Vertrag zwischen Bundesrepublik und Polen. Kniefall Brandts vor dem Mahnmal in Warschau

1971

3.5.	Rücktritt Walter Ulbrichts vom Amt des Ersten Vorsitzenden des ZK der SED, Erich Honecker Nachfolger

Literatur

Andersen, Arne: Der Traum vom guten Leben; Frankfurt a. M./New York 1999

Amery, Carl (Hrsg.): Die Provinz; München 1964

Beck, Rainer (Hrsg.): Deutschland – ein historisches Lesebuch; München 1990

Böhme, Irene: Die da drüben; Berlin 1983

Blüm, Norbert: Der Skandal der Eigentumsverteilung; in: Aufbrüche – die Chronik der Republik; Reinbek 1986

Bruyn, Günter de: Vierzig Jahre – ein Lebensbericht; Frankfurt a. M. 1996

Budzinski, Klaus (Hrsg.): So weit die scharfe Zunge reicht; München/Berlin/Wien 1964

Detjen, Marion: Ein Loch in der Mauer; München 2005

Dönhoff, Marion Gräfin/Rudolf Walter Leonhardt/Theo Sommer: Reise in ein fernes Land; Hamburg 1964

Faulstich, Werner (Hrsg.): Die Kultur der 60er; München 2003

Engelhardt, Manfred (Hrsg.): Deutsche Lebensläufe – Gespräche; Berlin 1991

Enzensberger, Hans Magnus (Hrsg.): Klassenbuch 3 – Ein Lesebuch zu den Klassenkämpfen in Deutschland 1920 – 1971; Darmstadt und Neuwied 1972

Glaser, Hermann: Kleine Kulturgeschichte der Bundesrepublik Deutschland 1945 – 1989; Bonn 1991

Grosser, Alfred: Deutschlandbilanz; München 1970

Haus der Geschichte der Bundesrepublik Deutschland (Hrsg.): Erlebnis Geschichte – Deutschland vom Zweiten Weltkrieg bis heute; Bonn o. J.

Hettlage, Robert (Hrsg.): Die Bundesrepublik – eine historische Bilanz; München 1990

Höss, Dieter: Schwarz Braun Rot – Liederbuch; Bergisch-Gladbach 1967

Hoffmann, Hilmar/Heinrich Klotz (Hrsg.): Die Sechziger; Düsseldorf/ Wien/New York 1987

Jäckel, Eberhard: Das deutsche Jahrhundert; Stuttgart 1996

Jägersberg, Otto: Cosa Nostra – drei Stücke aus dem bürgerlichen Heldenleben; Zürich 1971

Jaspers, Karl: Wohin treibt die Bundesrepublik?; München 1966

Käppner, Joachim: Erstarrte Geschichte; Hamburg 1999

Keiderling, Gerhard/Percy Stulz: Berlin 1945 – 1968; Berlin 1970

Kielmansegg, Peter Graf: Nach der Katastrophe – eine Geschichte des geteilten Deutschland; Berlin 2000

König, Helmut: Politische Anomalien im Deutschlandbild?; in: *Leviathan* 1992, Heft 3

Krüger, Horst: Zeit ohne Wiederkehr – gesammelte Feuilletons; München 1985

Krüger, Horst: Die Mauer; in: *Neue Rundschau* 1971, 4. Heft

Lange, Ralf: Architektur und Städtebau der sechziger Jahre; Bonn 2003

Lebensräume und Unternehmenskultur – 100 Jahre Deutsche Werkstätten Hellerau; Hellerau 1999

Maaz, Hans-Joachim: Der Gefühlsstau – ein Psychogramm der DDR; Berlin 1990

Meyer, Christoph: Herbert Wehner, München 2006

Mitscherlich, Alexander: Die Unwirtlichkeit unserer Städte; Frankfurt a. M. 1965

Morlock, Martin: Auf der Bank der Spötter; München 1989

Neven-DuMont, Jürgen: Zum Beispiel 42 Deutsche; München 1968

Oller, Franz-Josef (Hrsg.): Mein erstes Auto; Frankfurt a.M. 1999

Pfarr, Christian: Ein Festival im Kornfeld – kleine deutsche Schlagergeschichte; Leipzig 1997

Poppinga, Anneliese: Meine Erinnerungen an Konrad Adenauer; München 1972

Richert, Ernst: Das zweite Deutschland; Frankfurt a. M. 1966

Riehl-Heyse, Herbert: Ach, du mein Vaterland – gemischte Erinnerungen an 50 Jahre Bundesrepublik, München 1998

Schildt, Axel (Hrsg.): Dynamische Zeiten, Hamburg 2000

Schönhoven, Klaus: Aufbruch in die sozialliberale Ära; in: Geschichte und Gesellschaft, *Zeitschrift für historische Sozialwissenschaft*, 1999

Schwarz, Hans Peter: Adenauer – der Staatsmann 1952 – 1967; Stuttgart 1991

Sontheimer, Kurt: Die verunsicherte Republik; München 1979
Stern, Carola: Ulbricht; Köln 1964
Thränhardt, Dietrich: Geschichte der Bundesrepublik Deutschland; Frankfurt a. M. 1986
Vogel, Hans Jochen: Die Amtskette; München 1972
Voigtländer, Annie (Hrsg.): Seilfahrt: Eine Anthologie aus der Arbeit der Dortmunder Gruppe 61; Ostberlin 1967
Weber, Hermann: Die DDR 1945 – 1990; München 2000
Weber, Hermann (Hrsg.): DDR – Dokumente zur Geschichte der Deutschen Demokratischen Republik; München 1986
Wildermuth, Rosemarie: Heute – und die 30 Jahre davor; München 1978
Wolf, Christa: Ein Tag im Jahr 1960 – 2000; München 2003
Wolfrum, Edgar: Die geglückte Demokratie; Stuttgart 2006
Zimmermann, Hartmut (Hrsg.): DDR-Handbuch; Bonn 1985
1968 nach 30 Jahren – Fünf Aufsätze in *Leviathan*; 1998, Heft 4, Opladen

Bildnachweise

Bernd-Lutz Lange
Seite 231, 238

Ullstein Bild
Seite 19, 44, 62, 69, 87, 112, 120, 139, 156, 168, 177, 182, 187, 195, 196, 203, 215, 219, 257, 282, 284

zero one film/privat
Seite 27, 37, 52, 74, 83, 90, 98, 106, 117, 128, 143, 152, 162, 255, 264, 273, 278

Dank

Mit Anregungen, Informationen und Korrekturen haben mir geholfen: Bärbel Böhme, Hartmut Contenius, Benjamin Großkopff, Dr. Joachim Käppner, Dr. Jürgen Kellermeier, Heinz-Harald Maschmann, Dagmar Reim-Großkopff, Dr. Florian Seidl und Hannelore Steer. Mit der Lektorin Dr. Barbara Werner konnte ich bis zu scheinbar vordergründigen Details alles diskutieren, ohne zu streiten. Beate Dähnke hat das Manuskript in bewährter Weise am Computer erfasst.

Allen danke ich herzlich.

Kleiner Mensch, ganz groß

Helge Hesse
Unbekannte Helden der Weltgeschichte
266 Seiten / gebunden mit Schutzumschlag
€ 19,95 (D) / sFr 34,90 / € 20,60 (A)
ISBN 978-3-8218-5701-7

Ein polnischer Katholik, der als Jude getarnt nach Auschwitz ging, um dort einen Aufstand zu organisieren. Ein nur 130 cm großer, buckliger englischer Quäker, der gegen die Sklaverei kämpfte. Ein amerikanischer Pilot, der in Vietnam auf seine Landsleute schießen ließ, um vietnamesische Frauen und Kinder zu schützen. Eine 16-Jährige, die neun Tage lang Königin von England war:

Helge Hesse erzählt von unbekannten Abenteurern, Piraten, Eroberern und Sklaven, die mit ihren Taten Geschichte geschrieben haben – von der Antike bis zum 20. Jahrhundert.